EΛ

教育人类学丛书

李政涛　主编

Series of Educational Anthropology

如何探究教育中人的形象

当代德国教育人类学的发展历程

孙丽丽　著

上海教育出版社
SHANGHAI EDUCATIONAL PUBLISHING HOUSE

Preface

代序

以教育人类学的方式，描绘教师的形象与图景

教育人类学在中国的命运正迎来转机。在作为其母学科之一的人类学的持续助推之下，在教育人类学同行者的自身努力下，这一相对边缘和寂寞的学科有了被唤醒的迹象。虽然离成为“万众瞩目”的“中心”和显学这一目标还甚远，但越来越多的青年教育学人正在关注它，并将其研究方法运用于自己的观察、思考与写作之中。如果用交响乐和大合唱来形容，可以说，教育人类学的交响乐之音越来越壮阔，大合唱之声愈来愈嘹亮。

更值得欣喜的还在于，在这一大合唱队伍里，年轻的面孔逐渐增多，尤其是来自教育学领域年轻学人的不断加入，不仅让教育人类学这一学科充满了活力，也在与人类学的对举中形成了更加强大的张力：在互补、对话和相互理解、尊重和认同中，实现视域融合与交融共生。

本丛书的出版，是来自教育学领域接受了教育学学术训练的教育人类学青年学人的集体亮相。他们在承接人类学学术传统的同时，也努力展现“教育学立场”。相较而言，至少在当下，基于“人类学立场”的“人类学传统”，是教育人类学世界的“大传统”，“教育学传统”只是其中的“小传统”之一。但传统之小不意味着意义之小，今日之小不代表明日之小。身为同样接受了教育学学术训练的我，在时常感受到自身学科局限之余，也对这一学科的独特优势和发展前景充满了自信，同时也愈发迫切地感觉到：教育人类学领域需要有更多来自“教育学立场”的声音。教育学之声与人类学之声的交汇，生成了教育人类学交响乐的

主旋律。

显而易见，教育人类学是一门交融之学，是一个交汇之地，以人类学与教育学的交汇为基础，吸纳并融合了其他相关学科的大学问，大学问之“大”，“大”在学科之间、流派之间的交融或交汇。当然，作为大学问的教育人类学，最根本的“大”，在于它是“人学”，是一种独特的“变人之道”“成人之道”和“育人之道”。它将“写文化”推进到了“写教育”，最终落脚到了“写人”，因此，奏响育人、成人和变人之音，是教育人类学这一交响乐永恒不变的主题。

围绕这一主题，本丛书的首批作者选择了不同的视角切入其中。

之所以将孙丽丽博士的《如何探究教育中人的形象——当代德国教育人类学的发展历程》作为第一本推出，首要原因在于“人的形象”是教育人类学的前提性、基础性问题。谁不理解人，谁就无法真正进入人类学和教育人类学的世界，也难以成为真懂教育、真懂教育人类学之人。其次，也与德国有关。与英、美等国的教育人类学相比，德国教育人类学的学术传统、学术风格独树一帜，更加偏向于哲学人类学这一学脉和学统，并且围绕核心研究对象——教育中人的形象，形成了独特的方法论，包括思维方式、学科关系、研究方法、研究视角和分析单位等。本书的出版，“能够为中国教育人类学的相对单一性提供借鉴与参考”只是一个“小目标”，借此彰显德国教育人类学的独特价值，弥补中国教育人类学研究中的“德国缺位”，将“德国小众”变为“德国大众”，才是“大目标”。

以“人的形象”的探讨为基础，本丛书的首批著作聚焦于“教师的形象”。其中，既有唐开福博士对农村教师的精神世界的描绘，也有穆树航博士以办公室生活为载体对小学教师的勾勒，还有李存金博士从“身体表演”的视角对新教师的描摹。尽管视角各异，但他们展现了三大共同之处：

其一，展现了细节的力量。细节的力量来自微观民族志研究方法，同样是做人的研究或教师的研究，微观民族志带领研究者依靠开放的、长时间的浸润，走出概念的丛林，不再拘泥于繁密的概念、黏稠的术语和雕琢的论证，转而聚焦细节，挖掘细节，绽放细节，散发出只有细节才有的气息和味道，从而勃发出倔强和鲜活的教师生命图景。

其二，展现了教育学立场的价值。经历过教育学学术训练的作者，力图以教育学的立场来书写“人的形象”，这一立场的特性是试图实现四种转变：在研究者的角色上，从旁观者到参与者、介入者；在研究方式上，从“离我远去”的分析、“贴近我”的直观到“介入我、影响我”的置身；从研究的最终目的看，从人的观察到人的培养，从人的发现到人的完成；从关注人的形象看，从群体的人到个体的人，从关注群体的人到如何通过群体来培养个人。概而言之，教育人类学中的教育学立场，就是以理想的人的图像为价值标准，对教育生活中的人生命发展的实际参与和深度参与，以达到对观察对象、描述对象以及自我生命成长过程的影响和改变。与人类学立场不同，这一立场的逻辑路线不是文化-族群→教育→文化-族群，而是教育→文化-族群→教育，不是文化-族群→人→文化-族群，而是人→文化-族群→人，这样，教育人类学就不再仅仅是描述生命的学问，而且是“生命·实践”的学问。在基于教育学立场的教育人类学看来，人的生命不只是观察和描绘出来的，而且是“生命·实践”创造出来的。

第三，展现了教育学的贡献。这是我一直纠结的问题：多年来，无论是教育人类学还是教育学，都始终受惠于人类学的理论滋养和方法供给，但反过来，能否为人类学作出教育学的贡献，为教育人类学作出只有教育学才可能作出的理论贡献或学术贡献？这是一个宏大且艰难为之的学术愿景。本丛书的青年学者们做了诸多尝试，虽然还不能说往前推进了多少，但哪怕只是推进一小步，都是一种贡献自觉和贡献能力的体现。

面向教育人类学未来的发展，需要这种来自教育学领域的贡献自觉。对教育人类学而言，真正的交汇是人类学逻辑与教育学逻辑、人类学自信与教育学自信、人类学贡献与教育学贡献的多重交汇，这才是真正的在教育人类学领地奏响的交响乐。

李政涛
华东师范大学基础教育改革与发展研究所所长
华东师范大学“生命·实践”教育学研究院院长
2020 年 8 月

Contents

目录

Introduction

绪论

德国教育人类学一直被赋予浓厚的哲学思辨色彩。实际上，德国教育人类学具有明显的复杂性，它经历了多重角色更替，同多个学科密切相关，具有多样化的研究方法和研究范式，具有多层次的分析单位，并且经历了思维方式的演进与转型。德国教育人类学的这些特征源于对教育中人的形象的研究需要，围绕着这一核心研究对象，德国教育人类学不仅以旁观者的姿态和角度进行形而上学的思辨，也不仅以田野研究为基础进行理论建构，而且始终思考教育中人的形象的动态形成和发展演进过程，及其作为人类教育理想的引领与评判作用，探究教育中的人如何在教育历史和现实的互动中形成，如何在个体自我塑造和外在条件的规范中不断完善。与民族学和英美社会文化人类学导向的教育人类学相比，德国教育人类学不仅以民族志和田野研究方法论为基本标志，而且根据对教育中人的形象的研究需要形成了哲学方法论、经验式方法论、解释学方法论、历史学方法论、历史与文化双重方法论等的论辩与更替。这样的方法论特质不仅关注多样性，对人的某种特质或现象背后的意义进行深描，而且探讨该特质与人类普遍性意义的关系，力图在选择和适切性分析中形成对教育中人的形象的研究范畴。

一、为何要关注德国教育人类学

（一）从德国教育人类学的相关概念说起

本书关注 20 世纪 60 年代以来的德国教育人类学，并主要关注原联邦德国的研究。因为相对于原东部地区的德意志民主共和国而言，原西部区域的德意志联邦共和国保持了德国教育传统的争论，而东德可以视为德国教育学发展的一个歧出。[1] 本书中的教育人类学包含前学科时期的“学说”之学，也包含学科时代的“学科”之学，还有依赖这两者展开的“学术”之学，本书中的教育人类学主要指学科时代的教育人类学，兼顾“学说”之学和“学术”之学。“学科”意义上的教育人类学具有普遍性、解释性、沟通性，它是“所有教育人类学学说共有的理论平台，也是人类的一个共同的文化平台和思想平台”。[2] 而“学说”意义上的教育人类学，则具有现实性和多样性。“学科”和“学说”意义上的教育人类学是“学术”意义上的教育人类学展开与存在的方式。[3]

与中国教育人类学的相对单一不同，教育人类学在德国的内涵较为丰富。从整体来看，中国已有的代表性观点认为，教育人类学的独特性在于体察入微的研究范式：

> 教育人类学以其特有的文化内涵和广阔的文化事业，以及对人类生活场景地的具体入微的洞察与分析，为把握教育与人类自身的生存与发展问题提供了独特的研究视域。这正是人类学所特有的贡献。[4]

与中国的教育人类学不同，德国的教育人类学具备多层意义。与教育人类学相关的德语为 Anthropologie der Erziehung, Pädagogische

[1] 彭正梅. 德国教育学概观：从启蒙运动到当代[M]. 北京：北京大学出版社，2011：138.
[2] 李政涛. 教育科学的世界[M]. 上海：华东师范大学出版社，2010：38.
[3] 栗永清. 学科·教育·学术：学科史视野中的中国文学学科[D]. 上海：复旦大学，2010：8.
[4] 冯增俊. 教育人类学教程[M]. 北京：人民教育出版社，2005：82.

Anthropologie[1]和 Anthropologische Pädagogik，就字面意思而言，可以分别将上述三者直译为“教育的人类学”“教育学的人类学”“人类学的教育学”。“教育的人类学”主要指教育活动及其相关机构和内容的人类学，或者对教育中某一类教育主体的人类学思考。“教育学的人类学”和“人类学的教育学”是基于理解教育的不同维度，例如“教育中的人”或者“教育事实与人的关系”，这两个术语是从学科互动层面对教育人类学中教育学和人类学之间关系的界定。为了语义的明确，本书将这些相关术语统一译成“教育人类学”，这一术语也就相应包含以下意义：教育的人类学、教育学的人类学、人类学的教育学。尽管做了统一界定，但明确以上相关术语的内涵指向及其研究重点，是明晰德国教育人类学概念的重要前提和必备环节。

1. 教育的人类学

在德语中，与“教育”相关的词语有 Erziehung 和 Bildung。当人们从教育主体的角度来讨论教育问题，并把教育关系视为一种人际关系时，一般使用 Erziehung，即“教育”。而 Bildung（汉语一般译为“教化”）是人存在方式的所有方面的发展或自我塑造（Selbstformung），是精神科学教育学的核心概念，指激发成长中的人进行自我塑造和自我活动，因此被理解为教育目的或教育结果。[2] Erziehung 重点强调教育者和受教育者之间的关系，而 Bildung 重在强调受教育者与世界的关系。[3]

---

[1] Pädagogische Anthropologie 是德国教育人类学的主要术语，教育人类学的代表人物如 Heinrich Roth，Hans Scheuerl，Christoph Wulf 等在其教育人类学的代表性研究中，多数使用的是 Pädagogische Anthropologie 这一术语。参见：Roth，H. *Pädagogische Anthropologie I: Bildsamkeit und Bestimmung*. Hannover：Hermann Schroedel，1966. Lassahn，R. *Pädagogische Anthropologie. Eine historische Einführung*. Heidelberg：Quelle und Meyer，1983. Hamann，B. *Pädagogische Anthropologie：Theorien，Modelle，Strukturen：eine Einführung*. Bad Heilbrunn/Obb.：Klinkhardt，1982. Wulf，C.，Zirfas，J. *Handbuch Pädagogische Anthropologie*. Wiesbaden：Wiesbaden，2014.

[2] Flitner，W. *Allgemeine Pädagogik*. Frankfurt am Mein，Berlin：Ullstein，1980：118.

[3] 彭正梅. 现代西方教育哲学的历史考察[M]. 上海：上海教育出版社，2010：178.

当对与教育活动相关的科学、机构、社会、实践等方面进行人类学思考时，使用“教育人类学”；[1]当关注教育情境及其蕴含的教育主体之间关系的时候，使用“教育的人类学”；当指称教育情境中特定的教育主体，例如儿童或者青少年时，有时候也会称“儿童人类学”。[2]

2. 教育学的人类学与人类学的教育学

Pädagogik 指教育学这一特定学科，对“教育学的人类学”(Pädagogische Anthropologie)与“人类学的教育学”(Anthropologische Pädagogik)的区分，德国教育人类学主要从以下维度进行。

(1) 看待教育中的人的两个维度

德国教育人类学看待教育中的人(Der Menschen in der Erziehung)有从人出发、从教育出发两个基本维度，教育人类学也因此形成了两个不同的术语。从人出发，就是教育学要参考人类学，也就是人类学的教育学。它以人的教育必要性为主题，综合吸收其他学科关于人的知识，例如生物学、社会学、心理学，强调应该从生物学、社会学和心理学等角度检验人的教育必要性。从教育出发，就是人类学要参考教育学，也就是教育学的人类学，强调人类学应该认识到教育是人的基本活动之一，为了形成对人类形象的完整认识，人类学也必须关注教育学。

(2) 教育学与人类学的互动

洛赫(Werner Loch)曾经区分了人类学的教育学和教育学的人类学。人类学的教育学尝试在“人的真实”中解释教育，强调教育学需要

[1] Wulf, C. *Einführung in die Anthropologie der Erziehung*. Weinheim: Beltz, 2001.

[2] “儿童人类学”在20世纪60年代被对德国教育人类学产生重要影响的朗格菲尔德和洛赫使用，到了20世纪80年代，“儿童人类学”又开始受到重视。对“儿童人类学”的里程碑式研究，可参见：Langeveld, M, J. *Studien zur Anthropologie des Kindes* (Aufl 3.) Tübingen: Niemeyer, 1968. Loch, W. *Die Verleugnung des Kindes in der Evangelischen Pädagogik: zur Aufgabe einer Empirischen Anthropologie des Kindlichen und Jugendlichen Glaubens*. Essen: Neue Deutsche. Schule, 1964.

参考人类学，典型的提问方式与回答方式是："在单一的教育科学中以及最终在教育中表达整体的人，这会带来什么？……基于整体的视角获得的关于人类本质的观点，必然与教育现象产生有意义且重要的关联。"[1]应该将所有关于人的研究成果综合成为教育学的人类学方法。这种观点强调人类学对教育学的影响，涉及人类学的观点和研究方法对教育学的影响，关注的问题是：人类学对人类真实情境的强调、对人的界定，会对教育学产生何种影响？在教育学的人类学中，洛赫对该术语所引导的研究方向进行了如下界定：人在其受教育的各个方面被观察，人类学在教育学方面被重视。这一观点的代表性问题是："教育在人的生活中以何种面貌出现？教育如何界定不同的人类现象？"[2]教育学的人类学强调对人类学现象的研究应该关注教育，人类学应该参考教育学。

博尔诺夫(Otto Fridrich Bollnow)对人类学的教育学有不同的理解，认为人类学的教育学是把哲学人类学的研究方法迁移到教育中，教育学的人类学可以被理解为经验人类学的一个分支。博尔诺夫和W. 福利特纳(Wilhelm Flitner)将此界定为整体的和基础的人类学，探究以对人的共同理解为基础的教育现象。[3] 因此形成了这样的认识：教育学的人类学突出人类学需要参考教育学，并且强调应该从生物学、社会学和心理学等角度检验人的教育必要性(Erziehungsbedürftigkeit)；人类学的教育学强调教育学应该参考人类学，为教育现象的理解作出贡献。

尽管德国教育人类学的代表人物洛赫、博尔诺夫和W. 福利特纳对

---

[1][2] Loch, W. *Die Anthropologische Dimension der Pädagogik*. Essen: Neue Deutsche, 1963: 95.
[3] Bollnow, O, F. *Die Anthropologische Betrachtungsweise in der Pädagogik*. Essen: Neue Dt. Schule Verl.-Ges., 1965: 45.

两个术语的理解不同，但是他们都肯定教育人类学具有双重研究方法与思维方式：教育是理解人的重要部分，因此要从教育的人类学事实出发来实现对人的完整理解（Gesamtverständnis），人类学为理解教育现象提供了关于人类形象的基本认识。[1]

本书对德国教育人类学的这些不同术语在汉语语境中进行了统一，但同时肯定早期代表人物如洛赫、博尔诺夫和 W. 福利特纳对教育人类学界定中所蕴含的双重研究方法与思维方式。尽管如此，教育人类学相关术语在德语语境中的多重意义不会被忽略，从学科互动的层面看，教育人类学具有双重指向。

指向一：人类学对教育学的影响，这是我们通常所认识的教育人类学对教育学和人类学关系的解释，即教育学应该参考人类学，基于这一思维方式的教育人类学是教育学的分支学科。两者关系的这一特征同样也体现在德国教育人类学中。人类学的教育学就是强调人类学独特的研究问题和研究方法对教育学的影响，例如，人类学对人类形象的研究，该指向关注人类学独特的研究方法会对教育学看待教育中的人和教育现象产生何种影响。

指向二：教育学对人类学的影响，这是德国教育人类学的独特之处。转变教育人类学通过教育学参考人类学而形成的观点，反过来强调人类学要参考教育学，教育人类学成为经验人类学的一个分支，[2]这主要表现在“教育学的人类学”这一术语中。教育学的人类学认为教育是人类的一个重要领域，人类学对人的研究必须关注教育，教育学也应该通过自身对人的独特认识，为其他相关学科贡献自己的力量。

---

[1] Dickopp, H. *Die Krise der Anthropologischen Begründung von Erziehung*. Ratingen: Henn, 1973: 66.

[2] Loch, W. *Die Anthropologische Dimension der Pädagogik*. Essen: Neue Dt. Schule Verl.-Ges., 1963.

3. 普通教育学思想的教育人类学之意

一些德国教育学思想中尽管没有出现“教育人类学”相关术语，但蕴含着重要的教育人类学思想，许多普通教育学研究者通过教育人类学思想推进教育学研究。例如莫伦豪尔（Klaus Mollenhauer）、布雷钦卡（Wolfgung Brezinka）等。在德国，一种新教育思想的形成通常是从创新人类学思考开始的，独特的人类学思考在德国普通教育学发展过程中起着重要作用。可以说，当代德国普通教育学中里程碑式的发展与转变都是首先从转变人类学思考开始的，尽管这些思想中没有出现明显的“教育人类学”术语，为了研究的完整性，本书同样会将德国教育学研究中的教育人类学思想纳入研究范围。

总体而言，德国教育人类学与文化人类学导向的教育人类学研究大相径庭。英美文化人类学导向的教育人类学研究是用人类学方法来研究教育学科，是“利用人类学的观点和方法研究教育问题的一门学科”。[1] 这隐含着以下假设和取向：其一，教育人类学研究的核心是人类学视野中的教育问题，对这些问题的研究和解释也都是人类学范式的；其二，教育人类学没有独特的观点和方法，其全部研究取向和实践内容都来自人类学。

英美文化人类学导向的教育人类学研究，采用人类学的方法和视角研究教育问题，是教育学的辅助学科和边缘性分支学科。而当代德国教育人类学则是从教育中人的形象出发，根据该研究对象的具体问题选择不同方法，运用不同的研究视角、思维方式和分析单位，形成了当代德国教育人类学独特的方法论。在此影响下，当代德国教育人类学经历了一次意义转变，以 20 世纪 80 年代初期为分水岭，在此之前的

[1] 张志坤. 由身体回归引发的教育反思——德国教育人类学家武尔夫思想述评[J]. 湖南师范大学教育科学学报，2011(3)：30.

20 世纪 60—80 年代初期，德国教育人类学的主要意义在于教育学的人类学思考。受教化传统的影响，这一时期的德国教育人类学倡导舍弃多样性而追求普遍性，研究方法以哲学思辨为主。这一状况在 20 世纪 80 年代初期发生了转变，这一时期教化传统的复归与重塑，时代背景的变化以及主流理论思想的转向，使这一时期的德国教育人类学具备了现代人类学的特征，在研究方法层面开始关注田野研究的重要性；使其与哲学思辨、现象学、文件研究方法等相结合，较多关注多样性，但也没有因此舍弃普遍性，力求在教育中人的形象研究方面形成多样性和普遍性的关联。

4. 相关概念的辨析

(1) 教育人类学与教育学、人类学

在德国教育人类学的发展历程中，人类学的含义主要有四个。

含义一：作为人类存在的榜样或理想标杆，指引人类不断反思自身从而趋向完善的评判标准。对人类学的这种认识在当代德国较有代表性，认为人类学(Anthropologie)来自希腊语 ánthropos，指人类(Mensch)，logie 来自希腊语 lógos，指观点、说明、建议、理性等方面。人类学是关于人的知识和学问，从 16 世纪开始，Anthropologie 一词获得了新意，人类学处于人类的自然起源与人类确定性的未来之间的张力中。[1] 因为具备这层意义，德国教育人类学得以成为理想与评价尺度，能够对人类可塑性的发挥与边界进行审视，时刻关注教育对人类可塑性发挥的过度或不及。

含义二：作为人类知识，包含人类存在的不同方面知识，例如自然属性、文化属性等，这一意义的人类学是一个丰富的知识体系，所有学科都有可能进行人类学思考，具备人类学知识。因为这一层意义的存

[1] Zirfas, J. Burghardt, D. Asthetische Anthropologie. Ein Erziehungswissenschaftlicher Problemaufriss. *Zeitschrift für Erziehungswissenschaft*, 2015(18): 28.

在，德国教育人类学才可能具备跨学科、跨领域的知识属性，才能够通过教育中人的形象与其他学科产生互动，具备成为普通教育学基础的可能性。

含义三：作为系统、普遍、统一的人类本质的追求，通常会舍弃特殊性和多样性，追求普遍性。人类学的这层意义成为教育人类学在 20 世纪 70 年代招致批评的重要原因。这层意义也是德国教育人类学长期以来被赋予哲学思辨色彩的原因。

含义四：具备现代人类学"显微镜"的特征，探得人类现象的异质和多样性因素。这层意义促使德国教育人类学与现代世界主流人类学相结合，致力于形成教育人类学独特的问题域及其研究方法论，以此提升教育人类学自身地位以及更新与普通教育学的关系，德国教育人类学也出现了双重建构方式。

前三种意义贯穿在德国教育人类学的发展历程中，第四种意义更加明显地出现在 20 世纪 80 年代之后。受人类学的多重意义影响，德国教育人类学的角色有"教育学的人类学基础"(Anthropologischen Grundlagen)、"教育学中的人类学研究方法"(Anthropologische Betrachtungsweise)、"教育学的人类学意义"(Anthropologischen Besinnung der Pädagogik)等方面。正是具备了这些角色与特征，德国教育人类学的地位才得以超越教育学的分支学科，如教育生物学、教育心理学、教育社会学等，这些学科对促进教育学的发展，远不如教育人类学通过独特方法论对"人"这一共通主题的回应那样透彻与深入。

正是由于人类学在德国教育人类学中的丰富内涵，德国教育人类学才具备了不同于教育学的特征与价值。尽管它们都以教育中的人作为研究主体，但德国教育人类学将教育中的人这一研究主体具体化为教育中人的形象，将研究主体与人类形象的理想之维联系起来，教育人类学的思考也因此包含榜样与理想指引、可塑性评判、以教育中人的形象为媒介的跨学科知识适切性运用等方面，这些都是教育学所不具备的，教育人类学便获得了其存在的价值与必要性。

(2)“人类”与“人”

在本书的写作中，出现了“人类”“人”两种表述，具体来讲，本书中使用的“人类”有两层基本用意。

第一层用意：凸显人类群体的类特征，主要指人不同于其他物种，例如动物或植物的特质。例如“人类的教育本质”“人类的缺陷本质”(指人的未完成特征和对长时间教育与学习的依赖，而非指身体方面的缺陷)，对这些特质的表达，本书中使用的是“人类”而不是“人”。

第二层用意：彰显“人类”一词本身所包含的理想、理性追寻之意。“‘人类’(Anthröpos)的概念含有人类学的意思，这不仅仅是随意的、理论上的思考，它来自一个存在物必须塑造自己，因此需要一种提供遵循的具有倾向性的模式或榜样(Leitbild)这一深刻的必然性。”[1]德国教育人类学的全部基础就来自人类学能够引领理想、作为榜样的特征。

当用“人”这一表述方式时，本研究指一般意义上的群体或个体。

(3)“教育中人的形象”与人类形象“教育中的人”“教育事实中的人”“教育现象中的人”

与“教育中人的形象”(Pädagogischer Menschenbilder, Menschenbilder in der Erziehung, Menschenbilder der Pädagogik)相关的术语有“人类形象”(Menschenbilder, Bild von Menschen)，它在德国教育人类学中有两种基本指向：其一，指人类的自我形象，人类作为认识主体，对自身形象的认识；其二，指研究者对人类形象的认识，例如人类学和教育人

[1] 兰德曼. 哲学人类学[M]. 阎嘉，译. 贵阳：贵州人民出版社，2006：10.

类学研究者会规定理想的人类形象，并以此为目标来建构思想体系。在这种认识中，人类形象是作为被研究者认识的对象出现的，同时人类形象是认识对象和研究对象，在教育学和人类学中也是作为理想和标准而出现。教育中人的形象是人类形象在教育中的具体化，是人类形象的具体表现。在德国教育人类学、教育学、人类学、哲学中，人类形象始终蕴含着人类对自身存在的榜样与理想的找寻，这一概念是人类创造出来用以理解自身的，它也蕴含着人类对自身理想状态的寻求。

“教育中的人”“教育现象中的人”“教育事实中的人”等，是教育中人的形象和人类形象在不同研究流派或研究风格中的具体化，是具体的研究领域。“教育中的人”（Menschen in der Erziehung）是教育人类学研究的主体。“教育现象中的人”是现象学式的教育人类学对教育中人的形象的具体研究，就是在教育现象中审视教育中人的形象。“教育事实中的人”是经验式教育人类学对教育中人的形象的具体研究范围与整体特征的界定。而教育中人的形象也表现为“图像中的人”“教育仪式中的人”“历史中的人”“时间中的人”“社会历史—文化中的人”等，这些术语是不同时期、不同研究流派或研究者对教育中人的形象的具体化理解与界定，既是其基本研究范畴，也是其总体特征。

（二）德国教育人类学的基础性与独特性

本书主要对德国教育人类学学科史[1]进行研究，对教育人类学学

[1] 本书关注德国教育人类学的学科史，需要说明的是，本书是从广义上使用“学科”一词的，包含学术、学说等，因为德国教育人类学在发展历程中，并不是一直作为一个独立的学科而出现，它有时候也表现为一个探讨教育中人的专门独特的领域，以研究问题为导向，而非以学科为导向。也就是说，本书所讲的学科史，包含德国教育人类学作为一个独立学科的历史，也包含其作为一个独特研究领域的学术史、学说史。同时，本书所讲的德国教育人类学的学科史，不是讨论课程意义上的学科，而是指按学术性质作知识分类意义上的学科。对学科及其相关术语的理解，可参见：叶澜．回归突破：“生命·实践”教育学论纲[M]．上海：华东师范大学出版社，2015：39.

科史的关注来自教育人类学之于教育学基础性地位的认识。教育人类学不是处于边缘的学问，它不仅是教育学或人类学的一门分支学科或交叉学科，而且是直面人类生存与发展，尤其是直面教育中的人的生存与发展的学问。

“人”的问题是以人类存在为根基的教育学研究必然面临的问题，任何有意义有价值的教育学研究，都必然思考与人有关的问题，必须与人类生活、人类生存状况联系起来。中国教育者也较早认识到“人”之于教育的重要性，如“人是教育的出发点”。[1] 在冠以“教育”的各个学科中，教育人类学直面人类生存与发展，尤其是直面“教育中的人”的生存与发展，德国教育人类学研究者对此有清晰的认识：

> 教育学需要以人类学作为基础，教育学始终以“人”作为研究对象，所有教育思想和教育问题都必须围绕“人”来提出，所有的教育学问题都指向人的确定性(Bestimmung des Menschen)。具体而言，教育学关注人的问题，其独特性在于以人在学习中的独特性作为研究对象，关注教育的具体实现过程，即人如何在遗传因素、环境因素和自我中形成。[2]

教育学能够通过教育人类学思考“人”的问题，形成对“人”这一共通主题的思考，并获得与其他学科和学问进行平等对话的机会和能力。教育人类学的这种属性使其在教育学科体系中扮演了以下角色：教育学的基础、有价值的教育学研究的前提、教育学与其他学科平等对话的

[1] 扈中平. 人是教育的出发点[J]. 教育研究，1988(8).

[2] Pleines, J, E. Über die Anthropologische Betrachtungsweise in der Modernen Pädagogik. *Pädagogische Rundschau*, 1976(3): 839.

载体等。所有这些角色的获得，都来自教育人类学对“人”的关注，这在德国教育人类学中体现得尤为明显。

虽然教育人类学具有多重角色，并因此而具备在人类形象研究方面，尤其是在教育中人的形象研究方面的优势，但中国教育人类学在研究方法论、研究内容、研究取向等方面，都呈现出与教育中人的形象的复杂和多样特征不相符的单一性，这主要体现在研究方法以及思维方式的运用方面。这可通过中国教育人类学研究者对教育人类学的界定看出来：

> 教育人类学是一门由人类学与教育学相互交叉整合而成的综合性边缘学科。它的核心研究领域是多民族国家的少数群体教育。[1]

目前中国的教育人类学研究以田野调查为基本研究方法，同时也研究少数群体教育，属于边缘学科。中国已有研究者对国内教育人类学研究的单一性进行了反思，进行了这样的追问：教育人类学研究方法是不是只有教育民族志一种？我们需要反思文化的概念，是否对文化的差异强调太多，对文化的普世性关注太少？[2] 这些对中国教育人类学的研究方法、概念和学科地位的反思，尝试突破中国教育人类学研究的单一性，使其更加全面且深刻地研究基于人本身的教育现实。

当代德国教育人类学的发展历程呈现出的基本线索就是对教育中人的形象的持续关注，以此形成了独特的研究方法与研究视角。虽然

[1] 王甜，滕星：开辟中国教育人类学研究新天地[N].中国民族报，2016-03-29(3).
[2] 滕星，苏德.教育人类学理论、方法与应用研究——中国教育人类学专业委员会首届年会论文集[C].北京：中央民族大学出版社，2015：5.

经历了德国传统"教化"思想的演变和现代人类学思想的引入，德国教育人类学逐渐走向多元，但它对这一研究对象的关注一直延续至今。此外，2000 年以来的德国教育人类学对人类学经典的田野研究方法进行了丰富与发展，将田野研究与现象学和社会学视角的视频分析结合起来，逐渐把学校作为重要的"田野"，[1]对教育人类学田野研究的研究对象、研究视角、研究方法等予以丰富。与此同时，德国教育人类学作为普通教育学基础的角色与地位一直在延续，构成了目前德国教育人类学的双重路径——为普通教育学正名，将教育人类学自身发展为一个专门领域。

结合教育人类学之于教育学的基础地位以及中国教育人类学的单一性，本书选择以当代德国教育人类学的学科发展历程作为研究载体。在德国教育人类学学科史的研究中，明晰其发展节点、突破点和关键点，通过揭示当代德国教育人类学发展历程中理论方法与研究对象的适切性、分析单位、思维方式、研究方法、学科关系等方法论特征，为中国教育人类学寻找田野研究和少数群体教育之外的研究方向提供启发。

关于中国教育人类学的研究状况，有研究者提出了如下观点：

> 民族志或田野研究作为教育人类学首要的方法论，已经很成熟，但这并不意味着教育人类学研究的方法论和方法就不需要创新，尤其是在人们普遍呼吁结束定性研究方法与定量研究方法范

[1] 将学校作为"田野"已经受到德国当代教育人类学的关注，例如对学校中个体使用时间的关注，参见：Breidenstein，G.，Rademacher，S. Vom Nutzen der Zeit. Beobachtungen und Analysen zum Unterricht Individualisierten. *Zeitschrift für Pädagogik*. 2013，59(3)：336. 以及对学校日常仪式的关注，以伍尔夫为代表的历史文化教育人类学研究团队，对柏林一所学校进行了持续 12 年的仪式研究。参见：Wulf，C. *Ritual and Identity: The Staging and Performing of Rituals in The Lives of Young People*. London：The Tufnell Press，2010.

式之争，主张以混合研究方法开展研究的当下，研究领域的拓展，其他学科研究方法的发展、成熟与完善，都要求教育人类学结合自身特点，在研究方法和方法论上有所突破，使其成为学科发展的内在支撑，并最终将其“化”为学科成长的内在机制与动力。[1]

促成中国教育人类学研究方法与研究方法论的突破，是本书写作的最大动力。期望通过对德国教育人类学的方法论研究，为中国教育人类学提供诸多启发。德国教育人类学的独特性来自德国的教化传统，来自这一传统演变过程中形成的时代特质。围绕核心研究对象——教育中人的形象，德国教育人类学形成了独特的研究方法论，能够对中国教育人类学的单一性形成补充，但这尚未受到中国学者的重视。本书以德国教育人类学的发展历程及其方法论作为研究对象，来弥补中国教育人类学研究中的“德国缺位”，更重要的目的在于，为中国教育人类学的方法论突破提供来自德国的声音与经验。

国内已有的教育人类学研究较多地关注少数民族地区，这与中国教育人类学的发展脉络有关。中国教育人类学自形成起就是民族学导向的，教育人类学学者一般同时具有教育学、社会学、人类学的学习背景。庄孔韶是中国第一本教育人类学教材的作者，他是林耀华先生的学生，是中国大陆地区第一位民族学博士。教育人类学领域的著名学者滕星也师从林耀华先生。而教育学者进行的教育人类学研究也多依托于少数民族地区。[2] 受此影响，三十年来中国教育人类学研究以少数民族地区为主阵地，形成了丰富的研究成果，包括民族文化的特性与

[1] 吴晓蓉.我国教育人类学学科发展问题审视[J].教育研究，2012(5)：15-16.

[2] 2000—2014年以“教育人类学”为主题硕士、博士论文有180篇，对这些论文的作者单位进行统计后发现，教育人类学研究的主阵地在中央民族大学、西南大学，以及一些地区师范大学，如广西师范大学、内蒙古师范大学、西北师范大学、四川师范大学、新疆师范大学等。

传承、[1]女童教育、少数民族创新文字使用现状、地方性知识的价值等，这些研究成果在揭示我国少数民族教育的多样性方面意义重大。其中大多数研究者会采用社会文化人类学的概念、研究方法、研究取向，以文化人类学、社会文化人类学作为主阵营进行教育研究。概言之，就是以英美导向的社会文化人类学理论来研究中国的少数民族教育，在此基础上形成的中国教育人类学研究倾向于在少数民族地区进行田野研究，形成了丰富的研究成果，产生了大批博士论文和硕士论文。但是，中国教育人类学研究在取得丰硕成果的同时，尚未充分关注少数民族地区教育之外的教育现实。例如，“教育中的人”的普遍性和多样性的关联、非少数民族地区的学校作为现代教育的核心单位等方面，目前还较少作为中国教育人类学的“田野”。[2] 中国教育人类学的研究方法、研究主题和研究影响尚未较广泛、较有效地涵盖非少数民族地区的教育实践、教育现实，且没有对具有基础性价值的教育中人的形象予以大范围、多视角的关注与研究。

总之，中国教育人类学是从人类学出发的教育人类学，例如陈学金、滕星在《论中国教育人类学的几个根本问题》一文中概括了中国教育人类学的研究特点：“教育人类学家遵循着社会文化人类学对文化、社会的根本看法，将教育视作一种文化的存在、社会的存在、历史的存在。”[3]从中

---

[1] 这方面的代表性研究有：何志魁基于全国出生人口性别比例严重失调的现状，探讨白族母性文化在维持性别比例方面的道德教育功能，揭示该文化特性的宗教意义和文化价值。参见：何志魁，白族母性文化的道德教育功能研究——以莲池会为个案[D]. 重庆：西南大学，2008. 再如，陈雪从苗族口传教育面对现代学校教育冲击的现状切入，探讨口传教育对当地生活的重要性及其与现代学校教育结合的途径。参见：陈雪. 从断裂到弥合——山江纯苗区口传教育的现代转型研究[D]. 重庆：西南大学，2010.

[2] 将学校作为“田野”，典型研究如李云星在其博士论文中，旨在以一所小学参与大中小学合作改革研究为个案，通过教育人类学田野考察，对教育变革中理论（理念）与实践（行为）的转化生成问题作出了回应。李云星. 学校变革中的冲突与观念生成——一项教育人类学田野考察[D]. 上海：华东师范大学，2013.

[3] 陈学金，滕星. 论中国教育人类学的几个根本问题[J]. 中南民族大学学报（人文社会科学版），2013(3)：64-69.

可以看出，中国教育人类学以社会文化人类学的研究方向为基本指向，沿着从社会和文化到教育的研究思路，认为社会与文化特征决定教育特征，有什么样的社会文化就有什么样的教育，也就有什么样的教育人类学研究，其中有三点缺失亟待完善：

其一，忽略教育中人的形象在教育人类学研究中的基础意义及其对教育学的根基性意义；

其二，忽略教育学与教育的自身逻辑，它们具有不受制于社会文化人类学规定的因素；

其三，忽略教育人类学与教育学的关系，教育人类学不仅是社会文化人类学在教育学问题研究中的具体化，而且是涉及教育学发展以及教育人类学自身发展的根基性问题。

整体上，中国教育人类学的主流，是从人类学出发，从文化、社会视角看待教育，进行教育人类学研究。与之不同，德国教育人类学是从教育学出发进行教育人类学研究，始终以教育中人的形象作为核心研究对象，选择与之相应的研究方法与研究视角。出发点的差异决定了教育人类学研究路径的迥然不同，从教育学出发的教育人类学与从人类学出发的教育人类学是不同的。德国教育人类学研究者多数是教育学研究者，而中国教育人类学研究者，相当一部分具有人类学、民族学的学科背景，部分教育学研究者进行教育人类学研究的出发点仍然是人类学和民族学。是否存在另外的研究方向，以扭转中国教育人类学的相对边缘和冷清的地位？若有，则这种研究方向至少需要具有三方面优势：

其一，既能够继承中国已有教育人类学聚焦少数民族地区教育、揭示民族地区教育多样性的优势，又能够触及非少数民族地区的教育多样性；

其二，既能够表达教育现实的多样性与丰富性，又能够将其与普遍意义的教育中人的形象思考结合起来，揭示具有普遍意义的教育问题和教育逻辑；

其三，既包含教育人类学自身的逻辑，又能够将教育人类学的发展与教育学理论的推进结合起来，通过直面“人”这一共通的研究对象，以教育人类学为先导和基础，实现教育学与其他学科的平等对话。

从方法论视角看德国教育人类学的发展历程，涉及本书中的一个根本性问题：为何要选择方法论作为德国教育人类学发展历程的切入点？首先需要明确，本书中所讲的方法论，不仅是探究德国教育人类学学科发展历程的切入点，同时也是探讨德国教育人类学对中国教育人类学影响的突破口。对该问题的回答涉及德国教育人类学发展历程的基本样态、方法论自身的意蕴、本书的研究旨趣等。

研究教育中的人是教育人类学的共识。德国教育人类学在面对这一研究对象时，没有囿于固定的研究方法，而是根据研究对象的多样性及其变化来选择研究方法。这是德国教育人类学的独特之处，判断德国教育人类学的标志不是通过所谓的“看家法宝”，而是根据研究对象，在研究主题、研究方法、研究视角、思维方式等方面进行选择与适切性分析，由此形成的方法论才是德国教育人类学的独特之处，也是最值得研究与借鉴之处。

本书中涉及的方法论，是根据研究对象与具体研究问题，对研究方法、思维方式、研究视角、分析单位等进行选择与适切性分析的过程。研究方法确定的理论基础和研究方法体系的核心构成，是方法体系形成的根本。对这一问题进行历史推进式和横断剖析式的研究，构成了本研究的基本视野。在研究过程中，抓住方法论演变的节点和关键点，明晰其演变的原因。除了涉及与研究对象的关系，方法论研究还与研究任务和研究目标相关，这决定着研究方法的理论基础和方法体系的形成。

研究德国教育人类学的发展历程，目的是为未来发展提供启发与借鉴，旨在探究德国教育人类学对中国教育人类学的影响，以及教育人类学与教育学发展的关系，即体现为本书的两点研究旨趣。

其一是为教育人类学自身的未来发展夯实根基。学科的发展问题可以从多角度予以回答，以方法论而非认识论或其他角度切入德国教育人类学的发展历程，是因为方法论关涉学科发展的大格局，"方法论的转换是教育人类学发生魂魄转换和理论创新的起点和根基所在，对方法论的讨论也为后续各论做了理论上的铺垫和准备"。[1] 德国教育人类学发展历程及其方法论之于后续理论的影响，首先体现在方法论对教育人类学自身的理论贡献。

长期以来，中国教育人类学的方法论体系主要出自民族学和文化人类学，教育学在教育人类学研究中的意义是提供研究领域与主题。当代德国教育人类学在教育人类学的角色定位、研究方法、学科关系、研究主题等方面进行了卓有成效的探索。它以教育中人的形象为核心，形成了模仿、表演、审美、图像、生死等兼具普遍性与特殊性意义的研究主题，并据此形成了独特的研究问题域，结合文化人类学、哲学人类学、生物人类学、历史人类学、教育学、社会学、哲学等学科形成了独特的研究方法和研究视角，并形成了独特的方法论。

不仅如此，本书同样致力于为德国教育人类学研究提供一种中国思维。毋庸置疑，眼光与视野决定研究结论，以中国研究者的眼光看待德国教育人类学，即使是面对同样的发展历程和同样的研究载体，必定呈现出与德国本土研究者不同的景象。再者，对于德国教育人类学而

---

[1] 李政涛. 教育人类学引论[M]. 上海：上海教育出版社，2008：导言.

言，系统发掘其发展历程的方法论意义，揭示其中的理论转换点、发掘理论提升点、与教育现实问题的衔接点等，也会对德国教育人类学的未来发展提供启发。

其二是为教育学的发展做铺垫。这种铺垫主要指转变教育人类学与教育学的密切关系，这是德国教育人类学在发展过程中的一对基本关系：教育人类学不仅被视为普通教育学的一个分支学科，而且被视为普通教育学的基础。在 20 世纪 80 年代之前，就其与普通教育学的关系而言，德国教育人类学的角色一直是基础，20 世纪 80 年代之后，对基础进行了接续与创新，继续维持两者的密切关系，发挥教育人类学对教育学的先导作用。例如莫伦豪尔选择教育人类学来批判当时流行的“反教育”观点，通过重塑儿童形象来重构真实的教育过程，将被人们所忽略的回忆、情感困境、直觉等因素被纳入教育中人的形象的思考中。

二、德国教育人类学研究的中国之维

通过分析相关文献可以发现，中国教育人类学研究者已经开始关注德国教育人类学，主要包含三方面。

（一）系统性研究

1. 分派与研究视角的总结

陈学金将德国教育人类学分为两派：一派是综合人类学的取向，或者称为教育学取向，这种取向的最大特点是综合所有关于人的经验科学的研究成果并将其具体应用到教育领域；另外一派是从哲学人类学的角度重新说明整个教育，以博尔诺夫为代表。[1] 除了受到哲学人类

[1] 陈学金. 我国教育中“人类学研究”与“质的研究”之比较[J]. 湖北民族学院学报(哲学社会科学版)，2011(4)：71－75.

学的影响，德国哲学教育人类学的发展还深受生命哲学、存在主义、现象学、解释学等诸多哲学流派的影响，并且与改革教育学、文化教育学（精神科学教育学或者人文科学教育学）及随后产生的现象学教育学有着错综复杂的关系。[1]

陈学金的上述分类大体上呈现了德国教育人类学在20世纪60—70年代的发展样态，但是这样的分类和概括还存在很大的深化空间，主要表现在三个方面。

第一，缺少对综合人类学和哲学人类学取向的教育人类学的具体分析。德国教育人类学为何会形成综合人类学取向？在这种取向下，为何要将有关人的经验科学运用到教育领域中？如何运用？例如，社会学、心理学和生物学都是有关人的经验科学，如何将他们具体应用到教育人类学研究中？博尔诺夫为何要从哲学人类学的角度重新说明整个教育？如何从哲学人类学角度重新说明教育？这些问题没有得到相应的关注。

第二，对上述两种分类的内在关联没有进行说明。综合人类学和哲学人类学并不是毫无关联、完全割裂的。就综合人类学的形成轨迹和思维方式来看，哲学人类学实际上也是综合人类学的构成之一，既然如此，为何要将其列为两个单独的类别？这样分类的合理性和局限在哪里？这些问题同样没有得到解释。

第三，在这两种分类之外，德国教育人类学是否还有其他的研究类别？20世纪60年代开始的经验式教育人类学、20世纪80年代开始的教育历史人类学以及之后的教育历史文化人类学，都成为它们所在时期的主流，很显然这些都没有受到中国研究者的足够关注。就综合人

[1] 陈学金.我国教育中“人类学研究”与“质的研究”之比较[J].湖北民族学院学报（哲学社会科学版），2011(4)：71-75.

类学而言，其内部的综合方式又是多样的，甚至不同研究者对相同经验学科的综合方式都会截然不同，本书会在后面的章节中对此进行详细阐述。

滕星也对德国教育人类学进行过分派与归纳：

从史学角度展开研究，代表人物有汉堡大学教授萧艾尔（Hans Scheuerl）、波恩大学教授拉尚（Ruolf Lassohn）和奥格斯堡大学教授梅尹兹（Fritz März）。

从经验角度展开研究，代表人物有陆特（Heinrich Roth）、迪内特（Karl Dienelt）、波克（Irmgard Book）和基尔大学教授洛赫。

从专门角度展开研究，代表人物有贝克（Herbere Becker）、克尼特（Eckard Konig）和莱森塔勒（Hctst Ramsenthaler）。

对德国教育人类学的代表人物 W. 福利特纳、罗赫纳（Ruddf Lochner）、诺尔（Herman Nohl）等研究者的教育人类学思想进行讨论。[1]

滕星对德国教育人类学的分派与归纳较为完整，但这些分派归纳是针对 20 世纪 20—70 年代而言的，20 世纪 80 年代以后的教育人类学研究则没有涉及。因此，这样的归纳亟须在扩展研究时段的基础上进一步补充。此外，滕星的上述归纳没有深入到各派别的内核，例如，就历史的角度而言，其中又包含不同的研究取向，比如将历史视为人类学的历史或教育学的历史，还是整个教育人类学的历史？历史是教育人类学研究对象的历史还是研究方法的历史？此外，对专门研究的概括只是针对教育人类学研究者的思想介绍，没有对专门的研究领域和研究主题予以细化。若要了解德国教育人类学的全貌，对这些问题的回答就必不可少。

[1] 滕星. 国外教育人类学学科历史与现状[J]. 民族教育研究，1999(4)：30－40.

2. 研究历史的总结

这方面研究最具有代表性的是詹栋梁,他认为德国教育人类学学科的历史可以追溯到康德在柯尼斯堡大学同时开设人类学和教育学课程,以此将教育学与人类学融为一体。[1] 康德的教育学思想蕴含着丰富的教育人类学思考,继康德之后,第斯多惠、狄尔泰等人对教育学和教育人类学的发展有巨大贡献。20 世纪 40 年代,德国教育人类学在学科定位、研究取向上有所突破。[2] 第二次世界大战以后,人类学重建中出现的诸多问题影响了教育学的发展,教育人类学被视为教育学的特殊原则。[3] 20 世纪 60—70 年代,因为战后德国人类学逐渐改变了单纯体质人类学的束缚以及教育学恢复与发展的需要,德国的教育人类学繁荣起来,大学里出现了教育人类学系和不同的学术流派。

上述总结存在的问题同样是材料较为陈旧,新时期的德国教育人类学没有被纳入研究范围,学科发展的深层次原因也没有得到探讨。

3. 学科性质和研究特点的概括

德国教育人类学被看作哲学人类学的代表,长期作为文化人类学的对立面而出现。陈学金认为德国的教育人类学强调人性,看起来更接近于教育哲学。[4] 巴占龙有相同的观点,认为"教育人类学的哲学思辨色彩非常浓厚,这与其深深得益于人类学(更具体地说是哲学人类学)和教育学密切相关。德国的人类学承袭了古希腊的观念,作为关于人的学问,其含义极为宽泛。因此,教育人类学主要吸收心理学和生理

---

[1] 詹栋梁. 教育人类学[M]. 台北:五南图书出版公司,1986.

[2] 这一时期的主题有:杜普·霍华德(Heinrch Dopp Vorwald)在《教育科学与教育哲学》一书中,将教育人类学等同于教育哲学,将人的本质的改变,尤其是精神的改变,归因于教育的引导力量,认为教育即"精神的引导";同时期出版的《情绪的本质》一书,深入研究了人的情绪,开拓了教育人类学研究的新方向。参见:詹栋梁. 教育人类学[M]. 台北:五南图书出版公司,1986.

[3] 该时期许多德国教育人类学研究成果体现在:Gadamer, H, G. Rudolf Bachmann, R. *Wilhelm Doerr*, *Gerd Albers*. *Neue Anthropologie*. München: Dt. Taschenbuch-Verl, 1972, 1973, 1975.

[4] 陈学金. 论教育人类学的三种研究取向及在不同国家的特点[J]. 民族教育研究,2014(1):6-8.

学的有益养分，目标是建立'人的理想图像'"。[1] 在这些归纳中，巴占龙将"人的理想图像"[2]视为德国教育人类学的目标，这一概括能够恰当展现德国教育人类学的基本特征，对中国的德国教育人类学研究来说可谓是一大推进。但同时需要认识到，"人的理想图像"不仅是德国教育人类学的研究目标，同样也是核心研究对象与核心线索，当代德国教育人类学呈现出来的一切样态都与此有关。

陈学金在概括德语国家人类学特点的基础上，对德语国家教育人类学的特点进行了如下总结：

> 德语国家的人类学包含哲学人类学，也包含民族学(社会文化人类学)。德国的哲学人类学和民族学继承了启蒙运动之后对人性思考的传统，强调"民族性""精神"等概念，关注民族的生物和文化特征上的差异，以及人类思维与精神世界的普同性。因此，德国的人类学暗含着民族精神如何构建现代国家的情愫。哲学人类学注重从人的生理、心理、宗教、文化等诸多层面对人及社会进行思辨研究，民族学注重日常生活实践中的民族精神的探讨，教育学也非常关注这些问题。因此，德语国家的教育人类学注重从人的生物属性、心理、文化等多方面研究教育和社会问题，并且以上升到哲学层面探讨为主要特色。[3]

[1] 巴占龙. 跨文化看教育人类学[N]. 中国社会科学报，2011(2).
[2] 巴占龙没有列出"人的理想图像"的德文对应词，也相应错失了该词的丰富含义。在德语中，"图像"是 Bild，可以表达成汉语中的"图像""形象"，Menschenbild 是德国教育人类学的核心，可译为"人类图像"人类形象，在汉语中，"图像"通常会与平面视觉相关联，而"形象"则较有立体感。因此，本书将该词译为人类形象，以展现其多面、立体、丰富的样态，这一界定比较适合于展现教育中人的形象的多面、立体、丰富样态。
[3] 陈学金. 论教育人类学的三种研究取向及在不同国家的特点[J]. 民族教育研究，2014(1)：6－8.

陈学金的概括肯定德国教育人类学关注人的多重属性，这也较为恰当。这一概括能够改变中国教育人类学研究者将德国教育人类学局限于哲学人类学的思维定式，能够拓展中国研究者的研究视野。但同时，陈学金的概括和研究还可以在以下方面予以推进：

第一，上述概括是沿着“从民族学、哲学人类学到教育人类学”的思维方式展开的，因为民族学和哲学人类学体现出某种研究取向，与教育学存在共通之处，因此教育人类学也会呈现出相应的研究取向。问题在于，教育人类学在这个过程中是否会结合自身逻辑进行独特的思考？教育人类学在与其他学科的沟通过程中，是否会基于自身的研究特点进行创造性的转化？

第二，在德国，强调“民族性”“精神性”显然并不仅是民族学和哲学人类学的专属，历史学、生物人类学其实也从不同方面对此进行研究，那么，为何仅关注民族学和哲学人类学与教育人类学的关系？其他学科或领域是否也对教育人类学有所影响？

第三，德国教育人类学关注人在生物、心理、文化等方面的多重属性，接下来的问题是，德国教育人类学如何关注人的这些属性？具体而言，德国教育人类学采用哪些方法、针对哪些具体问题、在什么范畴中，对人的这些属性进行研究？

在研究方式方面，德国教育人类学通常被赋予注重运用哲学人类学原理，从阐释、模塑健全人性的角度来研究教育与人类发展问题，培养健全人性等特点。[1] 这又将德国教育人类学简化、固定化，将丰富的研究类型和研究范式简化为单一的哲学人类学。实际上，任何一个时代的德国教育人类学都不仅仅只有哲学人类学这一种范式。例如，

[1] 杨会.德国、奥地利的教育人类学初探[D].北京：中央民族大学，2012：42.

20 世纪 70 年代开始，德国人类学领域出现了以下分支——社会人类学、文化人类学、心理人类学、生物人类学、哲学人类学等，同一时期的教育人类学也呈现出与多学科沟通交流的样态。虽然教育人类学在这些领域中有所侧重，但若忽略教育人类学对这些领域的结合，则无法真正理解德国教育人类学。

（二）代表人物研究

1. 对博尔诺夫的研究

根据对 CNKI 相关期刊论文数据进行的检索与整理，发现中国教育学界有大量研究关注博尔诺夫，而其影响主要集中在非连续性教育思想、遭遇和危机、时空观点和哲学人类学四个方面（见图 0－1、图 0－2、图 0－3）。此外，博尔诺夫的思想受到诸多教育领域的关注。

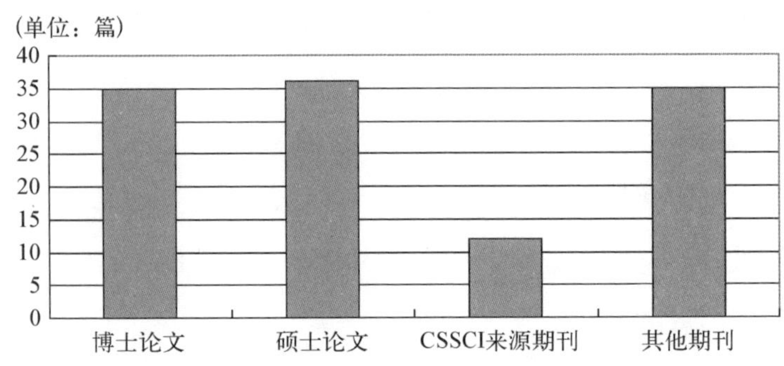

图 0－1　中国教育学界对博尔诺夫的研究

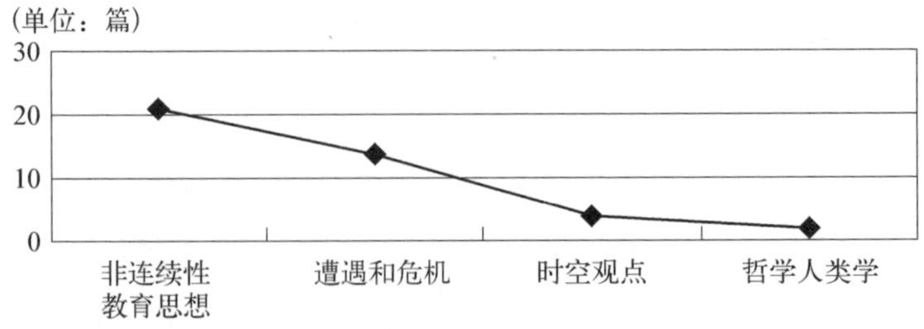

图 0－2　博尔诺夫对中国教育学的主要思想贡献

值得关注的问题是,在国内已有的研究博尔诺夫的成果中,主要借鉴的是经过李其龙翻译的《教育人类学》[1]一书,引用该书的博士论文有35篇,硕士论文36篇,CSSCI来源期刊12篇,其他期刊35篇,这本译著是这些研究成果中博尔诺夫思想的主要来源。

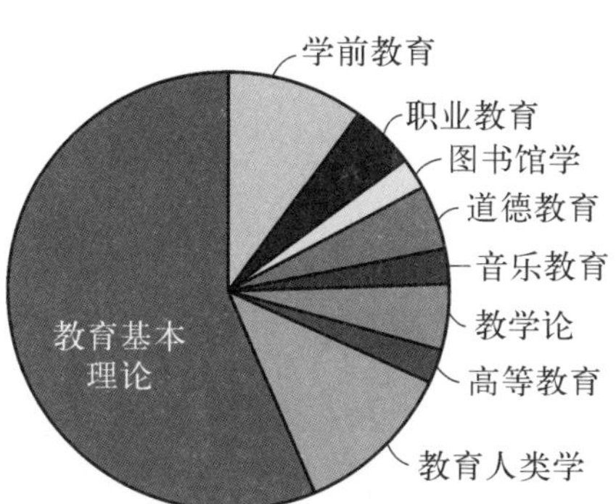

图0-3 中国教育学关注博尔诺夫思想的不同领域

综上所述,博尔诺夫在目前中国教育学界的影响范围广,集中在多个教育研究领域,被视为德国乃至世界范围内教育人类学研究中哲学人类学取向的代表人物。但是,对博尔诺夫思想的借鉴仅仅集中在被翻译过来的《教育人类学》一书中,其他著作没有为中国教育学界所关注,这导致对博尔诺夫的理解并不全面。博尔诺夫还有诸多有价值的教育人类学观点亟待关注,主要有三个方面。

第一,博尔诺夫教育人类学思想的时代背景。他提出新的人类形象,尝试以此来摆脱当时被悲剧笼罩的时代氛围。

第二,对人类学与普通教育学发展关系的思考,不仅体现在通过特定研究主题形成对教育学思想的启发,如遭遇、经历等方面,[2]也体现在关注教育条件,认为教育活动中教育主体的情感互动是非常重要的教育氛围,理应受到重视。[3]

第三,博尔诺夫哲学人类学方法论的独特性。博尔诺夫对教育学

[1] 博尔诺夫.教育人类学[M].李其龙,译.上海:华东师范大学出版社,1999.

[2] Bollnow, O. F. Der Einfluss Anthropologischer Einsichten auf das Rziehungsdenken. *Bildung und Erziehung*, 1955(8): 477-488.

[3] Bollnow, O. F. *Die Pädagogische Atmosphäre: Untersuchungen über die Gefühlsmäßigen Zwischenmenschlichen Oraussetzungen der Erziehung*. Essen: Verlag Die Blaue Eule, 2001: 15.

和哲学人类学，尤其是对教育学与存在主义哲学交叉的领域很感兴趣，因为两者的交叉领域都指向"人"，结合存在主义哲学，博尔诺夫形成了一系列的研究主题，如遭遇、经历，[1]讨论与遭遇、经历等相关的教育条件，如遭遇和经历的空间问题，[2]教育人类学中时间概念、生死问题等。[3]

2. 对伍尔夫的研究

近五年来，德国教育人类学家伍尔夫(Christoph Wulf)独特的研究问题、研究视角，以及对教育人类学时代性和基础性价值的思考，都受到了中国教育人类学者的关注。

(1) 由身体回归引发的教育人类学研究新气象

关注身体回归是伍尔夫教育人类学思考与实践的核心。身体回归是"在工业社会、信息技术对人的工具化、去主体化的潮流中，一种人类寻找自我与拯救的呼唤，是西方教育人类学研究的新的主题。在这种视角的影响下，伍尔夫关注模仿、动作语、仪式、'他者'、图像等在教育中的作用"。[4]

与身体转向相关的仪式、模仿研究也受到国内研究者的关注。伍尔夫及其研究团队在柏林的一所市属小学开展了"教育仪式—体语"的研究课题，该研究涉及"家庭中的微型仪式""学校中的过渡仪式""同伴在课间及媒体中的仪式"，以及"宗教、学校和文化中的仪式"等子课题。[5]邱关军认为，伍尔夫试图通过文本解读和人种志研究的方式来

---

[1] Bollnow, O, F. Der Einfluss Anthropologischer Einsichten auf das Rziehungsdenken. *Bildung und Erziehung*, 1955(8): 477 - 488.

[2] Bollnow, O, F. *Probleme des Erlebten Raums*. Wilhelmshaven: Nordwestdt. Univ. -Ges, 1962.

[3] Bollnow, O, F. *Das Verhältnis zur Zeit: Ein Beitrag zur Pädagogischen Anthropologie*. Heidelberg: Quelle und Meyer. 1972: 82 - 101.

[4][5] 张志坤. 由身体回归引发的教育反思——德国教育人类学家武尔夫思想述评[J]. 湖南师范大学教育科学学报, 2011(3): 27 - 31.

揭示模仿发挥作用的过程,伍尔夫的模仿学习理论促进了模仿研究向人学的回归。[1]

(2) 教育人类学研究中的历史人类学视角

张志坤认为,伍尔夫经过长期研究,发现传统的德国哲学人类学主导的教育人类学没有充分认识到教育发展的历史性问题,从而提出了历史教育人类学的主张。伍尔夫带领其研究团队,以历史和文化为教育人类学研究的切入点,进行了富有成效的探索,进一步丰富了教育人类学的理论和实践。[2]

除了上述研究之外,本书将在综合和拓展的意义上,集中探讨伍尔夫教育人类学思想的形成过程,从学科传统接续和时代转型中探究伍尔夫教育人类学思想的核心——历史文化人类学。本书将重点关注两个方面:

其一,以伍尔夫主办的历史人类学刊物 *Paragrana*,及其他相关历史人类学研究的代表性文章和著作为载体,研究伍尔夫本人及其研究团队进行的历史人类学取向的研究。对历史人类学取向下的图像、想象力、模仿以及由模仿生成的体语和仪式、情感等主题进行具体阐述,并对该取向引导下的教育人类学的经典著作和经典案例进行剖析,以求展现教育历史人类学的研究全貌。

其二,伍尔夫对教育中普遍问题与特殊问题的回应。[3] 伍尔夫认为这是他对教育人类学的最大贡献,而他实现教育中普遍问题与特殊问题的沟通,主要在于对研究主题和研究载体的选取,合适的主题和载

---

[1] 邱关军.伍尔夫模仿学习理论述评[J].全球教育展望,2013(9): 25-31.

[2] 张志坤.由身体回归引发的教育反思——德国教育人类学家武尔夫思想述评[J].湖南师范大学教育科学学报,2011(3): 27-31.

[3] 作者曾在柏林自由大学用一年时间跟随伍尔夫教授学习与研究教育人类学。在与伍尔夫的交谈中,他认为自己在教育人类学方面的最大贡献是对教育人类学研究中的一对主要矛盾——普遍问题与特殊问题的关注与回应。

体能够把小事件与大背景、人类存在的本质和多样特征、特殊问题与普遍问题联系起来。

（三）方法论研究

对教育人类学方法论的思考，国内已有较丰富的研究，主要有四个方面。

1. 对教育人类学方法本身进行研究

这方面的研究包含对教育人类学方法的源流和使用规范。例如沈丽萍在其硕士论文中，从理论基础、研究目的、研究对象、方法实施等角度对教育人种志的根本特征和研究规范进行了详细阐述。[1] 杨中枢从认识论的视角，认为教育人种志是一种特殊的经验研究。[2] 另有研究将教育人种志界定为对个别教育现象进行动态描述和细致分析的过程，具有描述性和解释性，秉承整体观念与整合方法，注重从自然的教育情境中收集资料，采用多元化的研究策略与模式。[3] 还有研究者将教育人种志看作一种收集资料的方法，对该方法中人类学和社会学的两条发展线索予以说明，认为这两种线索都强调实地参与观察，强调研究情境的整体性和自然性。[4]

这方面的研究还包括对教育人类学方法与某一研究领域发展关系的探讨。例如，探讨教育人类学在教师专业发展、比较教育等领域中的作用。[5]

---

[1] 沈丽萍.教育人种志：概念与历史[D].上海：华东师范大学，2004.
[2] 杨中枢.教育人种志的认识论思考[J].民族教育研究，2008(1)：46－48.
[3] 陶李刚，高耀明.教育人种志研究的特征及其设计原则[J].外国中小学教育，2004(8)：15－19.
[4] 马小梅，李复新.教育人种志的源流[J].外国教育研究，1993(1)：10－14.
[5] 这方面的研究可参见：胡刚.基于教师专业成长的教育人种志研究[J].四川教育学院学报，2009(6)：7－9.白芸.促进教育硕士生成性发展的培养策略研究——基于教育人种志视角[J].当代教育与文化，2011(5)：101－105.徐辉.教育人种志与比较教育学研究方法的进展[J].全球教育展望，2005(6)：63－67.

2. 比较研究

这方面的研究是对教育研究中的人类学方法与其他方法进行比较,突出人类学研究方法的特色。例如陈学金对教育研究中的人类学方法与质的研究进行了比较,认为两者的起源和发展都借鉴了人类学的理论与方法。在研究内容上,“教育人类学的研究者多是具有人类学、社会学的学科背景,关注对象集中于少数民族和弱势群体的教育问题,更强调教育平等和文化的多样性及其传承等问题,而质的研究更多地关注于城市学校教育问题,诸如课堂教学、教师发展等”。[1] 陈学金认为两种研究方法的主要区别在于其研究内容,这里隐含着研究对象的特征影响方法选择的方法论思考,但他所说的“研究对象”更多指研究领域和研究范围,尚未涉及研究对象的多重逻辑关系,而这些是方法论思考的起点和载体。

3. 关注人类学方法对教育研究的意义

这种观点尝试在人类学方法和教育研究之间架起桥梁,认为人类学从书斋到田野的方法贴近生活,关注主体的真实生活状态,能够改变教育研究中对教育事实的呈现方式。

如滕星等学者认为人类学对教育研究的意义有以下方面:主客共变、主客互变和价值涉入。人类学有关注弱势的传统,能够帮助教育研究者关注教育中的弱势群体。人类学对文化的关注,特别有助于教育研究者认识和研究我国教育的文化性格,教育的民族性、族群性、阶层性和地域性等特点,在人类学范式的影响下被教育研究者所关注。人类学范式把教育当作一种文化事实,用人类学的理论和方法来解释教育是什么,这种解释是想象学意义上的、在日常生活世界中的解释。人

---

[1] 陈学金.我国教育中“人类学研究”与“质的研究”之比较[J].湖北民族学院学报(哲学社会科学版),2011(4):71-75.

类学研究倾向于个案研究，这种研究范式特别有助于揭示长期被教育研究界忽视的研究者和被研究者的互动、教育者和受教育者的互动、互动中主体的态度和情绪体验等方面，有助于我们进一步认识和体会教育及教育研究的特性。人类学范式会在教育研究中产生一些新的研究主题。当代人类学开放的视野为教育中新问题的形成和解决提供了可能性，比如采用女性主义范式对性别与教育、女童教育和妇女教育的研究。[1]

又如司洪昌认为人类学的方法能与史学互相补充，带来新的研究范式。在他的教育历史研究中，认为借鉴人类学的方法，对历史学来说至少有以下益处：(1) 获得一种认识和态度上的疏远感。人类学强调从"内部的观点"来研究社会，而传统历史学强调研究者的中心意识，借鉴人类学的方法可以去除历史学这种根深蒂固的中心观念。(2) 扩大传统史学的研究领域，用田野作业来重构历史现场，使得历史资料的来源多样化了。(3) 发掘那些被忽视的历史，那些被官方历史学排除在历史领域之外的史学模特所创造的历史，这包括地方的、封闭的少数群体，乡土的、民间的、草根的社会和历史叙事。[2]

桑国元等认为教育人种志主张在广泛考察文化因素对教育实践的影响的基础上，遵循"离我远去"的原则，强调"从书斋走向田野"，进入真实的教育情境实施研究。在教育科学研究脱离教育实践，远离教育场域的今天，教育人种志研究范式在教育科学研究中具有重要的方法论意义。[3]

---

[1] 滕星，巴占龙. 从书斋到田野——谈教育研究的人类学范式[J]. 西北师范大学学报(社会科学版)，2005(1)：19－22.
[2] 司洪昌. 嵌入村庄的学校——仁村教育的历史人类学探究[D]. 上海：华东师范大学，2006：11.
[3] 桑国元，于开莲. 教育科学研究中的"离我远去"——教育人种志及其在教育科学研究中的方法论意义[J]. 广西师范大学学报(哲学社会科学版)，2007(2)：78－82.

以上观点关注人类学方法与范式对教育研究的意义，背后隐含着“移植”的思维方式，即把人类学的方法移植到教育领域。的确，人类学方法的引入，为教育研究者提供了呈现教育事实的全新方式，自中国教育人类学形成之日起，这种思维方式在国内教育人类学界就一直占据主流，也产生了丰富的研究成果。在这种思维方式的影响下，教育人类学研究是人类学导向的研究，更准确地讲，是人类学方法导向的研究，这种导向的教育人类学研究关注少数群体、乡土、异域等，展示其独特性和多样性。

4. 人类学方法运用于教育研究的适切性分析

将滕星等人的观点再推进一步，就是国内已有教育人类学方法论研究的第四种代表性观点，即思考人类学的方法运用到教育研究中的适切性。“教育—科学研究者需要将具体研究对象和研究方法的适切性思考，化为自身的思维习惯，不断在各种问题的提出和解决中追问：这个方法，适合我的问题吗？哪些方面适合，哪些方面不适合？用此方法与不用此方法对于我的问题的解决，到底有何差异？”[1]适切性表现在以下方面：人类学方法对教育理解方式和研究方式的积极作用及其限度；人类学方法对教育事实的对象逻辑、关系逻辑、制度逻辑的揭示方式与其他方式的异同；作为一种借用其他学科的研究方法，在运用到教育研究中时，持有不同的学科立场会有何异同；人类学方法在何种程度上能够丰富教育研究，在何种程度上尚需要其他思想来实现其与教育对象的适切性。这些观点的前提是，认为教育人类学的方法论是影响该学科发展的大格局，能够揭示尚未显现的问题，形成新的知识品性，在学科发展的转折期起重要作用。

---

［1］ 李政涛.教育科学的世界[M].上海：华东师范大学出版社，2010：121.

李政涛对教育人类学方法论的思考，实现了学科发展与方法论相结合的研究路径，这一研究路径有三个主要观点。

(1) 教育人类学方法论对于该学科发展具有重要意义

李政涛在《教育人类学引论》中，对方法论的意义与地位予以充分关注，认为“教育人类学的方法论研究是一种学科元研究，目的在于对该学科已有方法论体系的源头和现状、核心构成及其与研究对象性质进行建设性的反思和批判，具体涉及整体上的教育人类学和不同流派的教育人类学方法与研究对象的适切性以及方法体系背后的理论假设、研究视角、研究过程、分析框架(含分析单位)、思维方式等方面的特征”。[1] 他同时提出：“在梳理已有方法的基础上，从方法论的层面探析教育人类学的假设、视角、思维方式和学科立场。方法论的转换是教育人类学发生魂魄转换和理论创新的起点和根基所在，对方法论的讨论也为后续各论做了理论上的铺垫和准备。”[2]

作为一种学科元研究，方法论旨在揭示学科假设、研究视角、思维方式和学科立场，是影响某一学科理论创新的起点和根基。从这个意义上说，方法论切入教育人类学学科史研究能够明晰学科发展的节点和关键点，通过揭示方法论的转换能够展现该学科发展过程中的重要环节，揭示该学科理论推进背后的思维方式、研究假设、研究视角等关键因素。

(2) 基于学科立场对教育人类学方法论中的教育学立场和人类学立场进行比较

在《教育科学的世界》一书中，李政涛对教育学立场和人类学立场下的田野研究方法进行比较。他认为“人类学家与被研究者结成的共

---

[1] 李政涛.教育人类学引论[M].上海：上海教育出版社，2008：84.
[2] 同上：导言.

同体，是单向和松散的，即人类学家主动进入其生活圈内而形成的，虽然双方可能会形成某种亲密的关系，但被研究者并无与人类学家合作的意愿”。[1] 对于人类学家的被研究者而言，人类学家的出现与工作对他们没有太大的影响。而教育学研究者在田野工作中与实践者（同时也是教育人类学的被研究者）则会形成共同体，双方有共同合作的需要。

与人类学家和被研究者合作的松散和单向相比，教育学研究者在田野工作中与实践者是共同研究、共同发展的关系，在这种关系中，研究者应该做到：

> 以服务和促进学校发展为己任，而不是只想让合作学校为你提供条件、资料和试验对象，使研究成为外加的、与学校发展无关的事。学校工作者只有在感受到学生、班级、成绩、学校，包括自己在内都有发展和进步时，感受到研究人员与他们是“一条心”时，才会出现真诚和有效的合作。[2]

（3）对新型教育人类学方法论的找寻

基于教育人类学的研究对象和教育过程的特征，认为过程哲学、价值哲学、文化研究、后殖民主义等思潮与方法论能够为教育人类学提供新的理论支撑和研究方向。

以过程哲学方法论为例，它的运用在教育人类学中的运用和发展前景广阔，有助于打破教育人类学研究中常见的静态性思维和结果性

---

［1］ 李政涛.教育科学的世界[M].上海：华东师范大学出版社，2010：160.

［2］ 叶澜.我与“新基础教育”——思想笔记式的十年研究回望[J]//丁钢，主编.中国教育：研究与评论.北京：教育科学出版社，2004：13.

思维，代之以动态性思维和过程性思维，从而促进思维方式的转型。[1]

本书对德国教育人类学领域最具代表性的杂志 *Zeitschrift für Pädagogik*，*Zeitschrift für Erziehungswissenschaft*，*Pädagogische Rundschau*，*Paragrana* 中近十年以教育人类学为主题的文章进行系统梳理与研究，发现德国教育研究界已有对教育人类学研究方法的独特运用，包含两种观点。

第一种观点体现在研究者对教育人类学研究方法的特征、逻辑与矛盾进行研究，代表人物是布莱登施泰因(Georg Breidenstein)。他对田野研究的实践逻辑进行系统反思，[2]对学校教学进行民族志研究的可能性和局限性进行透视，[3]并尝试用民族志的方法研究学校中的教学行为和各种实践活动[4]。另外，有研究对民族志方法运用到某项研究的局限性进行反思。如对不同教育秩序的民族志研究，对一项以民族志方法研究课堂成功如何为社会选择做准备的研究进行方法论反思，[5]对教育人类学的生物基础重新予以重视等[6]。

第二种观点主要体现在教育人类学方法应用于具体研究问题或领域，包括童年早期的教育机构和教育设施，在何种程度上形成了学生的

---

[1] 李政涛.当代西方教育人类学的发展趋势探析[J].华东师范大学学报(教育科学版)，2009(6)：25-27.

[2] Breidenstein，G. *Ethnografie: Die Praxis der Feldforschung*. Konstanz，München：UVK，2013.

[3] Breidenstein，G. *Teilnahme am Unterricht: Ethnographische Studien zum Schülerjob*. Wiesbaden：VS Verlag für Sozialwissenschaften，2006.

[4] Georg Breidenstein 在这方面的思想集中体现在以下文献中：Breidenstein，G. *Leistungsbewertung und Unterricht: Ethnographische Studien zur Bewertungspraxis in Gymnasium und Sekundarschule Zaborowski*. Wiesbaden：VS Verlag für Sozialwissenschaften，2011. Breidenstein，G. *Geschlechteralltag in der Schulklasse: Ethnographische Studien zur Gleichaltrigenkultur*. Helga Kelle Weinheim；München：Juventa-Verlag，1998.

[5] Rabenstein，K.，Reh，S.，Ricken，N. Ethnographie Pädagogischer Differenzordnungen. Methodologische Probleme einer Ethnographischen Erforschung der Sozial Selektiven Herstellung von Schulerfolg im Unterricht. *Zeitschrift für Pädagogik*，2013(2)：668.

[6] Uwe，K. Biologische Wurzeln und Ethnologische Varianz Grundlagen einer Anthropologie der Erziehung. *Erwägen Wissen Ethik*，2011，22(2)：155.

差异和不平等；[1]对差异性主题的民族志研究；[2]课堂时间使用中的个性化维度[3]。

德国学者对本国教育人类学研究方法的思考，尚未系统关注方法论层面，进而反思教育人类学研究方法运用到教育实践研究中的价值与意义。

总之，已有研究为本书写作提供了诸多启发，例如对方法论之于学科发展重要性的认识，这也构成了本书的基本立意。在对上述各部分的研究状况进行总结后，本书对其予以评述，并寻找后续推进的途径。除此之外，就目前国内外的研究状况来看，总体上还有以下两个方面可以推进：

其一是扩充研究材料。从整体上看，中国教育人类学研究和教育研究对德国教育人类学已予以关注，但是对德国教育人类学的理解、研究与评价主要来源于由德语翻译过来的四本教育人类学著作以及詹栋梁的《教育人类学》一书中对德国教育人类学的介绍。扩充德语材料是丰富国内教育人类学界对德国教育人类学认识的前提和基础，作者将利用德语优势以及留学德国收集到的第一手资料，系统梳理德国教育人类学的发展脉络，丰富、深化德国教育人类学研究。

其二是探究方法论深意。通过回溯国内外已有研究，本书作者发现很少有对德国教育人类学发展历程中的方法论深意予以系统探究。本书将着力改变这一状况，将德国教育人类学的发展历程与方法论探

[1] Isabell, D., Melanie, K., Claudia, M., Miriam, M. Ethnische Differenz und Ungleichheit. Eine Ethnographische Studie in Bildungseinrichtungen der Frühen Kindheit. *Zeitschrift für Pädagogik*, 2014(2): 644.

[2] Göhlich, M., Reh, S., Tervooren, A. Ethnographie der Differenz: Einführung in den Thementeil, *Zeitschrift für Pädagogik*, 2013(5): 639 - 643.

[3] Breidenstein, G., Rademacher, S. Vom Nutzen der Zeit. Beobachtungen und Analysen zum Individualisierten Unterricht. *Zeitschrift für Pädagogik*, 2013(1): 336.

究结合起来;将方法论研究视为学科元研究,涉及学科发展的理论形成、知识生产、解释力和判断力更新,而非仅视为对学科研究方法的描述与概括;不仅将方法论视为学科史研究的切入口,而且将其看作开辟学科新方向的突破口。

三、德国教育人类学研究的新视角

(一)由教育中人的形象而形成的问题域

具有教育学和人类学传统的德国教育人类学,围绕教育中人的形象形成了较为独特的研究成果与方法论,这是其他国家和文化背景中的教育人类学所不具备的,而这些却没有受到中国学者的足够重视。基于此,本书的首要任务是明晰德国教育人类学的发展历程,探究这一历程的发展线索与基本特征,并尝试以此为借鉴,开辟中国教育人类学发展的新方向。

那么,德国教育人类学围绕教育中人的形象这一核心研究对象,形成了哪些独特的方法论?为便于回答这一问题,本书将从以下五个方面具体展开。

第一,德国教育人类学的核心研究对象——教育中人的形象的时代背景。着重从时代的主流特征、学术思想转向等方面探讨时代演变,并在此基础上揭示德国教育人类学作为“时代之学”的特征。具体围绕以下问题展开:作为一门“时代之学”,德国教育人类学在不同时代有哪些代表性研究流派或研究范式?这些流派或研究范式的独特主题和基本范畴有哪些?它们对教育中人的形象进行了何种解释与研究?

第二,德国教育人类学方法论的德国文化脉络。主要从德国教育人类学方法论的历史图景、德国文化环境和学术环境等方面展示德国教育人类学的方法论特征。

第三，教育中人的形象多重内涵的建构过程。在德国教育人类学中，教育中人的形象既关注人类本质的普遍性，又对人类的特殊性进行探视，既有哲学、历史学、文化科学、生物学、物理学、心理学、社会学、人类学和教育学等不同学科的影响，还有经验研究方法、田野研究方法、历史学方法、哲学分析方法、文件阐释法等的影响。

第四，德国教育人类学方法论的多重建构。基于上述三个问题，德国教育人类学方法论并不具有固定的模式，而是以教育中人的形象为核心，选择不同的思维方式、研究取向、分析单位、研究方法等对这一核心研究对象进行研究，以此来揭示不同教育人类学流派中的突破点、关键点和节点。

第五，德国教育人类学发展历程及其方法论对教育人类学后续发展和未来推进的意义，包含对德国教育人类学和中国教育人类学后续发展意义的探究。

（二）如何探究教育中人的形象

在具体研究过程中，以纵向的时间维度为线索来梳理德国教育人类学的发展历程。在纵向推进过程中，凸显每个时期教育人类学的代表人物、代表流派，在展现其核心思想的同时，不断回到德国教育人类学传统，探究其在德国教育人类学发展历程中的独特地位和贡献。明晰德国教育人类学发展的节点、关键点、转折点和关键人物，揭示其在发展历程中对教育人类学认识方式和实践范式的推进，以及由此带来的教育人类学自身解释力和判断力的改变与提升。

1. 多重关系视角

(1) 方法论与学科发展的关系

单纯讲方法论与学科发展的关系过于笼统，在具体研究过程中，两者的关系必须通过具体研究问题来实现。围绕教育中人的形象，德国教育人类学确定哪些研究问题、选择何种研究方法、运用何种研究视角和思维方式、基于哪些分析载体开展研究？这些方面的研究从哪些方面推进了教育人类学研究？也就是说，方法论与教育人类学发展的关系，具体表现为对教育人类学研究对象及其方法选择和适切性分析过程的研究，以及这一选择过程中所体现出来的思维方式、分析单位、研究方法等方面与教育人类学自身发展的关系。

（2）教育人类学与其他学科之间的关系

这一关系内部有三个层次，分别是其他学科对教育人类学的贡献和影响、教育人类学对其他学科的影响、教育人类学与普通教育学的关系。

第一个层次具体指教育人类学与哲学人类学、历史人类学、文化人类学、社会学、哲学、心理学、生物学等学科的关系。这些学科在何种程度上为教育人类学作出贡献？他们为教育人类学贡献了什么？以何种方式作出贡献？德国教育人类学为何在一定时期选择某些学科的研究方法和思维方式，在另外的时期又放弃了这些学科，转而吸收其他学科的研究方法与思维方式？对这些问题的回答，是揭示德国教育人类学学科关系的重要线索。

第二层次是教育人类学对其他学科如人类学的贡献。这是德国教育人类学非常独特之处，丰富了人们对教育人类学学科关系的传统思考模式。本书关注的具体问题是：教育人类学对其他学科有何贡献？这是当代德国教育人类学发展过程中呈现出的一种非常独特且有价值的部分，不仅思考其他学科对教育人类学的影响，而且思考教育人类学对其他学科理解“人”这一共通主题产生了何种影响。

第三个层次是教育人类学与普通教育学的关系。普通教育学思想如何影响教育人类学？教育人类学如何支撑并推进普通教育学思想？两者在不同时期呈现出哪些不同特征？这一对关系在本书中占据非常重要的地位，贯穿在后续各章节中。

(3) 教育人类学与社会现实的关系

德国教育人类学的志向一直不是少数民族地区的教育与文化，而是直面现实生活中人类在教育中的形象，它总是在尝试找寻不同的方法、确定不同的主题来研究教育中人的形象的新面貌、新特征，因此德国教育人类学是典型的"时代之学"。根据主要研究取向，当代德国教育人类学可以划分为以下阶段："二战"后到 20 世纪 50 年代末、20 世纪 60—70 年代、20 世纪 80 年代、20 世纪 90 年代末至今。这一划分与社会氛围密切相关，要研究德国教育人类学，必须紧密结合社会现实，尤其是社会现实对主流教育学思想以及整体学术氛围的影响。本书会尝试回答以下问题：社会现实问题对德国教育人类学有何影响？教育人类学对社会现实问题进行了何种回应？教育人类学在解决社会和教育现实问题的过程中有何优势和局限？

(4) 不同时代教育人类学之间的关系

德国教育人类学在经历了"二战"后初期的短暂沉寂之后，在 20 世纪 60—70 年代，呈现出繁荣景象，出现了 A. 福利特纳（Andreas Flitner）、洛赫、陆特、德博拉夫（Josef Derbolav）等具有开创意义的研究者以及富有建设性的研究成果。到了 20 世纪 80 年代初，柏林自由大学跨学科历史人类学研究中心围绕教育历史人类学对德国传统教育人类学研究进行了批判、反思与重构。随着全球化进程的加快，教育历史人类学在 20 世纪 90 年代末发展成为教育历史文化人类学，在承接教育历史人类学研究主题的基础上，进行了大量跨学科、跨文化、跨国家的研究。到了 21 世纪，教育历史文化人类学的研究仍在进行，此外也出现了其他颇有建树的教育人类学研究，例如将人类学方法运用到课堂教学时间使用情况的研究中。同时，德国教育人类学出现了重新思考精神科学教育学经典命题的倾向，重塑教育中人的形象。在发展演变过程中，每个阶段并没有完全抛弃前一阶段的研究传统，而是在传统的基础上继承、转变。本书也将着力通过方法论探究来揭示这一继承与转变过程。

2. 多种研究方法

(1) 文献研究法

对文献的分析和把握是整个研究能否顺利进行的关键。通过对当代德国教育人类学的文献进行鉴别、整理和分析，最大可能地还原学科发展原貌；重点关注代表性杂志和代表人物的研究成果，以此为载体梳理学科研究重心的演变。具体而言，本书中的文献主要包括以下三个方面。

首先，选取四种德国教育学杂志，对其在 20 世纪 60 年代至今的教育人类学主题进行搜索，把握德国教育人类学的关键人物、代表性观点和主流趋势。这四种杂志是：*Zeitschrift für Pädagogik*，*Zeitschrift für Erziehungswissenschaft*，*Pädagogische Rundschau*，*Paragrana*。

之所以选取这四种杂志，是因为它们在德国教育学杂志中具有权威，如 *Zeitschrift für Pädagogik*，这是德国教育学领域最权威的杂志。此外，这四种杂志也较有系统性，能够较为全面地反映出德国教育学，包括教育人类学的研究状况，如 *Zeitschrift für Erziehungswissenschaft*，*Pädagogische Rundschau*。与 *Bildung und Erziehung*，*Erziehung und Unterricht* 等其他教育学类杂志相比，上述四种杂志的教育人类学主题较多，且更具代表性。当然其他相关杂志也会涉及，如 *Bildung und Erziehung*，这本杂志在 20 世纪 60 年代后期，也出现了一些较有代表性的教育人类学研究成果。

其次，选取代表人物的代表作。除了以学术杂志作为材料的重要来源，不同代表人物的代表作同样也是本书的重要材料，A. 福利特纳、洛赫、陆特、德博拉夫、朗格菲尔德(Martinus J. Langeveld)、伍尔夫、齐法斯(Jög Zirfas)和莫伦豪尔等人的代表作是重要的文献资料。不同时期涌现出的独特流派，如 20 世纪 70 年代的生物人类学与教育人类学相结合的研究成果，同样构成本研究的重要资源。

最后，选取哲学人类学、生物人类学、历史人类学、社会学和普通教育学等学科的经典著作。方法论探究作为一种对过程性和关系性的探究，必然要关注到德国教育人类学与其他学科的互动。

(2) 访谈法

在德国访学期间，作者对德国教育人类学发展过程中的关键人物——伍尔夫教授进行了访谈。访谈主要围绕以下主题进行：教育历史人类学的特点及其核心主题的内涵、各主题之间的关系、教育仪式研究、教育人类学中的表演性因素。

(3) 个案研究法

本书将选择每个时期关键性的代表人物、典型的研究案例作为载体，分析其在德国教育人类学发展中的地位及其蕴含的方法论内涵。例如，陆特、伍尔夫、齐法斯、莫伦豪尔等代表人物的研究实例，详细分析他们如何在具体研究过程中实现方法论突破并引领其所处时代的教育人类学研究风气，揭示教育历史文化人类学的教育仪式研究、莫伦豪尔倡导重回“文化与教育关联”等研究中所蕴含的方法论深意。

总之，德国教育人类学围绕核心研究对象——教育中人的形象形成了独特的方法论，包括思维方式、学科关系、研究方法、研究视角和分析单位等，能够为中国教育人类学者提供借鉴与参考。但德国教育人类学的独特价值尚未受到中国研究者的重视。希望本书的出版能够弥补中国教育人类学研究的“德国缺位”。

第一章

当代德国教育人类学概观：背景与发展阶段

德国独特的人类学、哲学、教育学等思想资源，孕育了德国教育人类学的独特性。在不同时代特征的激发下，这些思想资源与教育人类学形成了多维互动。根据整体研究特质的差异，20 世纪 60 年代以来的德国教育人类学可以划分为三个阶段，围绕核心研究对象，每个阶段都呈现出其发展与变化的独特性，因而也具有独特的方法论意义。

第一节

时代演进中的学统：当代德国教育人类学的发展背景

德国各时期教育人类学的发展主要以哲学、人类学、教育学为思想资源，心理学、生物学、现象学、历史学等其他学科，则在教育人类学的发展过程中出现不同的偏好与侧重。

一、早期民俗学和人类学思想的影响

在世界范围内，人类学领域的重要代表人物摩尔根（Thomas Hunt Morgan）、泰勒（Edward Burnett Tylon）和博厄斯（Franz Boas）都受到德国民俗学和人类学的影响，从这个意义上讲，德国人类学可被视为世界人类学的思想根源。享有盛名的欧美人类学家也都深受德国人类学的影响，[1]

[1] 穆尔. 人类学家的文化见解[M]. 欧阳敏，邹乔，等，译. 北京：商务印书馆，2009：45－53.

例如美国人类学会的创始人、美国人类学之父博厄斯，在德国海德堡大学、波恩大学和基尔大学求学，在德国获得博士学位，并在德国民族学研究传统的影响下，由物理学转向人类学研究，其人类学研究思想受拉策尔（Friedrich Ratzel）的地理环境论影响很深。博厄斯曾在1883—1884年参与探险活动，尝试解释极地环境对因纽特文化的影响，自此之后转向人类学。[1] 第二次世界大战期间，德国的体质人类学研究为人们所诟病，但18世纪以及19世纪初期的德国人类学在全球人类学形成过程中扮演着重要角色，“德国在该时期进行的历史性开创充当着当代全世界人类学形成的学术指示物。只有把德国18世纪和19世纪初期思想当作一个主要源泉，才可能反思今天全球人类学的早期形成”。[2]该时期人类学思想对现代人类学与教育人类学的贡献主要体现在三个方面。

（一）规定人类学研究的两种基本范式

德国人类学对现代人类学的最重要贡献是形成了人类学研究的基本范式，主要体现在康德（Immanuel Kant）和赫尔德（Johann Gottfried Herder）在现代人类学形成过程中开创的基本范式及其方法论体系，即康德强调的普遍主义与赫尔德强调的相对主义。在某种程度上，“赫尔德强调观察、经验和地方实验，给康德方法中的抽象和演绎理论注入了一种有益的平衡”。[3] 德国早期人类学研究也因此形成了两种范例，即人类一致性研究与文化差异研究，其区别主要表现为普遍主义和相对主义的对立。而早期的哲学研究和初期的旅行报告，其实就是对这

---

[1][2] 巴特，等. 人类学的四大传统——英国、德国、法国和美国的人类学[M]. 高丙中，主译. 北京：商务印书馆，2008：106－107.

[3] 同上：78.

两种范例的具体化。

（二）为现代德国人类学设定双重传统

康德和赫尔德的思想论辩为18世纪以及19世纪初期的德国人类学研究提供了方法论基础，这主要体现在该时期的旅行报告中。乔治·福斯特（Georg Forster）及其父亲约翰·福斯特（Johann Reinhold Forster）在撰写旅行报告方面为该时期德国人类学作出了突出贡献，他们的工作深植于16世纪和17世纪的人文主义和科学革命的坚实传统中。福斯特父子的著作《环球航行》于1777年出版，他们收集的民族志物品为欧洲大陆后来几个人类学博物馆的建立打下基础。[1] 乔治同时吸收了康德和赫尔德互相对立的研究范式，坚持基于地方差异的普遍主义，对人类共性和差异持开放心态。乔治坚持认为人类社会中不存在优先的等级，反对欧洲处于全球等级体制顶端的观点，在民族志撰写中支持经验和描述方法。

（三）早期语言民族志研究规定了现代人类学的基本标准

17世纪，德国分布着广泛的语言研究社团，表现出对非欧洲语言的关注，例如汉语、梵语、北印度语、土耳其语、阿拉伯语等，其代表是彼得·科尔布（Peter Kolb）对南非的民族志研究。[2] 这些研究在文化差异方面进行的经验描述，以及在民族志研究过程中表现出来的对外语的精通，为后来全球人类学及其田野研究方法设定了标准。

福斯特父子的旅行报告以及早期的语言民族志研究在早期人类学

---

[1] Kelm, H. *Georg Forster: 1754 - 1794: Südseeforscher, Aufklärer, Revolutionär*. Frankfurt am Main: Museum für Völkerkunde, 1976.

[2] 巴特，等. 人类学的四大传统——英国、德国、法国和美国的人类学[M]. 高丙中，主译. 北京：商务印书馆，2008：75.

形成时期的作用不容低估，后期教育人类学的基本旨趣、基本范畴和研究方法也延续了早期人类学研究的部分传统，这主要表现在两方面。

其一，德国教育人类学的双重传统与早期人类学思想密切相关。康德和赫尔德所倡导的双重方法，在福斯特父子的早期研究中已经实现了融通，他们对认可地方差异的普遍主义的强调，对共性和差异相结合方法的使用，为德国人类学奠定了不同于英美社会文化人类学的基础。这些思想也被新时期德国教育人类学吸收，引发该学科的双重关切，既关注特殊性与多样性，又尝试寻找其背后存在的普遍性；关注人类形象的共同和普遍特征，同时尝试通过多样性进行解释。这一传统也被德国教育历史人类学吸收，将其转化到教育仪式、模仿、体语等主题的研究中。

其二，经验性、非殖民主义的记录为德国教育人类学提供了看待“他者”的独特视角。人类学的发展历程一直被赋予浓厚的欧洲殖民主义传统，但18世纪之前的德语民俗学著作与殖民主义几乎没有任何关系，该时期的民俗学研究对中东、非洲和南亚等地的情况体察入微，对此富有尊重和同情的描述一直到今天都是值得珍惜的人类学研究素材。其中蕴含的平等看待一切文化的视角，为全球化时代的德国教育人类学提供了研究“他者”文化的开放视野。

二、大陆人类学传统的影响

大陆人类学[1]不是一门独立的人类学学科，而是对多种人类学资源进行适切性选择的学问，是对德国人类学的概括和总结，具备显著的

[1] 对“大陆人类学”特色的界定参见：Wulf, C. *Anthropology: A Continental Perspective*. Chicago: The University of Chicago Press, 2013. 在这本书中，作者伍尔夫将不同于英美主流人类学的人类学称为“教育人类学”，就像与分析哲学不同而得名的“大陆哲学”一样，伍尔夫用“大陆人类学”来表达独树一帜的德国人类学的历史文化人类学取向。

“德国特色”。大陆人类学所形成的研究传统也是区分德国人类学与英美社会文化人类学的参照依据。

（一）建构人类形象的传统

德国人类学的研究传统之一在于以人类形象为研究对象，人类形象被视为关于人类的整体认识，是人类不同于其他生物的本质属性，一般具有普遍性和固定性。德国人类学对这一对基本关系有两种处理方式。

其一，从某种人类形象出发，将需要整理和研究的个别现象在整体的人类形象框架和标准中进行分类整理。这是一种从整体到个别的思维，在具体研究过程中，这种思维方式形成的研究任务相对比较简单。但该方式的问题在于如何确定一种固定的人类形象，这就涉及对这一基本关系的第二种处理方式。

其二，从个别现象出发，而不是从既定本质出发。采用这种方式的德国人类学尤其注重个别现象的特征，强调个别现象对人的存在来说并非偶然、随意的东西，而是恒定出现的，只是在具体表现方面会有所不同。例如吸引力、恐惧、关爱等，都是生活中必然会出现的现象，但会因为不同的历史文化背景、不同的行为主体差异等因素而呈现出多样性。也就是说，这些个别现象具备说明本质的特点和能力，可以从个别现象出发而过渡到对整个人类形象的认识。

德国人类学对人类形象的探究方式，也影响到了教育人类学。博尔诺夫以“告诫”为例，讨论普遍性与特殊性在人类形象研究中的相互关系：“应当如何从整体上理解人的本质，以便能够把对人作出的‘告诫’理解为一种合情合理的教育手段？又应当如何反过来再从这里出发去理解‘告诫’，以使之能够发挥教育作用？这就是说，这个问题是每一种哲学人类学问题的循环过程，即努力从整体上来了解个别，再从个别来了解整体。"[1]第一个问题是从普遍性到特殊性，第二个问题是从特殊性到普遍性，博尔诺夫强调两种方式应互相联系。

20 世纪 60 年代，德国教育人类学的代表人物洛赫也强调人类形象的普遍性与特殊性，但是对于两者之间的关系，他没有像博尔诺夫那样进行立场鲜明的界定。他一方面认为关于人类形象的普遍性概念应该通过多样性总结而成；另一方面又默认对人的多样性和特殊性研究必须要根据普遍性概念。洛赫也因此陷入方法论的难题。

到了 20 世纪 80 年代，德国人类学重视人类形象的传统得以回归与突破，教育历史文化人类学尝试找寻与普遍的人类形象密不可分的教育现象，将其作为探讨人类本质的突破口。例如，游戏、[2]教育仪式，正是因为它们具有沟通人类形象普遍性与特殊性的能力，因而受到新时期德国教育人类学的重视，被视为重要的研究主题。

（二）哲学人类学作为核心资源

从 20 世纪 20 年代开始，德国学者对人类学研究的兴趣开始增加，几乎所有人文学科都向人类学靠拢，哲学亦是如此。哲学人类学正是在这一时期成为哲学研究的主流。哲学人类学的代表人物延续了人类形象的研究传统，并用在通过人与动物的比较以确定人类本质的研究方法中，对德国教育人类学的认识论和方法论有重要影响。

---

[1] 博尔诺夫. 教育人类学[M]. 李其龙，译. 上海：华东师范大学出版社，2001：29.

[2] 对游戏的研究是德国教育人类学的重要研究主题，代表人物有 Hans Scheuerl，其代表性成果主要有：Scheuerl, H. *Sicht-und Deutungsweisen des Spiels*. Berlin: RIAS, 1982. Scheuerl, H. *Das Spiel: Untersuchungen über sein Wesen, seine Pädagogischen Möglichkeiten und Grenzen*. Weinheim: Beltz, 1979. Scheuerl, H. *Theorien des Spiels* (Aufl 10). Weinheim: Beltz, 1975. Scheuerl, H. *Beiträge zur Theorie des Spiels*. Weinheim: Beltz, 1955. 其中最后一书到 1969 年已经出版了 9 版。

1. 肯定人类形象对教育的引领作用

人类形象对教育的引领作用在德国哲学人类学研究中较有代表性。例如作为人类形象之一的教育的必要性，格伦（Arnold Gehlen）将其视为行为确定性（Verhaltenssicherheit）的要求，[1]在对人类形象的思考中形成对教育方向的期待。

在德语语境中，"人类学"本身就含有一种理想和倾向。当代德国哲学人类学的代表人物兰德曼（Michal Landmann）认为："人类（Anthröpos）的概念含有人类学的意思，这不仅仅是随意的、理论上的思考，它更来自一个存在物必须塑造自己，因此需要一种提供遵循的具有倾向性的模式或榜样（Leitbild）这一深刻的必然性。"[2]因为人是一种未完成的生物，在具备自然性与确定性特征的同时，人必须要塑造自己，人也因此必须具备自我塑造的榜样。人类学就是直面人类此种特征的学问，它伴随人类始终。人类学为人类的自我塑造提供理想形象，这与人的非确定性本质相关，教育人类学的全部基础及其作用机制就来自人类学的这一特征。

哲学人类学认为，人不像动物、植物那样简单地生活，而是需要不断地探究并解释自己。人的开放性和适应性为人类的自我解释、不断完善和寻求确定性提供了可能性。人对自身形象的认识，能影响其存在本身。人用以理解自身存在的各种概念，包括人类形象在内，的确对人类自身具有一种决定性、引导性的力量。[3] 也就是说，人类自身所创造的概念，实际上也对人类自身起到引领作用。在兰德曼看来，人类

---

[1] Meitzner, U., Tonorth, H, E., Welter, N. Anthropology als Thema und Problem in der Erziehungswissenschaft. *Zeitschrift für Pädagogik. 52 Beiheft. Pädagogische Anthropologie-Mechanismus einer Praxis*. BELTZ, 2007.

[2] 兰德曼. 哲学人类学[M]. 阎嘉，译. 贵阳：贵州人民出版社，2006：10.

[3] Landmann, M. *Philosophische Anthropologie: Menschliche Selbstdeutung in Geschichte und Gegenwart*. Berlin: De Gruyter, 1955.

学的最终含义和最高理想即存在于此，表明人类学必须始终伴随着人类。

博尔诺夫是把人类形象的引领作用运用到教育人类学中的代表。博尔诺夫认为，一战以后的德国，人们对教育表现出了很大的热情，希望通过教育创造战后的新世界和新生活。在这一时期，教育学相信教育能够激发人的能力，这种思想也对教育实践产生了积极影响。这种情况在“二战”后发生了改变，“二战”后到 50 年代中期，德国教育学因为缺少新的发展动力而严重滞后。[1] 教育学热情的削减与长期以来主导教育的自然科学倾向有关，这种倾向“关注人的虚弱特征，使得对人的问题的关注长久地陷入对人类自然本性的思考以及共同的人类情境”，[2]这种倾向降低了人们的教育热情，甚至导致人们对教育的悲观和绝望。教育和教育学思想必须从传统的悲观情绪中找寻一条新的出路。正是在这个意义上，博尔诺夫将哲学人类学和存在主义哲学与教育结合起来，进行新的教育人类学思考。博尔诺夫没有囿于悲观时代的消极思想，而是努力在悲剧笼罩的时代中重塑理想的人类形象，在教育与人的发展之间建立积极有效的关联，为教育和人的发展提供动力和基础，这成为博尔诺夫进行教育人类学思考的最主要动力。他认为 20 世纪开始的任何一次教育学热情，都以关于人的整体、确定的观点为基础，尊重人的创造力，肯定青少年时期的独特性不应被成人化。博尔诺夫认为，德国教育学体系塑造了理想的人类形象（Menschenbild des Deutschen Idealismus），[3]尽管这些积极乐观的人类形象正遭受冲击，但博尔诺夫仍然相信，理想的人类形象经过修订也还是能够存在的。

斯普朗格（Eduard Spranger）、W. 福利特纳继承狄尔泰（Wilhelm

---

[1][2][3] Bollnow, O, F. *Erziehung wozu?: Eine Vortragsreihe*. Stuttgart: Kröner, 1956: 35 - 47.

Dilthey)的事业，“以乐观的态度面对西方社会的精神迷惘和信念崩颓，他们以文化为积淀，开始自己重塑时代精神、再造时代新人的宏伟工程”。[1] 到了博尔诺夫，时代为悲剧气氛所笼罩，存在主义绝望思想盛行，然而，博尔诺夫却仍坚信人类会战胜自身面临的重重困难，走出困境。在博尔诺夫看来，人的存在在这个分崩离析的世界中变得虚无了，而今日教育人类学的任务就是在人身上寻找人类生活的坚实立足点，以克服人的存在与精神的双重危机。

博尔诺夫的教育人类学思想体现为对这种悲剧时代氛围的回应，通过对人类形象的重塑，给处于危机时代中的人们以直面现实苦难的勇气，转变现代人尤其是年轻人悲观绝望的心态，使他们在困苦和绝望中振作起来，重新审视自己的生活。博尔诺夫认为人类形象是一种开放的结构，这种开放结构使人具有保护其生存空间的自信和希望。博尔诺夫所言的这种开放结构，包括生物、心理、意志、情感和精神等方面，将这些方面与社会、文化、历史和自然环境等关联起来进行考察，[2]可以扭转当时的悲观氛围。

2. 在人与动物的比较中凸显人类形象的独特性

人与动物的比较在德国人类学传统中是非常具有代表性的方法，赫尔德首先通过人与动物的差异来建构人。[3] 人摆脱了动物属性，人必须学习、适应世界，在世界中进行理解与定位，人的自由和特殊性保证了人的学习能力，也保证了人与世界沟通的能力。[4] 这一方法被康

---

[1] 邹进. 现代德国文化教育学[M]. 太原：山西教育出版社，1992：199.

[2] 同上：197.

[3] Herder, J, G. *Abhandlung über den Ursprung der Sprache*. Frankfurt am Main: Deutscher Klassiker Verlag, 1985: 16. 该书 1770 年首次出版。

[4] Welter, N. *Anthropologie und Pädagogische Anthropologie. Differenzen und Konflikten in Herders Pädagogik*. Zeitschrift für Pädagogik. 52 Beiheft. Pädagogische Anthropologie-Mechanismus einer Praxis. BELTZ, 2007: 45.

德、兰德曼等人吸收与借鉴。

哲学人类学的代表人物延续了在人与动物的比较中确定人类本质的研究传统，在他们看来，把人与动物进行比较，是一种特别出色的方法。在具体研究中，1928 年，马克斯·舍勒(Max Scheler)发表了《人在宇宙中的地位》一文，同年，普列斯纳(Helmuth Plessner)出版了《生物阶段与人：哲学人类学导论》一书。普列斯纳关注人、植物和动物三者之间的差异，认为植物拥有单一的位置且不能够移动，比如树固定在一个地方不能够自己移动；动物能够移动，但是对环境的依赖性很强；人也能够移动，但是人能够不断减少对环境的依赖，并且能够在此过程中形成丰富的能力。[1]

1938 年，格伦在《人·人的本质和人在世界中的地位》中再一次进行了人与动物之间的比较。普列斯纳于 1931 年又出版了《权利与人的本性：历史世界观之人类学尝试》一书，把哲学人类学的生物学背景延伸到历史文化领域，同时把狄尔泰学派的历史问题和生命哲学问题成功地引入哲学人类学研究，拓展了早期在人与其他生物之间进行比较的方法论基础。

同一时期，另外一位哲学人类学研究者兰德曼强调文化的重要性，也是通过人与动物比较而实现的。兰德曼认为，与动物相比，人在本质上是不确定的，人的生活也不遵循一种被事先确定的过程，可以说，自然只完成了人的一半，另一半要留给人自己去完成。[2] 人具有动物所不具备的首创精神和自我塑造能力，文化也因此形成。人类赋予文化复杂的形式，使民族之间、时代之间区别开来，在创造文化的过程中，人

---

[1] Plessner, H. *Die Stufen des Organischen und der Mensch: Einleitung in die Philosophische Anthropologie* (Aufl 3.). Berlin: De Gruyter, 1975.

[2] 兰德曼.哲学人类学[M].阎嘉，译.贵阳：贵州人民出版社，2006：8.

类也塑造着自身。兰德曼所讲的文化人类学，并不像英美文化人类学那样关注少数族群文化和异域文化，文化在兰德曼看来只是强调人类形象的文化规定性。尽管如此，兰德曼也认为文化人类学不能使人脱离自然世界，“人既是自然世界的承担者，又是为自然世界所生养的。但是，人在其中生活的世界，就是其文化，因此首先包围着人的，是文化人类学”。[1]

受哲学人类学的影响，在 20 世纪前半期，人与动物的比较方法成为界定人类形象的方法论基础。到了 20 世纪 60 年代，陆特将这种方法论运用到经验式教育人类学研究中，在人与动物的比较中界定人的教育必要性和可能性，突出人类形象的教育特征，并以此来论证人的教育本质。陆特在其 1966 年的《教育人类学》中，从 22 个方面对比了动物和人的区别，[2]部分对比内容见表 1 - 1。

表 1 - 1　陆特对人与动物的比较

动　物	人
发展时间短	较长的学习时间和发展时间
很少改变环境	改变环境
没有语言表达能力	语言能力
只生活在当下	生活在过去、当下、将来的共同影响中
没有自我意识	对自我的认知

（三）传统体质人类学的转型

传统体质人类学是影响整个世界人类学发展的主流思潮，曾为种族与种族、国与国、民族与民族、群体与群体之间的竞争提供依据。它也曾是德

[1] Landmann, F. *Philosophische Anthropologie: Menschliche Selbstdarstellung in Geschichte und Gegenwart* (*Aufl 5.*). Berlin: De Gruyter, 1982. 该书于 1955 年首次出版。

[2] Roth, H. *Pädagogische Anthropologie I: Bildsamkeit und Bestimmung*. Hannover: Hermann Schroedel, 1966: 149.

国人类学的主流思潮，其领导人物曾在纳粹主义的活动中扮演重要角色。

"二战"后，随着社会生物学的产生，德国体质人类学舍弃种族差异的研究，逐步转向遗传学和生物人类学研究，它们共同成为新体质人类学的代表。[1] 新体质人类学注重探讨人类自我意识的长期传承，从生物遗传学来探讨人类自我生存欲望的历史延续性。[2] 同时，体质人类学之外的人类学范式也开始受到关注，如历史人类学、民族学、英美导向的现代人类学等。

由于体质人类学在"二战"中成为纳粹的帮凶，德国教育人类学始终与体质人类学及其相近学科保持着距离，教育中人的自然属性和生物特性的研究传统在这段时间被搁置。"二战"后，传统的体质人类学开始以生物学、遗传学为主阵地，再加上经验研究范式逐渐成为主流，这些新的体质人类学从 20 世纪 70 年代开始与教育人类学结合，成为经验式教育人类学的重要组成部分。

（四）历史文化人类学成为新生力量

20 世纪 90 年代开始加速的全球化进程，形成了新的文化境遇与生活方式，促使德国人类学直面新境遇中的人类形象，同时，英美社会文化人类学也开始受到德国人类学的重视。历史文化人类学应运而生，强调人类学的研究主题必须回应特定时期、特定地区的人类文化及其变化。[3] 历史文化人类学尝试从历史和文化的双重特征来理解人类，

---

[1] 体质人类学在"二战"期间的德国占据主导地位，其地位与影响超越了文化人类学、语言人类学等，具有绝对的权威性。与之不同，美国人类学研究长期运用比较广的定义，包含人类学的四大分支，其中体质人类学，现在又称生物人类学，是研究人类的生物属性的分支领域；考古人类学、语言人类学、社会文化人类学，被包含在文化人类学之中，指对人类文化创造力的研究。参见：王铭铭. 人类学是什么[M]. 北京：北京大学出版社，2009：5.

[2] 王铭铭. 人类学是什么[M]. 北京：北京大学出版社，2009：9.

[3] Wulf, C. *Anthropology: A Continental Perspective*. Chicago: The University of Chicago Press, 2013: 114 - 115.

兼顾人类形象的多样性与普遍性，成为20世纪90年代以来德国教育人类学研究的重要流派。

三、教育学思想的演进

在德国教育人类学的学科构成和发展过程中，教育学面临着双重“边缘”与“裂解”：一方面，人类学通常被视为教育人类学的母体学科，人类学就相应地成为教育人类学的核心，教育学处于被搁置的状态；另一方面，哲学人类学、文化人类学等人类学的分支学科，被认为是影响教育人类学学科属性的关键，迫使教育学在教育人类学中处于相对“边缘”和“冷清”的状态。在这种学科发展路径中，教育人类学与教育学各自为营、互不干扰。与此种境遇不同，德国教育人类学在发展过程中与教育学唇齿相依，其发展路径与当代德国教育学的两次转向密切相关。

第一次转向发生在20世纪60—70年代，传统的精神科学教育学受到批判教育学和经验教育学的冲击；第二次转向开始于20世纪80年代，经验教育学的内涵和外延不断丰富，形成了新型经验教育学，批判教育学的影响力也开始降低，精神教育学的传统得以反思，德国教育学开始逐渐走向多元，出现了现象学教育学、心理分析教育学、女性主义教育学、结构主义教育学[1]等不同学科范式和不同研究领域的综合。

伴随着德国教育学的第一次转向，陆特开创了经验式教育人类学，对哲学式教育人类学进行批判与重建，吸收其他学科关于人类形象的研究成果，形成了研究人类形象的经验方法论，更新了传统教育人类学的学科关系和建构路径，生物人类学、基因发生学等自然学科也在这一

[1] 彭正梅.德国教育学概观：从启蒙运动到当代[M].北京：北京大学出版社，2011：52.

时期与教育人类学结合，实现了教育人类学发展中的新型整合路径。与教育学的第二次转向相一致，德国教育人类学在开放式研究中走向复数之学，以教育历史文化人类学为代表，形成了跨学科和跨领域的综合研究，德国教育人类学的问题域及其研究方法论得以重塑。

第二节

当代德国教育人类学的发展阶段

德国教育人类学在20世纪50年代之后成为教育学的一个重要研究领域，经过十年的发展，在20世纪60年代开始繁荣起来。20世纪60年代至今的德国教育人类学主要分为三个阶段。

第一阶段从20世纪60年代初期至20世纪70年代末。第二次世界大战以后，德国教育人类学经历了战后初期的恢复，到20世纪60年代出现了系统的反思与重建。这一时期，德国教育人类学在恢复与发展中实现了研究任务、研究动力、学科关系等方面的重塑，实现并不断深化教育学中的人类学研究。教育人类学通过对教育中人的形象的关注，将教育人类学与教育学独立地位的获得联系起来，其中较有代表性的观点将教育中人的形象视为“开放的问题”，肯定人的可塑性和自我决定性。20世纪70年代，德国传统的精神科学教育学遭到经验教育学的批判，与经验教育学旨趣相吻合的经验式教育人类学兴起，通过对人的经验学科进行整合，实现对教育中“整体的人”进行研究，教育中人的形象在这一时期集中表现为“整体的人”的完整性。与经验式方法论一致，新体质人类学在这一时期开始与生物学、基因学等学科视角结合，为教育人类学研究人的可塑性与确定性问题提供了证据与参考。在整个20世纪70年代，德国教育人类学与教育学的发展可谓唇齿相依，教育学的主流思想影响了教育人类学看待教育中人的形象的视角与研究方法。这一时期，德国教育人类学是作为教育学的重要基础而出现的。

这一时期，A.福利特纳、洛赫、德博拉夫等研究者对德国教育人类学传统予以系统反思，深入阐述该时期德国教育学的人类学转向、教育人类学发展动力等问题，为陆特开创经验式教育人类学提供了思想基础。20世纪70年代末，经验式教育人类学持续深化，实现了传统哲学方法论向经验方法论的转型。

第二阶段从20世纪80年代初到20世纪90年代末。20世纪80年代初期，教育历史人类学兴起并成为主流。教育历史人类学继续以教育中人的形象作为核心研究对象，认识到这一核心研究对象在20世纪80年代的新变化与新景象，将图像、想象力等主题作为教育中人的形象的重要构成。教育历史人类学改变了人类形象的普遍、统一、固定的特征，赋予人类形象历史规定性，以身体回归、历史视角作为切入点，形成了对教育中人的形象的双重研究视角，对教育人类学的研究旨趣、研究主题、思维方式等方面予以推进。教育人类学与教育学的关系也在这一时期发生改变，教育历史人类学将教育人类学视为一个独特的领域，而不仅是将教育人类学视为教育学获得自身独特性的工具。

20世纪80年代，德国教育人类学还出现了对传统的重塑，以莫伦豪尔为代表，将精神科学教育学和哲学人类学的精髓与重塑教育中人的形象的使命结合起来，为儿童自我及形象的重构、真实教育关系和真实教育过程的重建提供了前提。在教育人类学传统的重塑中，德国教育人类学与教育学的关系得以回归与深化，教育人类学成为反思解放教育学以及“反教育”观点的利器，此外，教育人类学通过重塑教育人类学的语言表达方式，从根本上深化了解放教育学思想。20 世纪 70 年代，经验式教育人类学与主流的教育学思想密切相关，这一状况在新时期发生了改变。自 20 世纪 80 年代以来，德国教育人类学改变了参照教育学思想进行教育人类学研究的方式，转而将主流人类学思想引入到教育人类学研究中。尽管如此，20 世纪 80 年代以后的德国教育人类学也并没有沉迷于人类学思想从而失去其自身独特性，它仍然没有以主流人类学作为衡量教育人类学的唯一标准，而是在稳定和开放的平衡中寻求自身的独立。

教育历史人类学的代表性人物包含伍尔夫、卡姆帕(Dietmar Kamper)、伦岑(Dieter Lenzen)、温舍(Konrad Wünsche)、格鲍尔(Gunter Gebauer)、莫伦豪尔、利鲍(Eckart Liebau)、比尔施泰因以及齐法斯(Jög Zirfas)等人，在他们的努力下，教育历史人类学发展成为 20 世纪 80 年代德国教育人类学的主流。

第三阶段从 20 世纪 90 年代末至今。20 世纪 90 年代末开始的教育历史文化人类学，对此前的教育历史人类学予以深化与推进。教育历史文化人类学从历史和文化特征出发，综合运用历史的、民族志的和哲学研究方法，对教育过程进行研究。在当代德国教育人类学学会[1]的推动下，教育历史文化人类学成为延续至今的主流。教育历史文化人类学既包含新时期德国教育人类学的“历史”兴趣，也包含对“文化”的研究兴趣，尤其是对文化人类学经典的田野研究方法进行多视角运用的兴趣。

---

[1] 教育人类学学会(Die Kommission Pädagogische Anthropologie)由柏林自由大学伍尔夫教授于 1992 年创办，隶属于德国教育学会(Deutschen Gesselschaft für Erziehungswissenschaft)。

根据当代德国教育人类学学会的主要成果，20 世纪 90 年代以来的教育历史人类学、教育历史文化人类学两种潮流的研究主题可参见表 1－2。

表 1－2 当代德国教育人类学学会的主要研究成果

作　者	书　名	出版年份
Christoph Wulf/Jörg Zirfas	《教育人类学的理论与观点》	1994
Christoph Wulf	《教育人类学引论》	1994
Christoph Wulf	《1750—1850 年教育学中的人类学思想》	1994
Liebau Eckart/Christoph Wulf	《代际关系》	1996
Klaus Mollenhauer/Christoph Wulf	《审美》	1996
Christoph Lüth/Christoph Wulf	《人类通过教育与工作的完善》	1997
Bernhard Dieckmann/Stephan Sting/Jörg Zirfas	《记忆与教育》	1998
Stephan Sting	《文字、教育与自我》	1999
Gerd Schäfer/Christoph Wulf	《图像与教育》	1999
Jörg Zirfas	《伦理法则》	1999
Eckart Liebau/Gisela Miller-Kipp/Christoph Wulf	《空间的转换》	1999
Gisela Miller-Kipp/Christoph Wulf	《时间的转换》	1999
Christoph Wulf	《教育人类学导论》	2001
Eckart Liebau/Helga Peskoller/Christoph Wulf	《教育机构的人类学》	2001
Michael Göhlich	《体系、行为和学习》	2001
Eckart Liebau/Helga Peskoller/Christoph Wulf	《自然：教育人类学视角》	2003
Johannes Bilstien/Matthias Winzen/Christoph Wulf	《游戏的人类学与教育学》	2004
Christoph Wulf/Eckart Liebau/Hildegard Macha	《教育人类学视野中的宗教形式》	2004
Jörg Zirfas	《教育学与人类学》	2004

续　表

作　者	书　名	出版年份
Johannes Bilstein/Reinhard Uhle	《关爱——教育行为基本条件的人类学分析》	2007
Meike Sophia Baader/Johannes Bilstein/Christoph Wulf	《"友谊"的文化分析》	2008
Christoph Wulf/Anja Hänsch/Brumlik Macha	《关于"出生"的想象力分析》	2008
Christoph Wulf/Jörg Zirfas	《教育人类学手册》	2012

前文将德国教育人类学的发展历程划分为三个阶段，因为思想来源的差异，第一、二阶段又大致分为三个主要的流派：哲学式教育人类学、现象学式教育人类学、整合式的教育人类学。这种划分可能会将原本互相关联的流派割裂起来，无论哪个流派，都会从其他学科或研究范式中吸取经验，从其形成轨迹方面看，每个流派都是基于教育人类学与其他学科的整合。在这种情况下，将整合式的教育人类学单独作为一个流派失之偏颇。面对可能的诘问，之所以仍然采用这样的分类方法，是考虑到它们各自的研究对象、研究问题和主要研究方法的差异，将这些研究流派的特色纳入研究视野就会发现，虽然每种流派都具有学科整合的特征，但是整合的动力和过程截然不同。因此，该分类方法具备现实依据。对第三阶段的教育人类学，即20世纪90年代末期以来的教育人类学，本书按时间线索，将其放在后续章节详细展开，而第一、二阶段的三股主要潮流，是后续教育人类学研究的思想来源，因此首先集中论述，尤其关注它们对教育中人的形象的建构方式与建构过程。

1. 哲学式教育人类学

在德国，哲学式教育人类学(Philosophische Pädagogische Anthropologie)并不是我们通常所理解的从某一具体的哲学流派或哲学观点出发来进行教育人类学研究，这仅仅是德国哲学式教育人类学研究的一部分。在德国，该流派的最大特色在于对教育中人的形象进行哲学思考。具体而言，是对教育必要性和教育可能性作为教育学知识基础的研究与反思，代表人物是洛赫、A. 福利特纳、博尔诺夫、德博拉夫等，他们深受哲学人类学的三位代表人物舍勒、普列斯纳以及格伦的影响。舍勒形成了对人类与其他动物所处环境差异性的认识。舍勒的研究关注人类所处世界的开放特征，并且改变了对研究对象进行简化的观点。[1] 在舍勒的努力下，"人"的问题成为哲学人类学的中心，在其著述标题中可以看出其对人的关注，如"人在宇宙中的位置""人与历史""关于人的观念"等。[2] 普列斯纳的哲学人类学研究关注人、植物和动物三者之间的比较，这也是普列斯纳人类学的方法论基础，在此基础上肯定人的教育本质。

为了论证教育必要性和教育可能性，哲学式教育人类学与哲学人类学的总体研究路径一致，热衷于从总体上界定人类的教育本质，例如"人作为一个开放的系统"[3]"人作为整体系统"[4]。哲学式教育人类学的核心旨趣在于形成"基于整个教育的观察视角"，[5]这与"二战"后至 60 年代初期德国教育学的主流研究方法类似。与之相应，这一时期教育人类学的主流范式是为教育中人的形象提供系统的基础知识。为了实现这一旨趣，哲学式教育人类学在研究主题、研究方式等方面进行了探索。

---

[1] Scheler, M., Frings, M, S. *Späte Schriften: Mit einem Anhang*. Bern, München: Francke, 1976.
[2] 倪梁康. 现象学及其效应——胡塞尔与当代德国哲学[M]. 北京：商务印书馆，2014：294.
[3] Bollonow, O, F. *Die Anthropologische Betrachtungsweise in der Pädagogik*. *Der Mensch Zwischen Natur, Kultur und Technik*. Stuttgart: NDS-Verlag, 1965: 50.
[4] Lassahn, R. *Pädagogische Anthropologie. Eine Historische Einführung*. Heidelberg: Quelle und Meyer, 1983.
[5] Wulf, C. Pädagogische Anthropologie. *Zeitschrift für Erziehungswissenschaft*, 2015(1): 11.

在研究主题方面，将儿童的某种特定行为与整体的人关联起来。例如，将儿童对成人行为的内化过程与整体的人的观念联系起来，讨论代际关系如何影响人的自我认识、自我塑造以及社会和文化的形成过程。

在研究方法方面，对整体的人进行整体研究。例如，为了论证教育必要性和教育可能性而借鉴其他自然科学的研究成果，如借鉴生物学家波特曼（Adolf Portmann）的研究成果，来说明“只有得到悉心的关心与照顾，孱弱无助的新生婴儿才可能得以生存”。[1]

哲学式教育人类学还有另外一个研究范式，即我们通常所了解的，从某一具体的哲学流派或哲学观点出发进行教育人类学研究，如博尔诺夫认为存在主义哲学能够帮助人们从人类形象的传统观点中获益，让人们明确这些人类形象如何改变，以及这些改变在何种程度上是有意义的。[2] 因此，教育人类学应该与存在主义哲学进行有效的关联。尽管如此，博尔诺夫也明确指出存在主义哲学并不能解释全部的人类形象，也不能对所有的人类形象问题给予最终解答。

2. 现象学式教育人类学

现象学式教育人类学（Phänomenologische Pädagogische Anthropologie）受益于早期的两位教育学研究者饱含教育人类学思考的研究成果：赫尔曼·诺尔于 1929 年出版的《教育学的人的艺术》（*Pädagogische Menschenkunde*）以及 W. 福利特纳于 1933 年出版的《普通教育学》（*Allgemeine Pädagogik*）。他们的著作形成了现象学式教育人类学萌芽。在 20 世纪 50 年代，经由朗格菲尔德（Martinus J. Langeveld）和博

[1] Portmann, A. *Biologie und Geist*. Zürich: Rhein Verlag, 1956.
[2] Wulf, C., Zirfas, J. (Hrsg.) *Theorien und Konzepte der Pädagogischen Anthropologie*. Donauwörth: Ludwig Auer, 1994: 84.

尔诺夫的发展形成现象学式教育人类学，关注敬畏（Ehrfurcht）、情绪（Stimmung）、教育气氛（Pädagogische Atmosphäre）、时间与空间（Raum und Zeit）。[1] 将现象学引入教育人类学，根据德语直译为“现象学式教育人类学”，其主要思想来源是舍勒对爱、良心、怨恨与恐惧的研究，以及梅洛·庞蒂（Maurice Merleau-Ponty）对知觉的关注。博尔诺夫旨在突出“感知过程”在教育过程中的重要性，肯定“前语言”的身体体验（Vorsprachliche Leibliche Erfahrungen）所扮演的重要作用。受此影响，卡姆帕和伍尔夫的历史人类学中有关身体的研究，[2]同样对“前语言”的身体经验给予关注，“身体”被看成教育和学习过程的起点和研究的关键概念，由此引发了 20 世纪 80 年代以来德国教育人类学研究主题的系统转变。

3. 整合式的教育人类学

从 20 世纪 60 年代起，德国教育人类学出现了与哲学式教育人类学和现象学式教育人类学不同的潮流，即整合式的教育人类学（Integrative Pädagogische Anthropologie），代表人物是陆特、利特克（Max Liedtke）。此外，德博拉夫、迪内特（Karl Dienelt）、阿塞米勒（Ulrich Aselmeler）等也用不同的方式形成了教育人类学研究中的整合视角。

整合式的教育人类学认为，教育人类学应该批判性地吸收其他学科的成果，例如生物学、心理学、社会学等，此种范式的代表人物有陆特和利特克。陆特从学习的人类学角度或从多样性知识对教育人类学理论重要性的角度，对教育理论的瓦解予以批判，在对各相关学科的成果

［1］ Bollonow, O, F. *Die Anthropologische Betrachtungsweise in der Pädagogik. Der Mensch Zwischen Natur, Kultur und Technik*. Stuttgart: NDS-Verlag, 1965.

［2］ Kamper, D., Wulf, C. *Die Wiederkehr des Körpers* (Aufl 4). Frankfurt am Main: Suhrkamp, 1994. Kamper, D (Hrsg.). *Das Schwinden der Sinne* (Aufl 1). Frankfurt am Main: Suhrkamp, 1984.

进行吸收与整合之后，就需要在教育哲学的领域中分析教育过程和结论。[1] 利特克认为教育人类学是“一门关于人的独特的经验学科，这一学科必须基于教育学关于人的整合视角”。[2]

整合式的教育人类学对教育中人的形象的研究体现出综合性和整体性。从综合性的角度看，该类型的教育人类学从各个学科中选择与人类形象相关的知识，将其综合为理解教育中人的形象的新知识体系。从整体性的角度看，整合式的教育人类学不局限于从人的某一方面进行研究，而是把人当作一个整体来理解，是整体式而非分解式的思维。

从研究旨趣来看，整合式的教育人类学是从教育学角度，将各学科有关人类形象的知识作为教育人类学的必要前提。因此，此种教育人类学形成的知识是整合的、综合的，是教育学的基础而不仅是一个分支。整合式的教育人类学，尝试“如何从人性出发来理解一系列由各种有关人的科学所揭示的不同知识”，[3]这种知识秉性带来的教育人类学课题，其实就是整个人类形象的知识在教育领域的具体化。

在德国教育人类学发展历程中，整合是重要的思维方式，从其诞生轨迹来看，经验式教育人类学、教育历史人类学等，都具有明显的整合特征。

---

[1] Roth, H. *Pädagogische Anthropologie I: Bildsamkeit und Bestimmung*. Hannover: Hermann Schroedel, 1966. Roth, H. *Pädagogische Anthropologie II. Entwicklung und Erziehung: Grundlagen einer Entwicklungspädag Ogik* (Aufl 1,). Hannover: Schroedel, 1971.

[2] Liedtke, M. *Evolution und Erziehung; ein Beitrag zur Integrativen Pädagogischen Anthropologie*. Göttingen: Vandenhoeck & Ruprecht, 1972: 13. Liedtke, M. *Versuch einer Apologie der Pädagogischen Anthropologie. In Vierteljahresschrift für Wissenschaftliche Pädagogik*. Münster: Münsterverlag, 1972: 294 - 314.

[3] Flitner, A. *Wege zur pädagogischen Anthropologie: Versuch einer Zusammenarbeit der Wissenschaften vom Menschen*. Heidelberg: Quelle & Meyer, 1963: 218.

第二章

反思与更新：经验式教育人类学的诞生

20 世纪 60—70 年代，德国教育人类学的发展与几位代表人物的努力密切相关——A. 福利特纳、洛赫、德博拉夫、陆特等。他们对德国教育人类学的研究传统进行了系统反思，重建了学科发展的动力、任务和方法。这一时期，德国教育人类学出现了重要转向，由传统的人文精神科学占据主导，转变为经验式教育人类学占据主导，还出现了自然科学方法论。

第一节

20 世纪 60—70 年代德国教育人类学概况

20 世纪 60—70 年代是德国教育人类学的转折时期，原因有三：第一，经过“二战”后初期的发展，教育人类学成为教育学研究的核心领域，围绕教育学的人类学基础、教育人类学的使命等本体性问题，该时期的德国教育人类学实现了研究对象、研究动力和研究方法论的更新；第二，该时期德国教育人类学的新气象离不开几位关键人物的努力，而这些人物对教育人类学本体性问题的追问，成为德国教育人类学延续至今的基本问题，这些代表人物包括 A. 福利特纳、洛赫、陆特、德博拉夫、利特克等；第三，在对本体性问题的原点式追问中，该时期的德国教育人类学实现了方法论的一次重要转型，将经验研究方法论与传统的哲学思辨方法论结合起来，在当代德国教育人类学的发展历程中具有转折意义，为 20 世纪 80 年代以来德国教育人类学发展的双重路径提供了基础。

从 20 世纪 60 年代开始，围绕着“教育人类学为什么能成为德国教育学的核心主题”，德国教育人类学进行了系统陈述与解释，涌现出了诸多有价值的研究。例如洛赫在 1963 年出版的《教育学的人类学因素》。再如，卡姆帕(D. Kamper)通过“人类学差异”[1]的概念，对德国教育人类学的研究方法进行系统辨析。此外，在 20 世纪 60—70 年代的教育人类学研究中，出现了经验式教育人类学，同一时期，出现了基因学、生物学等自然科学与教育人类学的结合。

一、对教育人类学的系统反思

伴随着教育学的人类学转向，从 20 世纪 60 年代开始，德国教育学提出人类学问题，思考人类学作为教育学基础的重要性，使得教育人类学成为教育学获得独立地位的基础条件，并着力解决“教育学为何需要教育人类学”这一本体性问题。

（一）教育学的人类学转向

20 世纪 60 年代初期，以德博拉夫、洛赫为代表的德国教育人类学研究者对教育人类学研究状况进行了系统反思。1964 年，德博拉夫结合过去几十年的教育学研究状况，对德国教育人类学的发展历程进行了总结与反思，得出了如下结论：教育学已经具备了人类学基础，即教育学中出现了人类学转向。[2] 教育学的这种转向致力于探讨教育学的人类学转向，以期能够为教育学的发展开辟新方向。

---

[1] Kamper, D. Neuere Ansätze zu Einer Pädagogische Anthropologie, *Erziehungswissenschaftliches Handbuch III*. Berlin: Rembrandt Verlag, 1971: 101 - 105, 142 - 147.

[2] Derbolav, J. Kritische Reflexionen zum Thema “Pädagogischen Anthropologie”. *Pädagogische Roundschau*, 1964(8): 751.

20 世纪 60 年代，关注教育学的人类学转向的另外一位代表人物是洛赫，他同样尝试把教育人类学与教育学的发展联系起来。洛赫的两位导师——博尔诺夫和 A. 福利特纳帮助他形成了从教育人类学角度理解教育学概念以及教育学发展方向的独特路径。洛赫关于教育人类学与教育学独立地位的讨论，开辟了 20 世纪 60 年代德国教育人类学的新方向，其研究成果集中体现在以“教育学的人类学方面”[1]为题的集刊中，重点讨论通过教育人类学研究开辟教育学研究的新方向。

整体而言，教育学的人类学方面是将人类学观点引入教育学中，探讨教育学的人类学基础以及该基础对教育学获得独立地位的影响。到了 20 世纪 70 年代，德国教育人类学将 60 年代形成的教育学的人类学转向进一步推进，明确教育学一定要参考人类学，该时期的代表人物是利特克(M. Lied-tke)。通过回顾教育人类学的历史，利特克总结道，教育学一定要具备关于人的法则和规律，教育学也因此必须对人类学感兴趣，因为人类学能够为教育学提供三重借鉴。[2] 第一，人类学能够帮助教育学获得更好的关于人的知识，能够为理解教育过程提供新视角、开辟新方向。第二，从人类学关于人的认识中，教育学能够获得自身的评价标准；教育人类学从人类学的角度，检测教育学的人类学基础，以此来判断教育学目标是否适宜，并根据理想的教育中人的形象对教育目标进行调整。第三，凭借对人类形象的丰富认识，人类学能够帮助教育学突破对人类形象的简化描述。

---

[1] Loch, W. *Die Anthropologische Dimension der Pädagogik*. Essen: Neue Dt. Schule Verl.-Ges., 1963: 95.

[2] Liedtke, M. *Evolution und Erziehung. Ein Beitrag zur Integrativen Pädagogischen Anthropologie*. Göttingen: Vandenhoeck & Ruprecht, 1972: 13 - 29.

（二）新型思维方式的形成

德博拉夫对教育人类学的源起与发展过程及其动力进行了系统阐述。[1] A. 福利特纳的“教育人类学之路”，[2]以及洛赫对教育人类学历史谱系的研究，都对理解教育人类学相关问题提供了补充。他们的教育人类学思考源于对教育学发展新方向的判断，同时也受到哲学人类学和相关学科论辩的影响，主要表现在四个方面。

第一，20 世纪 60 年代，哲学人类学丰富了各独立学科对人的认识，致力于形成各学科关于人类形象的关联意义。

第二，从“二战”后到 20 世纪 60 年代，哲学人类学主要致力于解决人类的生存困境。

第三，后实证主义使人们认识到事实研究和数据研究的不足，人文科学中重新出现了对最基本的人类学—哲学基础（Anthropologie-Philosophischen Grund）的探讨。

第四，胡塞尔形成了对现象的存在和意义的研究方法，能够在人类形象研究中起到调解经验范式和哲学范式的作用。[3]

除了上述四个方面的新思考，曾经作为德国人类学核心构成的体质人类学受到生物学的影响，在该时期演变成为以生物人类学为主导的新体质人类学，为 20 世纪 60 年代的教育人类学研究贡献了独特力量。20 世纪 60 年代出现的这些新气象，为德国教育人类学的发展提供了契机，促使其对人类形象、教育中人的形象形成了独特的具备时代特征的理解。

---

[1] Derbolav, J. Kritische Reflexionen zum Thema “Pädagogischen Anthropologie”. *Pädagogische Roundschau*, 1964(8): 751.

[2] Flitner, A. *Wege zur Pädagogischen Anthropologie: Versuch einer Zusammenarbeit der Wissenschaften vom Menschen*. Heidelberg: Quelle & Meyer, 1963.

[3] Wulf, C., Zirfas, J. (Hrsg.) *Theorien und Konzepte der Pädagogischen Anthropologie*. Donauwörth: Ludwig Auer, 1994: 105.

二、教育人类学发展动力的重新拟定

该时期德国教育人类学的系统反思，围绕的主要问题可以概括为：教育学为何需要教育人类学？围绕这一问题重塑教育学与教育人类学的关系。接下来的问题是：在教育学与教育人类学关系的重塑中，教育人类学应实现何种使命？20 世纪 60—70 年代，德国教育人类学界对这一问题的讨论，最具有代表性的观点来自洛赫和朗格菲尔德，他们认为教育人类学承担着对教育学的三大使命。这三大使命也引发了该时期德国教育人类学的发展动力更新。

（一）为教育学独立地位的获取夯实根基

传统的德国教育人类学有两种建构路径。第一，教育学以人类学为认识工具。因为教育学包含人类现象，而哲学人类学能够回答有关人类本质的问题，因此哲学人类学就自然而然地与教育学产生了契合。[1] 第二，人类学以教育学为实践工具。哲学人类学需要将人文学科的研究成果作为自己的知识来源，来回答人类本质问题，因为教育学与人类现象的天然关系，教育学也成为哲学人类学的一种实践人类本质的工具。[2] 这两种路径实质上是教育学和人类学的互为工具论。此状况在 20 世纪 60—70 年代得以转变，教育人类学开始思考教育学对人类学的贡献，认为哲学人类学尽管具有进行综合人类学思考的优势，但是像教育学这样的单一学科也应该具备自身独特的人类学思考

[1] Bollnow, O, F. *Anthropologische Pädagogik*. Würzburg: Königshausen & Neumann, 2013: 117-119.
[2] Bollnow, O, F. *Die Anthropologische Betrachtungsweise in der Pädagogik*. Essen: Neue Dt. Schule Verl.-Ges., 1965.

和人类学知识图景。[1] 教育学通过研究教育中人的形象，为其他以人类形象为研究对象的学科提供启发。在此基础上的教育人类学是教育学独特的人类学思考和知识图景，强调教育学通过教育人类学形成自身独特性的动力。教育人类学的这种发展动力不同于从其他学科获得人类学知识的传统思维方式，而是思考教育学自身的独特性及其对其他学科的贡献，这也构成该时期德国教育人类学发展的直接动力。

（二）丰富人类形象

20 世纪 60 年代，德国传统的精神科学教育学开始衰落，以指向人的内在完善为主的德国教化传统受到冲击，社会因素对教育的影响逐渐增加，导致人对社会的依附性正在逐渐取代人的自我塑造和内在完善。在这种背景下，研究教育中人的形象，除了思考人类本质和人的内在完善，还须结合这一时期教育中人的形象的新特征，对教育学的思考范畴进行重新界定。洛赫一方面肯定社会塑造了教育，并且推动教育学把教育概念与人类形象界定的真实状态和教育现实联系起来，另一方面也认为人类形象必须要在教育现实中予以检验并且进行修订与重建。出于这两点原因，教育人类学面临双重问题：[2]

第一，如何从总体上界定教育的本质，从而与已经确定的人类形象形成有意义的关联？

第二，如何从总体上确定人类形象，从而与确定的教育现象产生有

[1] 本研究对“实践的原因”的界定综合了朗格菲尔德和洛赫两人的观点而形成. 参见：Langevel，M，J. *Einführung in die Pädagogik. Beknopte Theoretische Paedagogiek*. Stuttgart：Klett，1961. Langevel，M，J. *Kind und Jugendlicher in Anthropologischer Sicht: Eine Skizze*. Heidelberg：Quelle & Meyer，1968. Loch，W. *Die Anthropologische Dimension der Pädagogik*. Essen：Neue Dt. Schule Verl.-Ges.，1963：95.

[2] Loch，W. Der Pädagogische Sinn der Anthropologischen Betrachtungsweise. *Bildung und Erziehung*，1965 (1)：164 - 168.

意义的关联？

通过对上述双重问题的关注，德国教育人类学形成了关于教育本质的开放问题以及关于人类本质的开放问题，并通过该双重问题的界定，将教育学与人类学、教育人类学与社会现实联系起来。

（三）反对教育中人的形象的单一化

20 世纪 60—70 年代德国教育人类学的形成还有一种观念批判的动力，主要针对教育学看待教育中人的形象的单一化。[1] 教育学对教育中人的形象的认识局限经常出现，或者将教育学观点不经选择和加工而直接与教育现实相联系，或者形成关于教育中人的形象的固化观点和模型，忽略教育主体所处的真实环境对教育中人的形象的多面影响。这些观念与教育学寻找其自身独立地位的过程结合在一起，通常会遗忘其他学科和领域对人的研究成果。

该时期教育学寻找自身独特性的做法表现为教育学对“教育必要性”[2]的研究。“教育必要性”只包含人类现实的一个方面，从其对人类本质的回答来看，尽管教育学并不能提供创造性的观点，但它尝试寻求人类本质的目标总是包含着显著的教育人类学。[3] 这种教育人类

[1] Wulf, C., Zirfas, J. (Hrsg.) *Theorien und Konzepte der pädagogischen Anthropologie*. Donauwörth: Ludwig Auer, 1994.

[2] 教育人类学对“Menschenbild”的理解表现为“教育必要性”和“教育可能性”的关系。Homo Educandus 意为 Die Erziehungsbedürftigkeit，指教育必要性，在德国教育人类学和教育学传统中，还有另外一个概念与教育必要性相关，即教育可能性，Homo Educabilis，指 die Erziehungsfähigkeit。教育可能性主要指人的可塑性。参见：Zirfas, J., Burghardt, D. Ästhetische Anthropologie. Ein erziehungswissenschaftlicher Problemaufriss. *Zeitschrift für Erziehungswissenschaft*, 2015(18): 27 - 49. 教育人类学对这一对核心术语还有如下表达：“animal ‘ecucandum et educabile’”或者 homo educandus et educabilis。参见：Langeveld, M, J. *Einführung in die Pädagogik*. *Beknopte theoretische paedagogiek*. Stuttgart: Klett, 1951: 147 - 149. Derbolav, J., Roth, H. *Psychologie und Pädagogik: neue Forschungen und Ergebnisse*. Heidelberg: Quelle & Meyer, 1959: 23, 31.

[3] Loch, W. Der pädagogische Sinn der anthropologischen Betrachtungsweise. *Bildung und Erziehung*, 1965: 164 - 168.

学研究如果仅局限于“教育中的人”，那么教育学对人类形象的知识论贡献就无法实现。若要实现这一任务，教育学就必须丰富自己的教育人类学底蕴，将“教育中的人”所处的条件和环境吸收统合进自己的概念体系中。此外，教育学还必须要与其他关于人的学科进行整合，尤其要吸收其他学科关于人类形象的独特视角和研究成果。通过上述两种途径，教育学才有可能形成关于人类形象的观点。A. 福利特纳认可教育人类学发展中的这两种路径，但他同时认为要实现这种路径，不仅是教育学、教育人类学，其他有关人的各个学科还需要做出很多努力。[1]

三、更新教育学中的人类学模型

A. 福利特纳在开辟教育人类学新方向的过程中，首先对教育学中曾经运用到的人类学模型进行总结。这些模型通常都不是来自教育学本身，而是来自其他相关学科，例如生物学、心理学、人类学等。

（一）成长与发展模型

成长与发展模型（Wachstum und Entwicklung）是在生物学研究中逐渐形成的，它认为人类的存在及其发展和变化的形式完全来自有机体的生活。这种模式非常古老，将人的发展看作与自然的发展类似，在19世纪，这种模型很流行。在这种模型中，人的发展有严格的规律，是“由内在的成长冲动和外在的成长条件共同控制的，在确定的时间中以固定的顺序进行的事件”。[2] 19世纪对人类形象的界定，包括对儿童和青少年形象的界定都受到这种模型的影响。

---

[1] Flitner, A. *Wege zur Pädagogischen Anthropologie: Versuch einer Zusammenarbeit der Wissenschaften vom Menschen*. Heidelberg: Quelle & Meyer, 1963.

[2] Gottschaldt, K (Hrsg.). *Handbuch der Psychologie: In 12 Bänden. 3. Entwicklungspsychologie*. Göttingen: Verlag für Psychologie Hogrefe, 1959: 4.

在这种模型中，外在的条件具有决定性的影响，与此相对应的问题是：人类成长条件的标准是什么？人类如何在这种标准的条件中发展？欧洲人生活的条件能不能作为这种标准？A. 福利特纳借助卢梭的经典命题对这一模型予以批判。卢梭认为，任何有关人类自然状态(Naturzustand)的思考以及所有关于发展过程标准模型的思考都必然包含着社会历史文化的影响，例如道德标准的影响。[1] 在卢梭的人类学模型中，人的成长与发展既包含自然过程，也包含历史文化的影响，从一个受精卵逐渐成长为一个直立行走的人，并逐渐成熟，获取诸多社会角色，例如性别的形成，包含自然、历史、文化等多重影响。发展的概念也因此在人类学中获得了普遍的意义，性别的形成与成熟和人类生活的其他方面是密切相关且互相交织的。在发展规则中，生物学、民族学、病理学以及儿童研究是平行出现的，用来理解普遍意义上的发展。自从普遍意义的发展概念形成以后直到 20 世纪 60 年代，这一概念一直都是人类学的关键词，发展的概念在学校计划制定中也受到重视，但是，如果没有成年人的引导，仅关注儿童和青少年的人类学，发展也是不可能的。卢梭解决了这个问题，自从卢梭发表《爱弥儿》之后，对儿童的人类学观察就成为可能：人从自由的自然状态进入社会过程而受到影响。

A. 福利特纳认为现代人类学应沿袭卢梭的上述主题，在自然与社会的双重范畴中研究人发展的可能性，而这种人类学观念也开启了独特的教育学研究之路。

（二）层状模型

教育人类学研究中的层状模型(Das Schichtenmodell)是从人类学

---

[1] Wulf, C., Zirfas, J. (Hrsg.) *Theorien und Konzepte der Pädagogischen Anthropologie*. Donauwörth: Ludwig Auer, 1994: 97－99.

中吸收而来的，这种模型的焦点在于人类存在的层状特征。

在发展模型中，人类形象与植物种子的形象类似，形成之初就蕴含着所有的特征，并且只能适应外部环境。层状模型是寻找人存在的环境构造，本能因素和外在因素、意义和精神因素、确定性因素和自主愿望等在人类形象中构成历史性的构造，这些影响因素对人的影响，就像树木的年轮一样。层状模型对影响人的因素进行了二元对立式的区分，例如精神与肉体的区分。

（三）世界与环境模型

世界与环境模型（Umwelt und Welt）来自心理学，也受生物学的影响，乌斯库尔（Jakob von Uexküll）将此发展成具有双重属性的模型，既关注人类所处世界和环境中的生物特征，又关注生物特征和自然属性在其社会和精神世界中的作用。之后，文化人类学家罗特哈克（Erich Rothacker）将乌斯库尔的思想运用到文化世界中，认为民族、语言、社会体系、传统等组成了每个人都具备的严密的环境体系，这一思想受到人类学者的热烈赞扬。[1]

但是，如果考虑到儿童的精神世界、个人经历以及社会文化空间，那么世界与环境模型就会受到质疑。教育首先要面对的是儿童的独特世界，包括儿童的精神状态、社会－文化环境（Sozial-Kulturelle Umwelt）等，这些方面在理性科学世界中，通常都是被排除在外的。从这个意义上说，A. 福利特纳认为教育学领域中必须要排除环境的人类学模型，因为这种模型处于理性科学的世界中，例如处于心理学和生物学的科学世界中。但是很显然，A. 福利特纳认为儿童

[1] Rothacker, E. *Probleme der Kulturanthropologie* (*Aufl 2*). Bonn: Bouvier, 1965: 157.

生活的世界并不是仅仅处于自然环境中，儿童还有自己独特的精神世界，并且处于独特的文化和社会环境之中，这些精神方面的、社会的、文化层面的内容是受教育中的儿童必须要面临的，不应被忽视。[1]

通过A.福利特纳对已有的教育人类学模型的回顾可以看出，他所认为的教育人类学，倾向于教育学对人类学的参考，关注教育学如何理解并研究人类形象。A.福利特纳观点中的人类学就是关于人的学科，而教育人类学，就是在教育中将人类学的经典命题具体化。这与我们通常所理解的教育人类学是截然不同的，即人类学不是作为一个具有特定研究领域，尤其是独特的田野研究方法的独立学科，而是关注其本源意义——关于人的学科。

四、儿童形象重构与现象学研究方法

20世纪60年代，德国教育人类学受朗格菲尔德的影响很大，甚至可以说，这位早年留学德国的荷兰教育人类学研究者，给20世纪60年代的德国教育人类学提供了具有决定性意义的发展动力。这些发展动力在朗格菲尔德看来是不同且互相限制的，在它们追求差异的过程中形成了不同甚至相反的主题，不仅基于现象学的基础对该时期德国解放教育学问题提出了有趣的解释方法，而且保持了教育学的理论-实践特征（Theoretisch-Praktischen Charakter）。[2] 在朗格菲尔德的人类学思想中包含着这样的思考：人不是由其遗传特征决定的，而是能够进行自我决定的生物。

---

[1] Wulf, C., Zirfas, J. (Hrsg.) *Theorien und Konzepte der Pädagogischen Anthropologie*. Donauwörth: Ludwig Auer, 1994: 95.

[2] 同上：108－109.

在确定人类形象及其基本特征之后，朗格菲尔德选择现象学视角来解释教育中人的形象。朗格菲尔德将教育视为人类存在的基本情境(Grundsituation)，这一概念与教育学的结构观点和教育哲学演绎有关，也与实证或经验的事实材料相关。朗格菲尔德的教育人类学将看待教育的两种基本方式结合起来，即实现哲学思考与经验材料(也包含实证数据)的结合。在朗格菲尔德看来，使用何种哲学理论决定了经验学科研究和实证数据在何种程度上有效，同时也决定了对教育现象分析的结果。因此，哲学理论的选择必须要慎重。在教育学理论中，哲学思考和经验研究都仅仅是作为普通教育学的"客人"而出现，它们仅能够为教育学的发展提供"礼物"，并不能够代替教育学本身。朗格菲尔德尽可能使他的教育学思想贴近真实情境，他发现教育现象的开放特征，在教育学中，意义与存在(Sinn und Sein)、应然与事实(Sollen und Fakzitität)并不存在分歧，朗格菲尔德也因此反对标准教育学和描述教育学在教育理解方面的截然区分。朗格菲尔德将现象学的人类学思考引入教育学中，认为人类学思考能够将上述各个范畴统一进教育现象研究中，尤其是儿童的可教性(Educandus)问题。[1] 他的儿童人类学(Anthropologie des Kindes)首先致力于审视已有的人类发展模型以及其中蕴含的有关人(人类)的思想和观点，并思考这些观点能否挪用到教育学之中并为教育学提供参考。[2]

在具体的儿童人类学研究中，朗格菲尔德采用发展心理学的视角，将一切形式的发展都界定为个体历史的发展(Entwicklung als die Individualgeschichte)。[3]在此过程中，儿童所生活的世界以及儿童自

[1][3] Wulf, C., Zirfas, J. (Hrsg.) *Theorien und Konzepte der Pädagogischen Anthropologie*. Donauwörth: Ludwig Auer, 1994: 108 - 109.

[2] Langevel, M, J. *Studien zur Anthropologie des Kindes*. Tübingen: Niemeyer, 1968.

身蕴含的发展可能性逐渐开启。朗格菲尔德对儿童人类学重要性的认识及时补充了对人类形象的哲学思考，在朗格菲尔德提出儿童人类学时，儿童几乎处于被遗忘的状态，在这种情况下提出儿童人类学，将儿童置于教育人类学研究的核心，是朗格菲尔德对德国教育人类学的最大贡献。他指出人的存在开始于儿童，儿童存在（Kindsein）是作为人类存在的特殊而又独特的模型被阐述的。[1] 朗格菲尔德开启的这种教育人类学的核心主题在于人具有可教性和教育必要性。

朗格菲尔德的这一教育人类学新方向被 A. 福利特纳和洛赫继承，他们立足于这样的视角来研究教育行为和教育情境：如何基于人类本质而教。[2] 简而言之，A. 福利特纳和洛赫在有关人的共同科学内部打开了一个不可替代、不可或缺的理论视角，避免了人类形象研究中的单一视角，转而尝试朝向一种整合。朗格菲尔德将实践-标准（Praktisch-Normativen Horizont）作为教育人类学发展动力的观点，[3]在 A. 福利特纳和洛赫的思想中已经失去地位，但这并不意味着他们对实践-标准动力完全抛弃。在他们的教育人类学思想中，实践-标准动力是作为教育学的情境分析（Pädagogische Situationsanalyse）而出现的。[4] 在朗格菲尔德的思想中，人类不是由其天赋决定的，而是具有摒弃历史标准的、能够自由自主发展的本质。[5]

---

[1] Langevel, M, J. *Studien zur Anthropologie des Kindes*. Tübingen: Niemeyer, 1968.
[2] Flitner, A. *Wege zur Pädagogischen Anthropologie: Versuch einer Zusammenarbeit der Wissenschaften vom Menschen*. Heidelberg: Quelle & Meyer, 1963.
[3] Wulf, C., Zirfas, J. (Hrsg.) *Theorien und Konzepte der Pädagogischen Anthropologie*. Donauwörth: Ludwig Auer, 1994: 108 - 109.
[4] Langevel, M, J. *Einführung in die Pädagogik*. Beknopte Theoretische Paedagogiek. Stuttgart: Klett, 1961.
[5] Langevel, M, J. *Kind und Jugendlicher in Anthropologischer Sicht: Eine Skizze*. Heidelberg: Quelle & Meyer, 1968.

从这个意义上理解教育人类学,对儿童可教性的讨论就需要关注这样一个问题:人在儿童阶段以何种状态存在?转化为教育问题就是:人在儿童时期是什么?走出这一特定的儿童期又该成为什么?以及何种情境能够促成对上述问题进行有意义的回答?[1] 这样的教育人类学思考面临的是相互关联的问题,教育者和受教育者的教育行为以及教育活动是互相关联的。简而言之,教育人类学作为一个教育学学科,如果要维持其特征与边界,必须在真实的教育环境中,形成具有启发性的、系统的教育中人的形象。朗格菲尔德对儿童形象的重塑及其现象学视角,为教育人类学的发展提供了两种基本动力:一种动力来自形成关于人类本质的学科整合,另外一种动力来自形成教育学和教育实践的共同主题。[2]

第二节

经验式教育人类学的形成

德博拉夫(J. Derbolav)在1964年的一篇文章中断定,教育学已有了确定的人类学基础。[3] 在1966年,迪恩特认为教育学的人类学研究已经有了一席之地,这主要源自陆特在经验式教育人类学(Empirische

[1][2] Derbolav, J. Kritische Reflexionen zum Thema "Pädagogischen Anthropologie". *Pädagogische Roundschau*, 1964(8): 752.

[3] 同上: 751.

Pädagogische Anthropologie)[1]方面的努力。

经验式教育人类学与经验教育学相关。经验教育学开始于 18 世纪末，到了 20 世纪 20 年代有所发展，但在浓厚人文精神影响的德国教育学传统中，经验教育学一直被认为是较次级的思想而受到批判和排斥。在 20 世纪 60 年代之前，经验教育学受到精神科学教育学的压制，这与“物质上被打败了，但要在精神上站起来”的德国精神传统很吻合。精神科学教育学自觉抵制实证研究之风，赫尔巴特教育学中的实证倾向也遭到了精神教育学先驱施莱尔马赫(Friedrich Daniel Ernst Schleiermacher)的反对，施莱尔马赫的学生建立了不同于赫尔巴特教育学的精神科学和精神科学教育学。直到 20 世纪 60—70 年代中期，经验教育学才开始逐渐在德国教育研究中获得了一席之地。[2]

在 20 世纪 60—70 年代，将经验研究范式与教育人类学相结合的代表人物是陆特。陆特致力于“教育研究的真实转向”(Die Realistische Wendung in der Pädagogischen Forschung)，指责精神科学教育学缺乏经验研究并较少注意效率问题，[3]因此形成了与这种经验转向和真实转向相适应的教育人类学思想。陆特认为人类学对教育学问题的解决具有关键作用，强调教育学必须要形成一种人类学思考模式，即一种经验式

[1] 20 世纪 60 年代、70 年代，与教育人类学相关的提法有“教育学的人类学基础”(Anthropologischen Grundlagen)、“教育学中人类学的研究方法”(Anthropologische Betrachtungsweise)、“教育学的人类学意义”(Anthropologischen Besinnung der Pädagogik)、“教育学的人类学”(Pädagogischen Anthropologie)。陆特的经验式教育人类学，直译为“经验式的教育学的人类学”，通过这一术语，陆特对“教育学的人类学基础”“教育学中的人类学的研究方法”和“教育学的人类学意义”三个主要术语的内涵及其对教育学独立地位的作用进行了综合，并在此基础上开辟了一种新的“经验式”研究之路，也就是“经验式的教育学的人类学”。结合这一术语的内涵、兼顾汉语表意的清晰，本书将陆特的这一术语翻译成“经验式教育人类学”。

[2] 彭正梅. 德国教育学概观：从启蒙运动到当代[M]. 北京：北京大学出版社，2011：208.

[3] Roth, H. *Die Deutsche Schule/Die Realistische Wendung in der Pädagogischen Forschung*. Münster: Waxmann, 1963: 109.

教育人类学，肯定关于人的经验科学（Erfahrungswissenschaften vom Menschen）[1]是教育人类学研究真实有效的前提。这些观点主要体现在陆特的两卷本《教育人类学》中。

一、形成原因

陆特所处的时代已经具备了教育人类学发展的沃土。“关于人的经验科学”已经形成了丰富的研究成果。在陆特的努力下，经验研究法开始被运用到教育人类学中，传统的哲学方法和解释学方法失去了其牢不可破的统治地位。

陆特教育人类学思想的关键，是把教育人类学研究与普通教育学的发展结合起来，在教育学思考中引入人类学模式与方法。教育学应该形成与之相应的教育人类学观念，主要有以下原因：

其一，任何教育学体系或教育学思想，都或明或隐地体现出“教育学的人的艺术”（Pädagogische Menschenkunde）[2]的特征。陆特认为“教育学的人的艺术”在普通教育学体系中具有特别重要的作用，同时也是普通教育学中的独特部分，甚至可以作为一个独立的学科。教育学应该具备自己独特的人类学理解，[3]这是教育学与其他学科进行平等对话的前提。

其二，在陆特看来，应该尽快将“教育学的人的艺术”转化为“教育人类学”，并运用到未来的教育学研究中。陆特坚信，这一任务一定能

---

[1] 在陆特看来，社会学、心理学、生物学等具体学科都属于经验科学，本书用“经验科学”来统称这些学科，但是在强调某些具体的学科时，使用“经验学科”。

[2] “教育学的人的艺术”的提法来自：Nohl, H. *Charakter und Schicksal: Eine Pädagogische Menschenkunde* (*Aufl. 4*). 本书于 1938 年首次出版。

[3] Wulf, C., Zirfas, J. (Hrsg.) *Theorien und Konzepte der Pädagogischen Anthropologie*. Donauwörth: Ludwig Auer, 1994: 132.

够在20世纪60年代中期完成，因为关于人的经验科学已经形成了丰富的关于人的知识，能够为教育学以及教育人类学贡献力量。在陆特思想初步形成的20世纪60年代，“人类学问题”是关乎人类存在的基本问题。人是什么？这个问题受到了物理学的重视。陆特认为：“物理学以及其他关于人的经验学科研究成果已经能为教育人类学的形成提供前提与基础。”[1]

二、批判主流教育人类学思想

20世纪60年代，在“教育学的人类学转向”气氛中，肯定教育人类学的重要作用是毫无疑问的，但困难在于如何将这一转向具体落实下去，陆特从批判当时最具有权威的教育人类学代表人物的思想出发，揭示他们研究中存在的问题，并以此树立自身教育人类学思想的独特性。

（一）教育人类学的等级观点

这种观点以德博拉夫为代表。德博拉夫区分了生物学的教育学、心理学的教育学和社会学的教育学，借鉴了精神分析学家阿斯佩格（Hans Asperger）、社会学家舍尔斯基（Helmut Schelsky）以及陆特的心理学思想，并根据这些学科对教育学的影响程度，进行了基于上述三种思想的学科等级划分。德博拉夫认为，生物学、心理学和社会学，在

[1] Schrödinger, E. *Naturwissenschaft und Humanismus: (Die Heutige Physik)*. Wien: Deuticke, 1951: 2. 自然科学与人文科学的关系一直受到德国学界的关注，对其关系的讨论在各个时代都有所体现，除了Schrödinger的著作，还有其他丰富成果，例如：Pihl, M. *Naturwissenschaft und Humanismus in der Auseinandersetzung Unserer Zeit*. Dortmund: Kulturamt, 1962. Fischer, H. *Arzt und Humanismus: Das Humanistische Weltbild in Naturwissenschaft und Medizin*. Zürich: Artemis-Verlag, 1962. Schmitz, R., Krafft, F. *Humanismus und Naturwissenschaften*. Boppard: Boldt, 1980.

人类学或者教育人类学中处于一种层级结构中，即使在教育学的名称规定中，教育学对它们来说仍旧是作为“超科学”(Superwissenschaft)来界定的。[1] 教育学实际上并没有为教育生物学、教育心理学和教育社会学等分支学科提供力量来源并保证其研究的独立性。

陆特以人类形象和教育现象的多学科研究需要作为批判视角，对德博拉夫的观点提出了质疑，主要表现为两方面。

第一，以教育人类学为基础和载体，重新拟定教育学与其他学科的关系。德博拉夫提出了生物学→心理学→社会学→教育学依次递进的结构关联。[2] 在陆特看来，这样的学科结构很难存在，因为包括教育学在内的这四个学科，其任务都是形成对人类形象的认识，并不存在等级和优劣之分。教育学并不是加在这些学科之上的“皇冠”，或者作为这些学科的终极目标，教育学同样也不是次于这些学科的低级学科。相反，教育学视角应该始终贯穿在各分支学科中，并构成这些学科存在的前提条件。

第二，将人视为整体的人时，关于人类形象的整体视角和综合视角就特别重要，因为人类形象的完整性需要多个学科加以说明，教育学也因此应该与其他学科形成整合。但是陆特特别强调，这种整合不是传统的哲学。[3]此外，每个教育事实都具有生物学、心理学、社会学和教育学的方面。因此，无论面对整体的人还是面对教育事实，教育学都应该成为具有综合视角的教育人类学。

针对德博拉夫教育人类学思想中的学科层级模式，陆特建构了教育人类学的知识体系，并在此基础上形成了教育学获得学科自主性的

---

[1] Wulf, C., Zirfas, J. (Hrsg.) *Theorien und Konzepte der Pädagogischen Anthropologie*. Donauwörth: Ludwig Auer, 1994: 132.

[2][3] Roth, H. Empirische Pädagogische Anthropology. *Zeitschift für Pädagogik*, 1965(1): 207-221.

方式，即吸收其他相关学科的成果并将其整合进自己的学科视野中，同时将教育学独有的问题和目标融入其他学科。这一目标主要通过教育人类学对教育中人的形象的整体性认识与研究需要来实现，陆特因此将教育人类学与教育学结合起来。

（二）教育人类学的学科互动观点

该观点以 A. 福利特纳为代表，认为教育人类学的任务是把其他学科的人类学知识运用到教育学中。A. 福利特纳认为任何关于人的学科在其研究中都必须关注人类学问题，具有人类学思考，具备人类学条件，当这些人类学条件是真实的时候，它们对教育学无疑是有帮助的。关于人的学科，例如生物学、心理学、社会学、医学等，都有自身独特的人类学问题。[1] A. 福利特纳一方面肯定这些学科的丰富成果能够对教育学产生影响，另一方面也对这些学科与教育学之间的关系持有谨慎的态度，强调教育学想要吸收并运用其他学科的研究成果，就必须要让这些成果在教育学中独自实现，且要进行系统的处理和扩展。[2]

尽管 A. 福利特纳意识到教育学应该对其他学科进行教育学视野的审视与再加工，但对这些人类学研究成果如何应用以及如何与教育人类学形成沟通与对话，A. 福利特纳没有进行有效的研究。概括来讲，A. 福利特纳指明了教育人类学与其他学科进行合作的必要性，但没有深入探讨这一过程实现的具体路径。

在陆特看来，A. 福利特纳的出发点是好的，但是陆特也意识到，其

[1] Flitner, A. *Wege zur Pädagogischen Anthropologie: Versuch einer Zusammenarbeit der Wissenschaften vom Menschen*. Heidelberg: Quelle & Meyer, 1963.
[2] Roth, H. Empirische Pädagogische Anthropology. *Zeitschift für Pädagogik*, 1965(1): 207 - 221.

他相关学科的人类学观点必须要经过谨慎的审视才能够与教育学产生关联，否则，即使这些学科形成了丰富的人类学知识，对教育学的影响仍然很小。[1] 陆特肯定 A. 福利特纳所讲的关于人的学科都必须关注人类学问题，但陆特同时指出，即便其他学科都像 A. 福利特纳所说的具有人类学思考，这些学科对教育学的发展影响也并不大。陆特因此尝试改变教育学从其他学科获取人类学知识的单向思路，认为只有当其他学科也同样认识到教育学对人的思考的重要性，教育学才开始和这些学科产生真正的合作与交流，教育学也才有可能获得其他学科的重视。这样，陆特就改变了 A. 福利特纳提出的教育学从其他学科中获取人类学知识的单向思维方式，转而关注教育学对其他学科的贡献。陆特认为教育学若要对其他学科有所贡献，必须要具备自身独特的力量，这一力量的核心就在于教育人类学。如果其他关于人的学科没有意识到其与教育学的关联，或者意识到了这种关联，但没有在其概念中体现，那么教育学必须要自己实现自身独特的思考力量，这种力量就是教育学对人的独特思考，就是教育人类学思考。[2]

（三）教育人类学的双重问题

这方面的代表人物是洛赫，他设计了具有标志性意义的教育人类学研究项目，主要围绕着两个问题进行：教育以何种形态出现在人类独特的生活中？教育如何影响不同的人类形象？[3] 这两个问题意味着教育人类学不是从某个或某几个单一学科的研究成果中获得研究启

---

[1] Dienelt, K. Zur Diskussion einer “Pädagogischen Anthropologie”. *Pädagogische Rundschau*, 1966(3): 588 - 598.

[2] Roth, H. Empirische Pädagogische Anthropology. *Zeitschift für Pädagogik*, 1965(1): 207 - 221.

[3] Loch, W. *Die Anthropologische Dimension der Pädagogik*. Essen: Neue Dt. Schule Verl.-Ges., 1963: 95.

发，或者从这些研究成果中演绎出自己的研究问题，而是直接面对教育与人类生活经验、教育与人类现象的关系。

陆特将这一双重问题予以推进：某种教育现象对人来说意味着什么？通过教育的影响与作用，人能够成为什么样的人？这构成了陆特教育人类学的双重研究问题。

尽管肯定了洛赫设定的双重主题，陆特也认识到洛赫的研究方法与思维方式避开了具体学科的视角与启发，形成了方法论上的难题。陆特和洛赫在其研究实例中，共同认识到教育现象学（Pädagogischen Phänomenologie）能够弥补教育人类学的方法论难题，陆特也因此对该研究范式予以推进，认为现象学是一种对现象的前科学的，或者是外科学的研究方法。[1] 对生活经验和过程进行研究是很多科学研究的出发点，这意味着教育人类学很难从单一学科研究成果中获得启示，这就巧妙地解决了洛赫的方法论困境。

三、“真实”与“整体”旨趣

在对三位主流研究者的思想进行批判反思后，陆特奠定了自己的教育人类学基调。陆特设定了两个基本问题，并以此为核心建构了经验式教育人类学，他对此予以如下界定：

> 教育人类学是探讨人的心灵和精神改变（Seelisch-geistigen Menschwerdung）的一门学问。这门学问要以探索人的发展过程及其规律为基础，提出教育的目的和方法来。[2]

[1] Dienelt, K. Zur Diskussion einer “Pädagogischen Anthropologie”. *Pädagogische Rundschau*, 1966 (3): 588-598.

[2] Roth, H. *Pädagogische Anthropologie I: Bildsamkeit und Bestimmung*. Hannover: Hermann Schroedel, 1966: 19.

陆特的这一界定，重心在于后半部分，就是探索人的发展过程及其规律，这是实现人的心灵和精神改变的前提。为了实现这一研究旨趣，陆特围绕教育中人的形象及其复杂特点，设定了两个基本问题：

问题一：人类的形象对教育学意味着什么?

问题二："人的成熟"作为一种教育现象，如何才能够被理解?

这两个基本问题引导着经验式教育人类学的全程建构。

（一）真实的人类学转向

真实的人类学与教育研究中的真实转向相关。1962 年，陆特提出了著名的论题——教育研究中的真实转向(Die Realistische Wendung in der Pädagogischen Forschung)。[1] 在他的影响下，德国"经验教育学研究组"于 1965 年成立，旨在基于学校视频或学生成绩对学生行为进行研究。

真实的人类学不同于观念的人类学(Idealanthropologie)，后者关注人的行为中不可缺少的原则和标准，认为人能够自我提问并且能够对自己的生活进行解释。[2] 真实的人类学强调人类存在的真实状态，在肯定人类存在能够被研究与解释的同时，也肯定人类存在的某些方面是无法予以解释的。[3] 观念的人类学对人类存在标准的观点具有时间属性，受时间限定。[4] 陆特认为，应该将人视为整体的人，思考人

[1] Roth, H. *Die Realistische Wendung in der Pädagogischen Forschung* Waxmann: Die Deutsche Schule, 1963: 109.

[2] Roth, H. Empirische Pädagogische Anthropology. *Zeitschift für Pädagogik*, 1965(1): 207 - 221.

[3] Feil, H, D. Zur Notwendigkeit einer Empirischen Pädagogischen Anthropologie. *Pädagogische Rundschau*, 1976(12): 907.

[4] Roth, H. *Pädagogische Anthropologie I: Bildsamkeit und Bestimmung*. Hannover: Hermann Schroedel, 1966: 153 - 161. Roth, H. *Pädagogische Anthropologie II. Entwicklung und Erziehung: Grundlagen einer Entwicklungspädagogik*. Hannover: Schroedel, 1971: 361 - 439.

类形象的整体表现，这是真实的人类学的前提。

陆特尝试将真实的人类学以及与之相应的人类形象和经验研究方法引入教育人类学研究中，用以反对观念的人类学采用思想史研究方法，从过去重要思想家、作家和教育家的思想中形成人类形象，并将其作为所有单个形象内在关联的核心。[1] 真实的人类学倡导对教育中的实际问题进行研究，注重教育中人的真实情境，经验式教育人类学就属此类，主要具备三个特征：

首先，以真实的经验为基础，尝试摒弃思辨和观念的人类学，形成一种接受差异、直面人类真实生活状态的人类学；

其次，为了研究人的丰富经验，需要实现相关学科的知识整合，以形成对经验的全面认识；

最后，经验也包含教育中人的真实情况和基本属性，主要包含对人的可塑性和教育确定性、人的内在发展能力等方面的研究。

（二）整体的人

继 A. 福利特纳、利特克、洛赫等将人视为“开放的问题”“自由的存在”之后，陆特将整体的人作为教育人类学的研究对象。陆特意识到了一个著名的教育人类学难题，即教育人类学最根本的内容必然指向对人的确定性（Bestimmung）的提问，克服这个难题的方法在于不能将人的可塑性和确定性问题视为一组对立概念，而应该将它们看作是只有在互相解释中才可能被理解的概念。[2] 这与陆特教育人类学的真实取向有关。

---

[1] Dienelt, K. Zur Diskussion einer “Pädagogischen Anthropologie”. *Pädagogische Rundschau*, 1966(6): 588 - 598.

[2] Roth, H. Empirische Pädagogische Anthropology. *Zeitschift für Pädagogik*, 1965(1): 207 - 221.

对确定性的研究，更强调数据和事实的真实可靠，陆特的教育人类学因此被界定为一种“基于数据整合的教育科学”。[1] 尽管如此，陆特本人其实并没有因为追求真实、注重数据而放弃德国教育人类学传统对人类教育本质的强调，这主要表现在对可塑性的重塑中，如何将确定性与可塑性联系起来。陆特的解决方法是重塑教育中人的形象，将此界定为整体的人。整体的人是完整的人，是不可分割的整体，不应该被抽象化，教育人类学必须以这样的人类形象为基础，反对任何对人进行简化的观点，这决定了教育人类学不能仅停留在传统的哲学思辨与理论推演。这就出现了如下问题：教育人类学如何界定整体的人？

陆特认为，哲学、神学等对人类形象的界定方法能够为教育人类学提供启示。[2] 但他同时也指出，教育人类学不能仅通过哲学和神学来确定人类形象，而是要借鉴相关经验学科的研究成果，通过对确定性的找寻，不断从具体而真实的层面对可塑性的范围加以说明。这样的教育人类学是陆特所言的真实的人类学，也是事实的科学（Sachwissenschaften），尝试把人的可塑性和确定性问题关联起来，并运用各自相适切的学科成果进行研究，两者关联的必要性与可能性以教育中人的形象的新塑——整体的人——为前提。

（三）两对基本范畴

无论是经验式教育人类学所开启的真实的人类学转向，还是整体的人的基本要求，都需要在可塑性和确定性、发展与教育等基本范畴中予以实施。

---

[1] Dienelt, K. *Pädagogische Anthropologie: Eine Wissenschaftheorie*. Köln: Böhlau, 1999: 5.

[2] Roth, H. Empirische Pädagogische Anthropology. *Zeitschift für Pädagogik*, 1965(1): 215.

1. 经验学科对可塑性和确定性的理解[1]

采用何种视角从经验科学材料中获取关于整体的人的认识，陆特有较为清晰的表述：不能只研究人的自然属性，而是在自然属性的基础上进一步追问，人的自然属性能够为人的可塑性、人的教育和发展带来何种影响？此外，有一个问题永远不过时，就是文化对人的能力有何影响。在此基础上，教育人类学的具体研究问题就是：在何种教育条件中，人的成熟和发展是可能的？一方面要回答人的可塑性和教育确定性；另一方面要从关于人的各学科中获得启发，探讨这些学科如何看待人的可塑性和确定性。这两个问题不是割裂的，而是互相关联的。[2]

陆特参考哲学人类学和神学人类学解释人的可塑性和确定性，但同时他也强调人类学思考的基础是数据或材料，以此来形成人的确定性知识。陆特尝试用以下方法解决教育人类学视野中的可塑性与确定性及其与相关学科的关系。可塑性要借鉴医学、生物学、心理学、社会学等学科，但如果这些学科以强加的方式强行干涉教育人类学自身的研究问题，那么这些辅助性学科的作用就失败了。[3] 陆特认为，教育人类学对可塑性进行研究，应该在相关学科的关系中进行，但该方法似乎还有一个悬而未决的问题，即确定性的界定对人类形象及其教育问题有何影响？这种影响在何种程度上是可以研究的？更为重要的问题是，为什么是可以研究的？

在回答这些问题之前，首先要考虑，人的确定性问题是否只是由哲

[1] 陆特于 1966 年出版《教育人类学》第一卷：《教育人类学：可塑性与确定性》，此处所讲的“可塑性和确定性”即从其第一卷的主题而来。参见：Roth, H. *Pädagogische Anthropologie I: Bildsamkeit und Bestimmung*. Hannover: Hermann Schroedel, 1966.

[2] Wulf, C., Zirfas, J. (Hrsg.) *Theorien und Konzepte der Pädagogischen Anthropologie*. Donauwörth: Ludwig Auer, 1994: 161.

[3] 同上：163.

学或者神学来负责？其他学科是否与这个问题无关？对这些问题的回答可能没有定论，但是关于人的单个学科，包括教育学在内，一定要直面人的确定性问题。经验科学是否绝对不能参与讨论这个问题？洛赫将确定性作为“开放的问题”，认为现代教育哲学应该走向经验科学。陆特继续追问，洛赫的上述观点应该如何实现？在他看来，如果人的可塑性和确定性对人的成长和成熟具有意义，那么关于人性的讨论就不再是一个如洛赫讲的“开放的问题”，而是一个需要不断澄清的过程性问题，而学科之间的合作恰好有助于这一问题的解决。

在探讨人类形象完整性的过程中，陆特有一个尤其重要的观点：可塑性和确定性并不是各自独立的，单独讨论可塑性和确定性都是没有意义的，讨论人的确定性必须以可塑性知识为前提。[1] 两者关系的界定是经验式教育人类学的基础，也是德国教育人类学的重要传统之一，陆特据此来讨论发展与教育问题。

2. 发展与教育问题的理解范围[2]

陆特认为教育人类学研究要考虑特定行为的特定条件，例如人的可塑性以及由此而来的学习能力对人的行为有决定性影响，是理解人的成熟和教育行为的基础。

陆特在研究初期，关注人的可塑性与确定性之间的关系，后来开始关注人的发展与教育问题，强调两者互相依赖，对人的成长意义重大。教育人类学的研究需要回答这样的问题：人的教育如何限定人的发展？人的发展如何限定人的教育？[3] 这样的问题促使教育人类学从关系的视角深入关注教育中人的形象，以连续性的方式看待教育过程，将真

---

[1][2] Roth, H. *Pädagogische Anthropologie II. Entwicklung und Erziehung: Grundlagen einer Entwicklungspädagogik*. Hannover: Schroedel, 1971: 20.

[3] Wulf, C., Zirfas, J. (Hrsg.) *Theorien und Konzepte der Pädagogischen Anthropologie*. Donauwörth: Ludwig Auer, 1994: 161 - 162.

实生活中的人类形象视为教育人类学的方法论核心。

在陆特的教育人类学体系中，教育人类学一方面必须要通过可塑性来了解人的确定性，另一方面必须要在过程性和连续性中讨论人的自然属性和社会性的相互依赖关系。更重要的是，无论吸取哪种经验学科的研究成果，无论采取哪种研究视角，陆特强调教育人类学必须同时关注人的不同属性。各学科关于人类形象的观点，必须要经过教育学视角的修订和具体化。

上述两对基本范畴体现出陆特教育人类学思想的前后变化。在第一对范畴中，陆特主张用经验科学的数据研究人的确定性问题，用哲学人类学研究人的可塑性问题。在第二对范畴中，陆特强调人的内在精神条件、具体社会情境在人的发展与教育中的重要性。

第三节

经验式教育人类学的方法论特征

20 世纪 60—70 年代，尽管人类学之于教育学的重要性已经获得了肯定，但对人类学方法与教育学问题之间的适切性思考还不够深入。陆特一方面认为人类学能够成为教育学的学科基础，为教育学的自主性作出贡献；另一方面也认识到教育人类学思考的多学科属性，认识到不同学科对人类形象的认识也构成了教育人类学的知识来源。这种认识催生了经验式的研究方法论。

一、批判传统的教育人类学方法论

20世纪60年代初期，在经验式教育人类学诞生之时，经验教育学从两个方面改变了德国教育学的教化传统：一方面，抛弃了教化理想，尝试通过经验研究，将教育学发展成一种用精确的可以证实或证伪的语言来表述教育的科学；另一方面，用法兰克福学派的“解放”“批判”等概念代替教化传统，[1]关注“教育必要性以及儿童的解放”，[2]探讨人类形象的多样性和可能性。

经验式教育人类学正是在吸收该时期教化传统的两种转向的基础上，获得了其方法论新意，并以此对德国教育人类学的两种传统方法论——单一学科的教育人类学研究与基于概念史的教育人类学研究进行了批判。

以上两种方法及其所蕴含的思维方式、前提假设、分析单位等，都无法研究真实情境中的教育中人的形象。例如，对教育中“勇气”的研究，若将其放在单一学科中或者仅从概念史方面进行研究，难以对“勇气”有全面的了解，对该问题的研究必须参考个人的生活经验、语言和现象学等相关研究。又如，把儿童的“天赋”作为研究对象时，上述两种方法也不具备适切性，这就需要经验研究方法，[3]从不同学科中吸取与“天赋”有关的研究成果，并在教育人类学的视野中对这些研究成果进行审视。陆特在研究对象与研究方法适切性分析的基础上，明确了经验研究方法论的重要性，强调人的经验是经验式教育人类学的核心，

[1] 彭正梅. 德国教育学概观：从启蒙运动到当代[M]. 北京：北京大学出版社，2011：243-244.

[2] Feil, H, D. Zur Notwendigkeit einer Empirischen Pädagogischen Anthropologie. *Pädagogische Rundschau*, 1976(12): 906.

[3] Wulf, C., Zirfas, J. (Hrsg.) *Theorien und Konzepte der Pädagogischen Anthropologie*. Donauwörth: Ludwig Auer, 1994: 159.

在具体的研究过程中，陆特对“经验”的研究方式有两种：一种是整合，从其他学科中抽取与教育中人的形象相关的研究成果，并对其进行整合，在这种情况下，相关学科实际上是教育人类学的辅助；另外一种是现象学视角，即将教育视为独特的现象，[1]以现象学视角直面教育情境。陆特肯定洛赫把“教育现象和人类形象”视为教育人类学的双重问题，肯定其现象学方法。

在具体研究中，陆特更倾向于整合，强调“从每个单一学科中获得相关的人类学知识”，以教育学内部的人类学知识为着眼点，将其他学科有关人的知识综合起来，形成独特的教育人类学知识。作为一种整合式的教育人类学，经验式教育人类学的突出贡献在于将人文学科、社会科学以及自然科学中与人的可塑性和确定性有关的知识整合在一起，为教育实践提供一个可行、可参考、可评价的知识标准。[2]

二、明确人类形象的基本范畴

陆特进行教育人类学研究的目的就是直面人类形象的改变对教育学的影响，他围绕两个基本问题展开：人的可塑性及其变化表现在哪些方面？可塑性应朝何种方向发展？陆特明确指出，发展与教育是看待这两个问题的基本范畴，可塑性和确定性为发展与教育的前提。

首先，必须改变关于儿童形象的简化视角。儿童不能仅仅被视为儿童，而是应该将其视为成人之前的一个具体阶段，必须在整体的人的观点中对儿童和青少年予以审视。为了研究整体的人的需要，关于儿

[1] Roth, H. Empirische Pädagogische Anthropology. *Zeitschift für Pädagogik*, 1965(1): 207－221.
[2] Flitner, A. *Wege zur Pädagogischen Anthropologie. Versuch einer Zusammenarbeit der Wissenschaften vom Menschen*. Heidelberg: Quelle & Meyer, 1963.

童和青少年的理解就必须借助相关学科。

其次，关于人的经验学科研究成果能够衡量人的自然属性在何种程度上是可塑的。通过教育人类学对其他学科成果的整合和系统化，人的可塑性问题成为教育学中一个独特的理论体系，不同的经验学科成果能够对人的可塑性进行回答，但是缺少一个关键的实践参照体系。人的可塑性理论仅在推理层面成立，并没有在实践层面推进对实证数据和经验学科研究成果的参考，陆特在实践层面对此予以推进，将可塑性和确定性与儿童的发展和教育问题联系起来，认为人类自然属性的可塑性程度影响着人的发展可能性，决定了发展与教育的范围和限度。

再次，只有承认可塑性和确定性，人的可塑性（学习能力）才能够在学习目的和教育目标等确定性因素的引导下进一步推进，关于人的学科都应该以此为基础。[1]

陆特认为，人的发展有个体确定性的发展和历史-社会的成熟两个方面，并通过三方面得以实现：

- ✓ 通过人的多方面价值在文化体系中的开发来实现；
- ✓ 通过增加某种文化或价值体系的多样性来实现；
- ✓ 通过发展的多样性来实现，每个个体在现代社会中都是开放的。

社会和文化的多样性决定了人的确定性和可塑性是开放的，在不同文化中有不同表现，意味着人具备开放的未来。如果要理解教育，就必须要认识到，人的可塑性和确定性是在人的自然属性的可塑性程度、文化体系和价值体系中不断变化的。[2]

---

[1][2] Roth, H. *Pädagogische Anthropologie II. Entwicklung und Erziehung: Grundlagen einer Entwicklungspädagogik*. Hannover: Schroedel, 1971: 20 - 22.

三、以教育中人的形象为核心的学科关系再调整

陆特认为教育人类学对人的独特理解必须与教育现象相结合，以整合的方式关注教育现象中的人。教育人类学的知识并不是来自历史中关于人类形象的论述，而是来源于现时代所形成的人类学知识，这就使得教育人类学成为整合科学（Integrationswissenschaft）。[1] 但整合并不意味着教育人类学就是哲学，教育人类学应该对哲学进行适切性思考，反对将哲学视为教育学和教育人类学思考的唯一基础，教育学自身应该结合教育中人的形象的研究需要，对各学科之于教育学的有效性进行审视。

在经验式教育人类学体系中，整合是因为需要从不同方面研究教育中人的形象，因此需要吸收不同学科的研究成果。例如，教育人类学研究人的精神和思想如何形成，但对此的讨论也必须要基于人的自然特征，如果没有生物学、心理学等相关学科的研究成果，教育人类学根本无法理解精神和思想的形成过程。同时，精神和思想也必须要在社会环境中形成，这是一个社会化过程，教育人类学因此要参考社会学的研究成果。

在对 20 世纪 60 年代三位主要代表人物教育人类学思想的批判与吸收中，陆特认为教育人类学的任务在于促进对单一学科研究教育中人的形象的批判性反思。通常情况下，当教育人类学研究者进行研究时，专门化和差异性都是被允许的，教育人类学也必须接受并实现这一任务。尽管陆特将教育人类学视为基于数据处理和经验材料的整合科学，但他同时也强调教育人类学并不应该仅包含生物学、心理学和社会

[1] Dienelt, K. Zur Diskussion einer “Pädagogischen Anthropologie”. *Pädagogische Rundschau*, 1966 (3): 588 - 598.

学，同时必须整合有关于人的其他学科，例如文化人类学，将所有这些关于人的学科研究成果发展成为新的研究视角和研究观点。[1] 教育人类学也不应该仅限于此，陆特认为教育人类学还必须关注哲学和神学人类学，[2]尽管它们与经验研究方法论的真实志向不相符，但能够为人类可塑性提供独特解释。

对主流教育人类学研究者，例如德博拉夫、洛赫等人的批判是陆特教育人类学思想的重要环节，在批判中确定了教育学与其他相关学科的关系，尤其是教育人类学在这个新型关系中的根基性作用，在批判中也确定了教育学和教育人类学获得自主性的方式。陆特一方面认为人类学思考能够成为教育学的学科基础，为教育学的自主性作出贡献；另一方面，发现其他学科的研究者也表现出了对教育人类学的关注。这两方面的问题集中体现在陆特对“教育学问题的人类学思考”予以重视上。经验式教育人类学对教育学与其他学科关系(见图 2－1)的层级推进予以批判，并对教育学与其他学科的关系予以重塑(见图 2－2)。

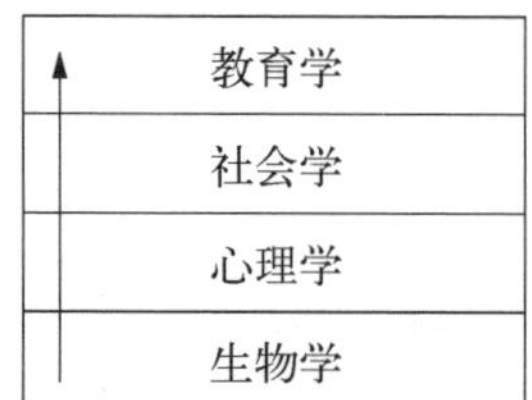

图 2－1　教育学与其他学科的关系

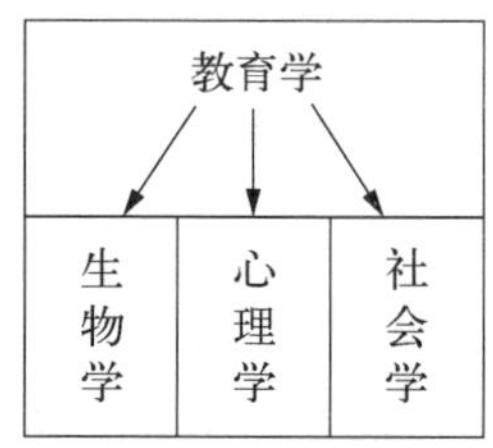

图 2－2　陆特对教育学与其他学科关系的重塑

图 2－1 呈现的教育学与其他学科的关系，是陆特所反对的学科层级推进模式，即教育学从其他学科获得关于教育中人的形象的认识。

[1] Wulf, C., Zirfas, J. (Hrsg.) *Theorien und Konzepte der Pädagogischen Anthropologie*. Donauwörth: Ludwig Auer, 1994: 132, 160.

[2] 同上：19.

在这种学科关系中，教育学所形成的人类学观点，实际上是其他学科的人类学观点，教育学并没有进行再研究与再分析。在陆特重塑的学科关系中，教育学开始转变被动接受者的角色，开始在学科互动中，思考自身对人类形象的独特认识。

经验式教育人类学是20世纪60年代之后德国教育人类学研究的重要思潮之一。在陆特之后，德国教育人类学中任何新范式和新思想的形成都是在与经验式教育人类学的论辩中形成的。博尔诺夫认为陆特的教育人类学系统整合了关于人类形象的研究成果，尝试用数据和实证的方式表达人类可塑性及其教育过程，但是对人类形象的历史维度、教育过程的精神层面则关注不够。

四、经验式思维方式的持续深化

陆特建构的经验式教育人类学，将德国教育人类学从哲学研究方法论转向经验研究方法论，而布雷钦卡则进一步推进了经验式教育人类学研究。

布雷钦卡认为教育学研究中一切无法证伪的研究方法都应该被抛弃，尝试用价值中立的分析方法来研究规范的教育学问题，例如对客观对象和逻辑语言的分析。布雷钦卡的教育学也因此被称作经验-分析教育学，它始终以事实为基础探讨“是什么”的问题，而不是进行“应该是什么”之类的价值判断。[1] 德国传统精神科学教育学的解释学方法、哲学方法在布雷钦卡的教育学体系中遭到了怀疑与批判。布雷钦卡的经验-分析教育学形成了独特的教育科学研究对象，进而形成与深化对教育中人的形象的实证化解释。

[1] 彭正梅.德国教育学概观：从启蒙运动到当代[M].北京：北京大学出版社，2011：228.

（一）在教育事实中研究教育中人的形象

中国教育学界对布雷钦卡教育学的关注，主要是将其作为德国教育学科学化的代表，但尚未关注其教育人类学思想。实际上，布雷钦卡的教育人类学思想已经受到了德国教育人类学研究者的关注，[1]其教育人类学思想起源于对教育研究对象的认识：

> 在世界的等级结构中，教育现象属于所有现象中最富前提性的现象，即它属于人的行动和指向他人的行动。因为不但教育行动的主体是人，而且客体也是人，因此，关于教育现象的科学，不言而喻，必须建立在若干研究人的科学和那些被称作"人类科学"或"人类学"的科学之上，从人类生物学、心理学到社会学、文化科学。[2]

由此可见，布雷钦卡对教育学与人类学的关联方式与经验式教育人类学一致，认为教育学为了解决自身的问题，必须要利用相关学科的研究成果，尽可能清晰地界定教育对象及其与其他学科研究对象之间的关系。其中，人类学的作用就是为了帮助教育学理解教育现象中的人，也就是说，布雷钦卡的教育科学体系需要借鉴其他学科的研究成果，形成对教育行动主体的认识，而借鉴的必要性与可能性就在于不同学科以人的形象为基础进行的互动交流。同时，布雷钦卡为这种互动提供了具体情境，就是在教育现实中看待不同学科的人类学观点，具体而言：

---

［1］ Dienelt, K. *Pädagogische Anthropologie: Eine Wissenschaftstheorie*. Köln: Böhlau, 1999: 53 - 60.
［2］ 彭正梅. 德国教育学概观：从启蒙运动到当代[M]. 北京：北京大学出版社，2011：228.

> 教育行动就是教育事实，它们和其他的社会事实一样真实，教育就是现实，是给定的事实，是范围较广的给定事实，是“人的文化生活现实”的一部分，是一种“文化事实”。教育科学研究的对象不仅包括教育行动，还包括处于特定社会—文化情境中的人以及这种文化的具体组成部分（如知识、规范、规则、习俗、道德、机构、教学内容等）。它们或直接或间接地以一种基本的方式影响着教育行动以及教育行动的结果。教育科学的研究对象包括“教育所产生的整个事实……”从整个现实来看，不能脱离特定的教育情境和特定的观点来谈论对教育来说是“重要的”和“本质性”的所有一切。[1]

在布雷钦卡建构的教育科学研究对象体系中，可以看出作为教育行动的主体——教育中的人，需要在多重范畴中进行界定与研究，如教育情境、实际教育行动、社会和文化情境等，这些构成了教育科学体系中思考教育中人的形象的主要背景。这些背景性因素与布雷钦卡主张的科学化研究方式存在明显的相悖之处，但注意到了经验式教育人类学所忽略的文化因素，拓宽了教育中人的形象的研究范畴。

布雷钦卡影响了德博拉夫、利特克等人对教育人类学研究对象的认识。德博拉夫由此提出教育人类学的一个重要问题：人作为教育人类学的研究对象和研究内容，如何能够在教育的事实科学和结构研究中体现出来？[2] 利特克将教育事实作为基本研究背景的同时，还进一步细化了经验式的研究方法，对影响教育中人的形象包含的

[1] 沃夫冈·布雷钦卡.教育目的、教育手段和教育成功：教育科学体系引论[M].彭正梅，译.上海：华东师范大学出版社，2008：4-6.

[2] Dienelt，K. Zur Diskussion einer Pädagogischen Anthropologie. *Pädagogische Rundschaun*，1966(3)：595.

人类学因素进行区分，并将这些因素的澄清作为教育人类学研究的主要任务（见图2-3）。

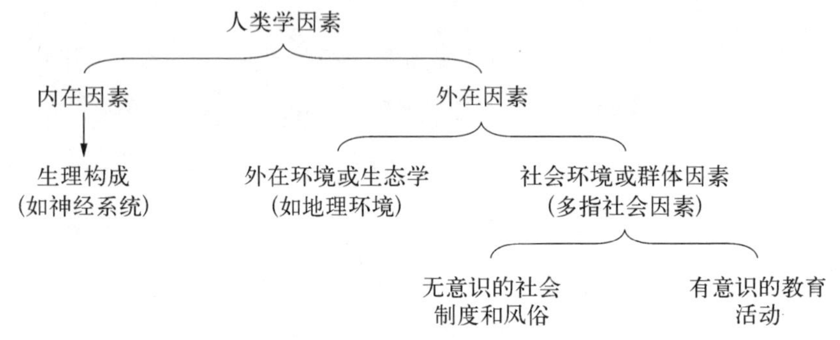

图2-3　教育中人的形象的人类学因素[1]

（二）从基因发生学视角思考教育中人的形象

20世纪70年代，随着德国传统体质人类学的转向与经验教育人类学的复兴，德国教育人类学界新生了一种取向，就是从自然科学角度出发进行教育人类学思考，并对经验式教育人类学研究进行深化。其代表观点之一是从基因发生学视角研究进化与教育的关系，代表人物是利特克。利特克从生命起源到高度文明社会中人的变迁的角度思考教育中人的形象。这一思路的优点在于可以从人进化的历程和进化历史的角度，尤其是基因发生学和心理发生学方面，明确人在教育方面的可能性和限度。

当利特克提出要关注进化与教育这一主题时，德国教育人类学的主流观点是将人、人类世界和人类活动看作一个“开放的世界”。与人的这种开放境遇相反，动物是受限于环境的，而人的世界和行为是

[1] 该图根据Max Liedtke 1972年的一篇文章制成，参见：Wulf, C., Zirfas, J.（Hrsg.）*Theorien und Konzepte der Pädagogischen Anthropologie*. Donauwörth: Ludwig Auer, 1994: 189.

不确定的，其经验是开放且变动的，因此对人的经验进行研究必须持开放的视角。利特克批评了这一认识与研究方式，他没有从人与动物的区别进行研究，而是关注人自身进化的过程，研究人在进化过程中的基因变化。他认为这种观点缺失了一种功能的视角，无法说明人类形象的特征及其与教育的关联。利特克用人的自由（Freiheit）来取代当时流行的将人看作“开放的世界”的观点，从基因发生学来看，自由意味着能“将人的可能性、行为潜能进行多方面结合，将不同行为特质的能量互相关联，这些方面的结合和关联在学习过程中得以进一步结合与扩展”。[1] 人事实上处于一个确定的体系中，就是自由。基于这样的视角，利特克更倾向于认为人通过模仿[2]习得行为。

利特克的观点实际上否定了人的可能性和创造能力，忽视了人的能力，他所讲的自由只是关注人的内在机制、神经系统特征、愿望的动力和本能等方面，但这些同样适用于动物，只是存在一些数据方面的差异而已。尽管利特克将人界定为自由的，但由于其研究方法和视角的局限，他实际上形成了一种与自由截然不同的观点，否认了他一直强调的自由与可能性，也没有在其教育人类学体系中为人类的自由和发展可能性留下足够空间。

值得注意的是，基因发生学方法和视角也兼顾人的文化进化，利特克对此进行了如下解释：“看待人的文化进化不能从人的认知和技术方面的进步来看，而是要从人的社会行为形式及其特定的感觉中

[1] Liedtk, M. Evolution und Erziehung. *Ein Beitrag zur Integrativen Pädagogischen Anthropologie.* Göttingen: Vandenhoeck und Ruprecht, 1972: 158.

[2] 此处所讲的“模仿”更多指其消极、被动之意，与主动性、创造性的学习相对应，这与本书第四章所讲的教育历史人类学中的“模仿”不同，教育历史人类学转变“模仿”的消极被动之意，认为“模仿”也内含着主体对世界的创造性转化，将“模仿”视为个体与社会存在的基本机制。

了解文化进化，通过其行为方式的激发过程来研究人的文化进化。”[1]这种方法并没有否定人的学习能力和适应能力，但为了形成客观认识，基因发生学方法反对人的意向和内在精神层面，这与该时期德国教育学的研究风气一致。20 世纪 70 年代，德国教育学界正全面反对精神科学教育学，倡导通过科学方式和资料（尤其是自然科学）来进行教育学研究。利特克研究进化与教育，尝试在生物—基因（Biologisch-Genetische）演变中研究人的文化—技能（Kulturell-Technische）进化，改变了当时德国教育学研究一味追寻科学方式和资料的做法。但利特克的努力并没有奏效，尽管他尝试实现生物和文化层面的综合，通过人的基因变化考察文化演变，但在实际研究过程中，文化—技能淹没在生物—基因中。尽管利特克本人并不同意基因规定人的观点，在研究中也试图通过强调文化进化对基因学视角予以补充，但他在方法论上仍然倾向于基因发生学，也必然陷入基因发生学看待人类形象的简化思维，致使利特克研究中的人类形象成为基因主导下的人，忽略了人强大的文化—技能层面。

利特克的观点在 20 世纪 70 年代引发了广泛关注，同时也招致了批评，这些批评主要来自其孤立的研究视角和简化的人类形象。

第一，对利特克研究方法论的批判首先来自真实的教育实践。利特克认为应该从进化过程中研究人，并不是关注今日之人的独特经历。但今日之人所经历的事情，并非来自人类经历的百万年以来的基因进化和演变过程，而是来自当下社会。毫无疑问，人类在当下社会中遇到的诸多问题很难在百万年的基因进化历程中找到痕迹。例如，学生的

[1] Liedtke, M. *Evolution und Erziehung. Ein Beitrag zur Integrativen Pädagogischen Anthropologie*. Göttingen: Vandenhoeck und Ruprecht, 1972: 222.

不安全感，根据利特克的思维方式，要从父母对孩子关心的起源或者社会中形成的儿童的“本能错位”入手进行探讨。[1]

第二，因为基因发生学的方法论基础，利特克形成了对人类形象的简化认识。他认为人的基因数据应该被整合到教育人类学的研究对象中。[2] 当人们要研究真实的教育问题时，利特克的研究方法论仅能提供来自基因学方面的借鉴，却忽略了人在教育中丰富的经验，而这些恰恰是教育人类学独特的学科魅力，却为基因发生学所忽视。

（三）将生物学与教育人类学联系起来

阿塞迈尔（Ulrich Aselmeier）选择将生物学与教育人类学结合起来，以此为教育人类学看待教育中人的形象提供独特视角，也为经验教育学所追求的教育学标准化作出贡献。将生物学与教育人类学结合起来，是基于这样的前提认识：教育人类学知识来源于对其他学科知识的整合，这些学科也就是教育人类学的辅助学科，其中也包含生物学，将生物学引入教育学研究中，与哲学、心理学和社会学等共同作为教育人类学的基础。尽管在德国教育人类学传统中，一直对生物学小心翼翼，但阿塞迈尔仍坚信生物学是教育人类学的基础之一，这带来了教育人类学研究视角的创新，推进了陆特对可塑性与确定性的研究。当然，生物学视角也招致了批评，最具有代表性的批评认为生物学视角形成了简化的人类形象，还有一种批评来自德国人类学传统。因为生物学与人类学结合所产生的人类形象简化倾向以及战争的潜在危险，导致生物学与教育人类学的关联在“二战”后一段时间内一直没有受到足够重

---

［1］ Liedtke, M. *Evolution und Erziehung. Ein Beitrag zur Integrativen Pädagogischen Anthropologie*. Göttingen: Vandenhoeck und Ruprecht, 1972: 285.

［2］ Schulz-Hageleit. Besprechungen. *Pädagogische Rundshau*, 1972(3): 847－850.

视。阿塞迈尔将生物学与教育人类学关联起来，从系统发生学(Stammesgeschichtlicher Vergleiche)的比较中说明人类形象，解释人习得行为的过程以及人习得这些行为的可能性。[1] 这一观点并不新颖，但对陆特等人的讨论构成补充。

在阿塞迈尔的《生物人类学与教育学》中，他将生物学—人类学的事实(Biologisch-Anthropologischen Tatsachen)作为首要的方法论基础，[2]对生物学—人类学的事实进行人类学分析，并且讨论其对教育学的影响。他在对20世纪70年代的教育学主题进行系统回顾和讨论的基础上，提出了一种整合的取向，将生物人类学融入教育人类学的讨论中，在此基础上讨论教育学地位的独特性。整体上，阿塞迈尔为当时再次复兴的经验教育学的形成提供了独特视角，形成了一种"标准化的教育学"。

但实际上，生物学取向的教育人类学很难为"标准化的教育学"作出贡献。阿塞迈尔也认识到将生物学直接与教育学关联起来的难度，他认为生物学数据本身就在不断变化之中，且多数是从其他知识推演而来，很难形成标准的观点，因而也很难为经验教育学作出贡献。另外一个原因在于经验教育学本身的特征，因为经验教育学需要参照特定的价值标准以及具体的行为评价标准，就经验教育学本身来说，也很难完全标准化。因此，将生物学与教育人类学结合起来，实际上并不能形成经验教育学所致力于形成的教育学标准化状态。

阿塞迈尔视野中的生物学不仅是一个系统的科学，更像是进化科学。值得肯定的是，阿塞迈尔形成了一种关系结构：环境的—生物学的—人类学的事实。这种关系结构对教育中人的形象的解释是必要

[1] Aselmeier, U. *Biologische Anthropologie und Pädagogik: Eine Untersuchung über die Pädagogische Relevanz der Humanbiologischen Erkenntnisse*. Weinheim: Beltz, 1973: 97 - 99.
[2] 同上：32 - 70.

的，但是忽视了时间因素，而时间因素是把这些关系结构运用到教育中人的形象时必然要考虑的因素，只有具备了时间因素，教育人类学才能够结合学习、教育、人、个体、标准等。对教育中人的形象进行研究，时间因素也是教育人类学思考教育、自由、标准等概念的必然要求。

尽管经验式教育学与经验式教育人类学在 20 世纪 60—70 年代取得了阶段性成果，但它很难在精神科学教育学传统深厚的德国教育学中长时间占据主流。以布雷钦卡为例，他遭到了来自各领域的严厉批评，在教育人类学领域，以博尔诺夫的批评较有代表性，他从教育学作为一种人文科学研究的独特性出发，认为布雷钦卡的思路无异于“以一种僵化的尺度去衡量充满生命活力的对象，无异于以鱼在岸上存活的时间去衡量鱼的生命力”，[1]忽视了人类形象的整体性和生成性。尽管布雷钦卡在经验式教育人类学研究中，力图避免纯粹科学方法之外的方法，尝试用客观、中立的态度和方式研究教育中的人，但其采用的方法根本无法解决其所致力于研究的“教育真实”。很明显，“教育真实”必然包含各种教育关系，例如人与文化、人与人之间的关系，纯粹科学的方法根本无法解决这些问题。20 世纪 70 年代，有德国研究者从前提条件和研究结果两方面论证了经验研究方法对解释学方法的依赖，经验研究方法都有自己的问题前提和假设，其中必然包含历史—社会层面，教育的意义也穿插在其中，在经验研究收集完材料之后的解释阶段，必然需要结合历史、文化、社会等层面对研究结果进行说明。[2] 从方法论层面来讲，经验式教育人类学所采用的方法无法有效解释研究对象的复杂多样，陆特通过经验式教育人类学实现各经验学科的整合，

[1] 邹进. 现代德国文化教育学[M]. 山西教育出版社，1992：163.
[2] Feil, H, D. Zur Notwendigkeit einer Empirischen Pädagogischen Anthropologie. *Pädagogische Rundschau*, 1976(12): 912.

在其所设定的研究对象和研究方法之间产生了一定程度的契合，但布雷钦卡的教育人类学实际上并没有找到与其设定的教育中人的形象相应的研究方法。

相对于对布雷钦卡教育人类学思想的批判，博尔诺夫对陆特创立的经验式教育人类学的评价则不是那么尖锐，博尔诺夫肯定了陆特在获得人的确定性知识方面的贡献，认为陆特确定了“经验式的方法能够获得尽可能多的确定性知识并加以推广”。[1] 但博尔诺夫同时也认识到经验方法不能回答所有教育问题，例如“理解”“体验”和“直觉”等作为人存在和发展的必要方面，也应该受到教育人类学的关注。从 20 世纪 80 年代中期开始，莫伦豪尔重提“理解”“体验”“直觉”等对教育中人的形象重塑的作用，[2]甚至将这些方面视为人类教育的决定性因素，其教育作用和影响甚至有可能超越正规教育机构和理性等因素。

第四节

在本体性问题追问中实现方法论突破

在德国教育人类学的发展历程中，20 世纪 60—70 年代具有转折意义。该时期德国教育人类学的本体性、原点性问题有三个：一是教育学

[1] Heckel, H. *Pädagogische Forschung und Pädagogische Praxis*. Heidelberg: Quelle & Meyer, 1958: 20.

[2] Mollenhauer, K. *Vegessene Zusammenhänge: über Kultur und Erziehung*. München: Juventa-Verlag, 1983.

为何需要教育人类学？二是教育学需要教育人类学实现何种使命？三是教育人类学如何实现自身使命？在三大问题的相互影响下，德国教育人类学的核心研究对象、学科使命得以更新与扩展，在与核心研究对象不同层次的适切性选择中，德国教育人类学出现了思辨方法论与经验研究方法论的结合，引发研究方法、思维方式、学科关系的更新与调整。

在这一过程中，德国教育人类学以教育学的人类学转向为契机，围绕着教育中人的形象的更新与研究需要，对教育学中已有的人类学基础进行反思。通过对人类存在方式及其教育作用进行分析，对教育中人的形象予以更新并实现了德国教育人类学方法论的转型，由思辨方法论转向哲学思辨方法论与经验方法论的结合。受此影响，该时期的德国教育人类学与教育研究的真实取向关联起来，关注教育事实与真实的教育情境。教育人类学的思维方式也由哲学思辨转向经验研究与哲学思辨的结合，开始关注教育中的人所经历的教育现象和教育事实。20 世纪 70 年代末还出现了对教育中人的形象进行纯粹科学化的研究和描述。这一时期德国教育人类学的方法论突破体现在围绕教育中人的形象的新塑，进行研究方法、思维方式、学科关系、学科角色等方面的适切性选择与更新。

一、教育中人的形象的维度扩展

20 世纪 60 年代，德国教育人类学研究者肯定了“人”的问题之于教育学的核心地位，认为教育学要时刻关注人类本质对教育学的启发。在此基础上，A. 福利特纳坚信教育学需要人类学的观点和问题来展示自身的独特性，教育学能否形成独特的人类学观点和问题，决定了教育学以何种状态和面目出现在与其他学科的交流与合作中。A. 福利特纳认为，教育学必须像人类学家那样规定自己的前提条件，在此基础上对教育中人的形象予以更新。

（一）肯定人的所有出现方式

人的所有出现方式（Alle Erscheinungsweisen des Menschen）[1]是A.福利特纳教育人类学思想的核心概念，他以此来批评传统教育人类学仅关注单一的人类形象而忽略人类形象的其他表现形式。人出现的任何方式都有其不可替代的价值，这些方式同时也会对人产生教育影响。人的所有出现方式将人的所有形象纳入教育人类学的思考范围，尝试改变人类学传统和教育人类学对人类形象单一化的追求。在A.福利特纳看来，人类形象不仅指欧洲文明中的人，同样也包含因为疾病而处于孤独中的人，这些人出现的方式及其形象，与处于欧洲文明中的人的出现方式与形象，都对人类学思考具有启发价值，也都应该成为教育人类学的研究对象。

（二）肯定人的完整一生的意义

20世纪60年代，教育人类学与人类学所研究的人类形象通常局限于成年人，而且对成年人的关注也很片面，很少关注人的完整一生，尤其是人生初期。

针对20世纪60年代教育人类学视野中单一的人类形象，A.福利特纳提出了这样的问题：难道婴儿就不是人么？难道童年时期的经历，不能够影响我们对人的看法和观点么？[2] 受教育年限中人的形象主

[1] Wulf，C.，Zirfas，J.（Hrsg.）*Theorien und Konzepte der Pädagogischen Anthropologie*. Donauwörth：Ludwig Auer，1994：94.

[2] Flitner，A. *Spielen-Lernen: Praxis und Deutung des Kinderspiels*. München：Piper，1972.

要指儿童和青少年时期，因此儿童和青少年尤其应受到教育人类学的关注。当然，这种以儿童和青少年为基础建立的教育人类学也必须参考以成人为基础的人类学。A. 福利特纳认为教育人类学应该是肯定人的完整一生意义的人类学，这样的教育人类学体系关注成人人类学观照下的儿童和青少年人类学。

二、更新教育中人的形象的思维方式与方法

在更新教育中人的形象之后，接下来的问题是，如何研究这些新型的人类形象。

（一）关联人类形象的普遍性与特殊性

洛赫在处理人类形象的普遍性和多样性之间的关系时，肯定人类的任何一种独特现象都包含相应的人类学，这与博尔诺夫对人类形象的普遍性与多样性的处理方法类似。以博尔诺夫对“美德”的研究为例，尽管“美德”是人类形象的普遍概念，但对美德的理解是因人而异的，任何个体的理解都可能对美德的共性贡献一个开放的视角。[1]

洛赫关注人类本质的普遍性和特殊性之间的关系，但在洛赫的方法论体系中，并没有像博尔诺夫那样进行立场鲜明的界定，博尔诺夫对此的处理方式是：“解释可以从个别特点出发而过渡到整个认识。因此，我们一开始只要一个接着一个地对各种个别现象作出说明，从个别特点中获得整体观点在多大程度上可以概括为关于人的统一形象。”[2]洛赫虽然关注两者的紧密关系，但具体到研究方法论，他却没

[1] Bollnow，O，F. *Wesen und Wandel der Tugenden*. Frankfurt am Main：Ullstein Taschenbücher-Verlag，1960：27.

[2] 博尔诺夫. 教育人类学[M]. 李其龙，译. 上海：华东师范大学出版社，2001：29.

有像博尔诺夫那般，明确两者之间的关系。尽管如此，洛赫的教育人类学在揭示人类形象的本质特征和教育现象的关联方面，所展现出来的价值观与思维方式仍具有独特意义，表现在两方面：

第一，洛赫认识到现代教育体系对德国教化传统的冲击，因此对教育中人的形象思考已经不能仅仅停留在人类本质层面，也不能停留在根据哲学思辨和理论推演来思考人的自我完善和自我塑造，而是应该意识到，必须结合现代教育的特征，考虑教育对社会因素的依附关系；

第二，洛赫也没有放弃对人类本质的思考，而是解释人类本质及其多样化形象与教育的关系。

因此，尽管洛赫在普遍性与多样性的思考方面陷入方法论困境，但就其价值观和思维方式来说，仍有开创意义。

（二）多种研究方法相结合

为了研究教育中人的形象的需要，20 世纪 60—70 年代，德国教育人类学综合运用经验研究方法、哲学思辨方法、现象学方法等。20 世纪 60 年代初期，德国教育人类学研究以哲学思辨方法为主，主要有两种研究类型：单一学科的教育人类学研究和概念史的研究。

陆特建构的经验式教育人类学，将德国教育人类学从哲学研究方法论转向经验研究方法论。陆特在研究对象与研究方法适切性分析的基础上，明确了经验研究方法的重要性，这种方法会形成相关学科之间的沟通。他将经验研究方法视为教育人类学研究和教育学研究的最重要方法，该方法强调人的经验应成为教育人类学的核心。

布雷钦卡进一步推进了经验式教育人类学研究。同一时期还出现了自然科学与教育人类学的结合，将经验式思维方式推向极致。尽管如此，传统的哲学思辨方法并没有消失，它一直在德国教育人类学中存在并延续到21世纪的教育历史文化人类学中。

三、学科角色与学科关系的重塑

20世纪60—70年代，德国教育人类学的多重角色来自教育学的人类学转向引发的人类形象研究，教育人类学的角色可以具体化为“教育学的人类学基础”“教育学中的人类学研究方法”“教育学的人类学意义”等。

在该时期教育人类学的多重角色中，人类学与教育学的关系是以多种样式出现的。

第一，人类学是教育学的基础学科。在教育被诸多外在因素或反人类学因素影响的时代中，人类学能够帮助教育学坚定关注人类形象的理想信念。这对教育学独特性的形成大有裨益，不仅其他学科和领域能够对人类形象进行界定、研究，教育学也能对多面的人类形象进行研究，还会因为独特的教育人类学研究而形成对人类形象的独特认识，从而获得自身的独特性。

第二，人类学是教育学的评价尺度。该时期的教育人类学将人类学作为评判教育学概念的视角或标准，认为教育学与其他学科相区别的标志就在于它看待教育中人的形象的独特视角，就是一种教育人类学视角。因此，A. 福利特纳认为人类学是一种评价教育学概念的视角，以教育人类学来保证教育学在与其他学科互动中的独立性。

第三，人类学是教育人类学的辅助学科，凭借其独特的显微镜式的方法论原则，促使教育人类学形成研究教育中人的形象的多样方法与视角。但人类学在这一时期的显微镜式特征，主要还是通过对人类形象多样性的研究，最终上升到普遍性认识为主，仍然带有较为明显的思辨色彩。

第四，强调教育学对人类学的反哺价值。教育学如何为人类学作出独特的贡献呢？利特克提出的解决办法是采用经验研究方法对教育中人的形象、教育条件、教育结果等方面进行研究，为人类学提供来自教育学的启发。

第三章

转向与重建：
教育历史人类学的兴起

受哲学传统和教化传统的影响，20 世纪 80 年代之前的德国教育人类学侧重于舍弃特殊性，以追求普遍性、固定性和标准化的人类形象作为自身的研究目标。这一状况在 20 世纪 80 年代初发生了改变，传统教育人类学因过分关注人类形象的普遍化和系统化而在这一时期遭到质疑，德国教育人类学开始关注差异性和多样性，认为对人类形象的研究必须在具体历史中才能进行。教育历史人类学就是在这种努力中形成的，强调人类形象在不同历史阶段中的差异，同时也不放弃人类形象中包含的普遍、系统和同质等因素。德国教育历史人类学关注普遍性、差异性这两个基本维度在何种程度上能够成为教育人类学知识。[1]这一研究流派的代表人物包括迈恩伯格（Eckard Meinberg）[2]、哈曼（Bruno Hamann）[3]、拉塞恩（Rudolf Lassahn）[4]、伍尔夫等。

哈曼在 1982 年明确提出了这样的观点："教育理论和教育实践若想形成关于人的知识，必须注意到，关于人的知识会因为时间和空间的不同而不同，也会在质量和数量上有所不同。"[5]按照哈曼的观点，教育理论和教育实践中形成的关于人的知识，必然不是固定的、统一的知识，而是因为各种限定因素的不同而存在差异的知识。哈曼的这一观点与该时期德国教育人类学的新气象不谋而合。这一时期，德国教育人类学形成了不同于传统的研究方法，不再将一种普遍意义的教育人类学作为教育学的基础，而是以多样的人类形象作为教育学的基础，教育中人的形象也因此获得了多样性与复杂性，传统教育人类

[1] Wulf, C., Zirfas, J. (Hrsg.) *Theorien und Konzepte der Pädagogischen Anthropologie*. Donauwörth: Ludwig Auer, 1994: 159.

[2] Meinberg, E. Zur Entwicklung Anthropologischer Konzepte in der Pädakogik nach dem 2 Weltkrieg. *Pädagogische Rundschau*, 1978(9): 695 - 712.

[3][5] Hamann, B. *Pädagogische Anthropologie: Theorien, Modelle, Strukturen: Eine Einführung*. Bad Heilbrunn/Obb.: Klinkhardt, 1982: 7.

[4] Lassahn, R. *Pädagogische Anthropologie: Eine Historische Einführung*. Heidelberg: Quelle & Meyer, 1983.

学的诸多范式在该时期得以转向与重建。

这一时期，德国教育人类学不再从某一概念、某一学科或者某一研究范式发展而来，例如人的自然属性（Der Natur des Menschen）不再被看作教育人类学的基础概念之一，哲学人类学和生物人类学不再被认为是教育人类学的基础学科，经验式教育人类学也得以反思。在 20 世纪 80 年代到 90 年代初期，德国教育人类学的基本特征转变为多元性和历史性（Pluralismus und Historizität），[1]受此影响，教育中人的形象也具备了与之相应的复杂性和多样性特征。最具有代表性的研究来自柏林自由大学跨学科历史人类学研究中心发起的教育历史人类学（Historisch-Pädagogische Anthropologie），与同时期其他的德国教育人类学研究相比，该中心的教育历史人类学致力于对新时期教育中人的形象进行研究，并形成了一支颇有实力的研究团队，具备自身的研究信念和研究方式，创办了自己的学术刊物。柏林自由大学跨学科历史人类学研究中心在德国乃至世界范围内形成了广泛影响，不仅对德国教育人类学传统实现了转向与重建，还为世界范围内的教育人类学提供了独特的研究主题和研究方法论。该学派的教育历史人类学也因此成为 20 世纪 80 年代到 90 年代初期德国教育人类学的主流。

教育历史人类学并不是指教育人类学的历史演变，[2]也不是指对

---

[1] Wulf, C., Zirfas, J. (Hrsg.) *Theorien und Konzepte der Pädagogischen Anthropologie*. Donauwörth: Ludwig Auer, 1994: 26.

[2] 对教育人类学的历史进行回溯，在德国教育人类学研究中也有所涉及，例如教育学中的人类学思考、教育中人类形象的回顾与分析等，参见：Wulf, C., Dieckmann, B. *Anthropologisches Denken in der Pädagogik 1750 - 1850*. Weinheim: Deutcher Studien Verlag, 1996. 书中对洪堡、裴斯泰洛齐、施莱尔、马赫等的人类学思想进行了回顾。Scheuerl, H. *Pädagogische Anthropologie: Eine Historische Einführung*. Stuttgart: Kohlhammer, 1982. 书中涉及以下内容：柏拉图对教育中人的形象的界定，奥古斯丁的宗教人类学视角，夸美纽斯对人类形象的创新，卢梭、裴斯泰洛齐等的人类学思想，康德和赫尔德人类学思想的延承。这一类型的研究也属于德国历史人类学研究的一部分，但并不是主流，主流研究是从历史人类学进行教育人类学研究。

教育历史进行人类学研究，而是对教育进行历史人类学研究。从德国教育历史人类学的形成轨迹、研究问题和研究方法来看，历史人类学是教育历史人类学的前提条件和方法论基础。

从德国“教育历史人类学”这一术语的形成轨迹以及内涵来看，历史人类学直接影响着教育历史人类学的研究属性和研究进展。因此，了解历史人类学的形成背景、内涵与特征、核心问题等，就成为理解德国教育历史人类学的前提条件。

第一节

当代德国历史人类学的形成

到 20 世纪 70 年代末，长期占据主导地位的体质人类学、民俗学和社会文化人类学开始转向文化人类学和历史人类学。“德国传统民族学的主要方向都开始转到历史人类学和文化人类学，将一些对过去地方学统的延承与为现在做好了准备的更多新的异质性元素结合在了一起。”[1]在同一时期，为德国历史人类学提供思想来源的法国年鉴学派内部也出现了转向，对占据主导地位的社会史与结构史研究进行质疑与反思，开始将象征人类学和文化人类学的观点运用到心态研究、民间文化和日常生活研究中，将历史学和人类学思考方式和研究方法进行

[1] 巴特，等. 人类学的四大传统——英国、德国、法国和美国的人类学[M]. 高丙中，等，译. 北京：商务印书馆，2008：176.

结合，形成历史人类学或者人类学化的历史学。同时，这一时期出现的全球化挑战使人类所处的生活境遇发生了改变，历史人类学在吸取哲学人类学、生物人类学等学科的基础上，直面全球化过程对人类形象的影响，成为20世纪80年代德国人类学研究的主流。

德国历史人类学主要有两股潮流：第一股潮流以解释学的社会人类学以及日常生活史和微观史学为导向，用微观分析揭示社会现象和人类生活的复杂性，以埃尔福特大学历史人类学研究室（Die Arbeitsstelle Historische Anthropologie an der Universität Erfurt）为代表；第二股潮流也是德国历史人类学的主流，以柏林自由大学跨学科历史人类学研究中心为代表，这一派不以史学为中心，更多侧重于人类学和哲学。*Paragrana* 是该派的杂志，尝试在"强制性的、抽象的人类学规范崩溃之后，继续研究人类行为的现象和结构"，以此实现人类形象研究的系统转变，一方面坚决否认关于人类形象的普遍概念，[1]另一方面又主张部分恢复普遍化，例如其代表性观点，"语言学本质上一直接受了关于人类在精神和肉体上拥有普遍一致的设想"，[2]"不确定性和危机是理解人类行为和交往所不可缺少的方面"。[3] 由此可以看出，对人类本质的探讨并没有淡出该学派的视线，反而继续构成其研究对象，尽管他们竭力抵制这种倾向。

尽管突破传统研究范式的过程充满艰辛，但柏林自由大学跨学科历史人类学研究中心仍披荆斩棘，在继承研究传统的过程中开辟新气象。它最早将历史人类学发展成为教育历史人类学，并促使其成为20世纪80年代以来整个德国教育人类学的主要流派，对当代德国教育人

[1] Wulf, C., Kamper, D. *Logik und Leidenschaft: Erträge Historischer Anthropologie*. Berlin: Reimer, 2002: 27.
[2] 同上：190.
[3] Wulf, C., Zirfas, J. *Unsicherheit*. Paragrana. Walter de Hruyter GmbH, 2015: 209.

类学的影响至关重要。教育历史人类学的形成过程、研究主题、研究旨趣和研究方法都与柏林自由大学跨学科历史人类学研究中心的研究密切相关，聚焦该中心历史人类学的形成背景、内涵与特征、核心问题，是了解当代德国教育历史人类学的前提。

一、形成背景

（一）法国年鉴学派的影响

“历史人类学”这一术语，无论将其视为人类学的历史研究，还是视为历史研究的人类学视角，都与历史学和人类学两门学科相关，而这两者初看起来是明显不相关的学科，这样的两个学科之所以能够结合，得益于法国年鉴史学将历史科学的人类学发展成为历史人类学的努力。在 20 世纪 70 年代，历史人类学在法国兴起，关注人的历史特征和时间特征，关注人的感情和精神状态。[1] 年鉴学派把具体的人类形象研究引入历史研究中，改变历史研究只关注结构历史而忽略人的状况，德国历史人类学则是把历史引入人类学研究中，同时吸收了德国本土的精神文化教育学的历史思维，用历史的视角来改变德国人类学研究对人类形象的普遍化、固定化认识。总体而言，年鉴学派的三大新趋势深刻影响了德国历史人类学的问题域和方法论。

20 世纪 70 年代末，年鉴学派尝试改变以国家机构和事件为主的历史编纂形式，形成了三个新趋势：人类学转向、政治的回归与叙事的复兴。[2] 人类学转向，更为准确地说，乃是转向文化人类学或者象征人类学。马克·布洛赫(Marc Bloch)和吕西安·费弗尔(Lucien Febvre)

---

［1］ Wulf, C., Weigand, G. *Der Mensch in der Globalisierten Welt: Anthropologische Reflexionen zum Verständnis unserer Zeit*. Münster: Waxmann, 2011: 39, 40.

［2］ 彼得·伯克. 法国史学革命：年鉴学派，1929—1989[M]. 刘永华，译. 北京：北京大学出版社，2006: 74.

都曾读过弗雷泽(James George Frazer)的书,将弗雷泽的方法与中世纪和 16 世纪的心态研究结合起来,布罗代尔(Fernand Braudel)对文化边界与交流的讨论也受到了人类学家马塞尔·莫斯的影响。在 20 世纪 70—80 年代,历史学家以联姻的方式进行思考,实际上就是在研究历史人类学或者人类学化的历史学。在当时,马克·布洛赫和吕西安·费弗尔组成的核心圈子对马塞尔·莫斯(Marcel Mauss)、欧文·戈夫曼(Erving Goffman)、维克多·特纳(Victor Turner)等主流人类学家的研究非常熟悉,[1]年鉴学派的代表人物将这些人类学思想与历史研究结合起来,确定了以“时间中的人”作为历史学的研究对象。这一研究对象的确定,使年鉴学派的历史研究向包括人类学、民族学、地理学、社会学和心理学等学科在内的方法和领域敞开了大门,开始了在跨学科、多视角中研究人的过程。在年鉴学派的影响下,历史人类学具备了其最基本、最独特的看待人类形象的视角——关注“时间中的人”,并围绕这一核心研究对象形成了历史人类学的跨学科特征。

年鉴学派在 20 世纪 70 年代末的人类学转向,核心就是参考人类学的经典思维方式和研究方式来研究“时间中的人”。人类学对年鉴学派的最大影响在于,为他们的历史研究提供独特的研究载体(例如日常活动),以及看待人类形象的独特视角和眼光(例如关注日常生活中符号的象征意义)。无论是年鉴学派还是德国历史人类学,都将“时间中的人”视为历史人类学的核心,但在具体的研究形式和思维方式上,年鉴学派的历史人类学重点在于把“时间中的人”置于历史学研究中,体现出一种“人→历史学”的方式,其重心在历史学,也就是通过“人”的研究方法、思维方式的转变来开创历史学的新气象。德国埃尔福特大学

[1] 彼得·伯克. 法国史学革命: 年鉴学派,1929—1989[M]. 刘永华,译. 北京: 北京大学出版社,2006: 74.

历史人类学研究室主要采用年鉴学派的这种方式，重心在历史学研究。而柏林自由大学跨学科历史人类学研究中心则采用另外一种方式：把历史置于人类学研究中，是“历史→人类学”的方式，重心在人类学，采用历史的思维方式进行人类学研究。柏林自由大学跨学科历史人类学研究中心所采用的方式在德国历史人类学研究中占据主流，更为重要的是，该中心是当代德国教育历史人类学的先锋。因此，本书在对德国教育人类学的研究过程中，所讲的德国历史人类学主要指柏林自由大学跨学科历史人类学研究中心发起的历史人类学研究，探讨的是“历史→人类学”思维方式影响下的教育历史人类学研究。明确了这一点，接下来的问题是，德国教育历史人类学为何要采用“历史→人类学”的方式？该问题与新时期人类形象的更新以及德国人类学的转向有关。

（二）传统人类学遭到冲击

在德国历史人类学视域中，传统人类学是一种典型的规范人类学，规范人类学是历史人类学对德国人类学传统的概括，也是历史人类学所批判的人类学范式。规范人类学主要是在哲学人类学或哲学思维的影响下，形成普遍而固定的人类形象，并以此作为人类的本质。例如，普列斯纳认为人类学的任务在于获得一种关于人类的本质法则，[1]此种人类学尝试用人与动物的对比，从特殊性中概括普遍性的方式进行思辨研究，为人作为人文学科的核心研究对象作出了贡献。20 世纪 80 年代以来，面对人类生活的复杂性和多样性，人类学研究难以形成固定而普遍的人类形象，也难以将某种特定的人类形象作为标准和规范。

[1] König, E., Ramsenthaler, H. *Diskussion Pädagogische Anthropology*. München: Wilhelm Verlag, 1980: 76.

面对人类的新型生存境遇，传统的规范人类学及其宏大解释范围中的人类形象失去效力，历史人类学转而以具体、历史的视角审视人类形象，将人类本质的研究和非本质研究联系起来，努力打破传统人类学执着于普遍性和固定性的研究范式。

接下来的问题是，传统人类学为何要在新时期发生转变？最大的动力来自该时期人类形象的更新。

（三）新时期人类形象的更新

在德国教育人类学的历史上，人类形象通常是单一、理想、标准且固定的，这一形象具有如下标准：男性、白人、欧洲、理性的、文明的、健康的、受教育的。[1] 这样的人类形象长期以来被认为具有普遍的教育学价值。在新媒体和图像时代，人类的生存境遇发生了重大变化，新媒体呈现出的各类图像不断改变着人类对身体的认知和感觉，同时使视觉成为现代社会最高的感觉形式，与此相应的清晰度、可见度等感觉主宰着人类对“他者”的认识。

德国历史人类学研究的出发点就是人类形象的更新，逻辑起点是现代社会对身体的影响，认为现代社会最显著的特征就是图像世界带来的感觉与认知的变化。因此，历史人类学才会研究图像、想象力，最初的身体研究是德国历史人类学认识人类形象变化的起点，也为后来进行教育历史人类学研究奠定了基础，即以人类身体的变化作为研究载体，关注现代社会中人类整体形象的变化，进而讨论与此相应的教育变化与对策。

---

[1] Wulf, C., Zirfas, J. *Handbuch Pädagogische Anthropologie*. Wiesbaden: Springer Fachmedien, 2014.

二、内涵与特征

（一）历史人类学的整体特征

坦纳(Jakob Tanner)认为，历史人类学发轫于多门学科的边缘地带，法国年鉴学派、英美等国的社会人类学和文化人类学、意大利的微观史学、德国的民俗学，均为历史人类学提供了思想源泉。经过半个多世纪的发展，20 世纪 90 年代以来，历史人类学已经成为一个重要的学术生产中心。[1]

比尔吉埃(Andre Burguiere)认为，历史人类学是个五光十色的概念，它掩饰着一块斑驳陆离的研究领域和各家独辟蹊径且大相径庭的研究方式……历史人类学概念所表示的不是一个特定的历史研究分支，而是表示一个促使人们研究新方法和新问题的吸引点。[2]

布莱特尔(Caroline Bret)认为，历史人类学主要是对过去和现在影响了人类行为的社会、政治、经济和文化过程做出跨文化和比较性理解，它与历史的区别之一就是把过去与现在相连接。历史人类学家通常超越了建立在生命文献、人口普查资料、人口记录，以及口头或文字家谱的数据上的家族重建和人口统计史，以探索其他定性的历史来源，它们有助于理解过去的社会和经济生活，以及地方人们生活中特殊事件的意义。[3]

德国历史人类学杂志 *Paragrana* 指出，历史人类学是一种跨学科的研究。它致力于福柯所谓的“人之死”之后的研究。它摒弃了传统人类学仅研究“抽象人类学的规范性”问题，而关注人类现象与人本身的

[1][2] 雅各布·坦纳. 历史人类学导论[M]. 白锡堃，译. 北京：北京大学出版社，2012：封底页.

[3] 卡罗林·布莱特尔. 资料堆中的田野工作——历史人类学的方法与资料来源[J]. 徐鲁亚，译. 中国人民大学报刊复印资料，2002(1)：56.

结构。尽管历史人类学是一门历史与人文学科碰撞而产生的学科，但它既不局限于作为一门学科的人类学历史研究，也不局限于作为一门学科的历史的人类学研究。它更多地致力于研究视野、研究方法以及研究对象三者之间交互关系的历史性。因此，历史人类学能对人文学科的研究成果进行一种基于历史哲学的人类学的批判，并为创生一种新的研究范式提供丰富的依据。历史人类学的核心理念充满着对永不停止“思想躁动”的追求。历史人类学既不局限于“一种”文化，也不局限于“特定”的时期。通过对其自身历史性的反思，既可使其摆脱“欧洲中心论”的人类学研究，又使其走出原有仅关注“久远故事”的历史学，进而将历史本身与当前以及未来等问题给予开放性的研究。

上述定义共同显示出历史人类学具有以下特征：

第一，从其属性来看，历史人类学改变了传统史学对高度抽象、普遍性解释模式的热情，主张在翔实的细节、人的主体地位和社会的互动中进行研究。历史人类学不是一门固定的学科，既不是单从人类学角度研究历史而成为历史学的分支学科，也不是研究人类学的历史而成为人类学的分支领域，而是在特定时期形成的具有跨学科、多学科属性的开放领域。

第二，从研究方法来看，历史人类学实现了不同学科和不同领域研究方法的综合，包含法国年鉴史学、德国民族学、意大利微观史学、英美的社会人类学和文化人类学等方法。历史人类学也充分运用生活史、口述史、物质文化与影像等多种资料来研究人类行为。

第三，从其知识效果来看，历史人类学是一种新的学术生产方式，这来自历史人类学综合的研究方法和融通的学科视角，历史人类学也因此能够不断提出新问题和新方法。

整体上，历史人类学把注意力放在人的整体历史，或者说整体的人的历史，它是一种整体人类学，目标是要"获得关于人的总体形象，获得对人的总体考察"。但是，为了达成这一目标，历史人类学在实际研究过程中又以历史上一定时期的人——"时间中的人""历史中的人"作为研究对象，从两个维度探索人类形象。

维度之一是历史人类学关注具体的人的历史，改变从高度抽象的水平上对人进行普遍化解释，转而关注人的具体经验，着重进行细节翔实的描述，突出人与社会互动的过程。也就是说，历史人类学中的人类形象是处在历史演变之中的人，强调人的经验和生活过程中的细节。

维度之二是历史人类学也关注人类社会中稳定的因素，作为自然存在物，人有一些人之为人、与生俱来的特征：生死、身体、饮食、审美等，这些人之为人的稳定特征同样是历史人类学的研究内容，甚至构成了历史人类学的研究重点。例如历史人类学综合运用多种研究方法和解释模式关注"身体"与"暴力"的问题。

需要注意的是，历史人类学将研究对象回归到人，并不是要切断个体与社会、主体与文化之间的联系，而是采用新视角和新方式重构人类形象。

（二）当代德国历史人类学的独特之处

通过对上述定义的分析，可以看出当代德国历史人类学不同于其他历史人类学观点的独特之处。

第一，从学科角色和学科属性来看，德国历史人类学并不是一门独立的学科，而是一个超越单一学科界限，在不同学科边界之间展开研究的综合领域。尽管与其他历史人类学一样强调融通的学科视角，但德国历史人类学对跨学科的强调超越了其他历史人类学，主要表现在德国历史人类学的重心不在于历史学而在于人类学，“它（历史人类学）促进了一种以人类学为导向的文化科学的发展，这种文化科学跨越了人文科学、社会科学和自然科学之间的学科界限”。[1] 由于其具有跨学科和多样化特征，因而拥有丰富的研究主题和研究方法，但其目标总是对人类形象的历史化、具体化研究。

第二，德国历史人类学表现出了更强的反思、批判和重建的特征，即反思德国传统的规范人类学，批判标准的人类形象，重建新时期的人类形象并形成与之相应的历史人类学研究方法论。

第三，从研究旨趣来看，德国历史人类学更倾向于人类学而非历史学，它尤其关注人类学侧重多样性、经验性、具体的特征，把人的肉体特性、思想情感和社会实践放在认识论的中心领域。

第四，德国历史人类学的研究思路不同于其他的历史人类学研究，尽管历史人类学都强调方法综合、学科互动，但就具体研究思路和实施路径而言，德国历史人类学具有明显的不同。其他历史人类学的研究思路是，鉴于历史人类学形成了一种新的研究方式，关于“人”的研究问题和研究方法也会相应发生改变，这是一种“从学科到人”的研究思路。德国历史人类学的研究路径恰恰与此相反，它延续了传统德国人类学以人类形象为核心研究对象的传统，首先从人类形象出发，继而思考与人类形象的改变相适应的研究方法、研究问题和学科视角，这是一种“从人到学科”的研究思路。在这样的思路中，德国历史人类学形成了关于人类形象的丰富认识，并且形成了在人类主体、社会实践、符号形式等的综合中研究人类形象的多维视角，德国历史人类学研究中形成的人类形象，其研究方法也在不断生成、更新。

[1] 克里斯托夫·伍尔夫.教育的历史人类学：问题与方法[J].北京大学教育评论，2007(4)：128.

第五，德国历史人类学中的历史之维，不仅体现在研究长时段中人的行为、社会和文化特征，更体现在以融通的视角关注研究问题、研究对象、研究方法三者之间互动的历史。历史也意味着在长时段中寻找人类形象的变化，以此来改变传统人类学中人类形象的固化与单一。

三、核心问题

总体而言，历史人类学的研究对象回归到人，通过研究历史演变中具体的人类形象，对人类整体历史以及完整的人生历史进行研究，并尝试在总体考察的基础上获得关于人类的总体图像。由此看来，历史人类学是一种整体人类学。[1] 研究对象回归到人，并不意味着历史人类学要超越个体与社会、个体与文化之间的相互作用，而是采用新视角来研究人类形象，这种新视角主要有三方面表现。

第一，历史人类学的研究对象是人。具体而言，是历史上一定时期的整体的人，整体体现在两个方面：其一，就单个研究对象来说，历史人类学研究的是人之为人的整体，包括肉体的、精神的、文化和社会中的人，而不是单纯研究人的某一方面特征；其二，历史人类学研究历史演变中的人，关注人类形象的整体变迁，而不仅仅研究某一瞬间的人类形象。

第二，除了通过历史记忆和回忆等方法关注人类形象的历史演变，德国历史人类学还关注人类形象的普遍特征，例如身体、感觉、痛苦、生死、审美、安静等问题，并尝试以此来实现人类形象的普遍性和多样性之间的结合。

---

[1] 此处的整体不同于前文所论经验式教育人类学中的整体。此处的整体更多表现出时间属性，指历史变迁和时间推进中人类形象的变化和多样，其反对的是将人类形象局限于某一特定时期和特定群体。陆特的整体首先体现为整体的人，其次体现在对整体的人的研究过程要实现关于人的学科的综合与整合。

第三，德国历史人类学倾向于对人文学科中的人类形象进行哲学反思，兼顾研究主体和研究对象的立场，也兼顾个体和社会、文化之间的相互关系，并用一种综合性而又富有建设性的方式研究人类形象。

概括来讲，根据回归到人这一基本研究旨趣，围绕人类形象这一核心研究对象，德国历史人类学的基本问题可以归纳为三类：人类形象如何演变？人类如何利用社会实践和符号形式来调节社会生活？人类本性是否也有其历史？[1]

（一）人类形象如何演变

柏林自由大学跨学科历史人类学研究中心进行了两项具有里程碑意义的历史人类学研究——《逻辑与激情》[2]与《关于人：历史人类学手册》。《逻辑与激情》是一项规模庞大、持续时间长的跨学科研究，开始于20世纪80年代初期，关注人类形象的历史演变，[3]尤其是身体与灵魂关系的历史。《逻辑与激情》的研究主题包括身体、感觉、灵魂、爱、美丽、神圣、安静等，[4]这是一项跨学科、跨国家的研究，研究目的是重建关于人类形象的核心概念，从而为当下人类的自我理解作出贡献。

《逻辑与激情》在以下两个方面对历史人类学的发展贡献卓著：

其一，这项研究努力把人类学研究与历史考察、社会现实问题交织在一起，认为人类形象必须在历史中明确其演变轨迹，并在这一过程中审视各种传统的人类形象，并结合时代特征确定适合现实的理想人类

---

[1] 雅各布·坦纳. 历史人类学导论[M]. 白锡堃，译. 北京：北京大学出版社，2012.

[2] Wulf, C., Kamper, D. *Logik und Leidenschaft: Erträge Historischer Anthropologie*. Berlin: Reimer, 2002.

[3][4] 同上：10.

形象。

其二，维持了批判和反思的态度。这项研究并未给历史人类学下一个准确的定义或规定明确的范围，而是与各种观点进行交流，体现历史人类学的开放性、多样性与跨学科特性。

这项研究对20世纪80年代以来德国教育人类学的发展意义重大，它一方面推动了教育历史人类学的形成，并为其奠定了问题域和方法论基础；另一方面，它也为新时期德国教育人类学的深化与裂变提供了可能性。具体讲，《逻辑与激情》的影响主要表现在三方面。

首先，通过对身体、时间、感觉、灵魂、爱、死亡等人类共同属性进行跨学科研究和历史研究，肯定了历史性和多样性在人类形象及其演变中的重要意义，历史性和多样性也成为教育历史人类学的思维方式和基本研究视角。

其次，激发德国教育人类学形成新的研究主题。《逻辑与激情》的核心问题是“文明化过程中人的身体及其灵魂的关系演变”，[1]这项研究聚焦“身体回归”，激发教育历史人类学形成了一系列既包含人类形象共通性，又具有学科差异和个体差异的研究主题，如模仿、图像、想象力等，为德国教育人类学研究提供了丰富的主题。其中每个主题都体现出了一种普遍性和特殊性的关联，即这些主题是人类存在的基础和普遍特征。

最后，德国历史人类学在肯定人类形象历史性和多样性的同时，没有关注到文化在人类形象建构和理解中的关键作用，为后期德国教育历史文化人类学的形成提供了可能。

[1] Wulf, C., Kamper, D. *Logik und Leidenschaft: Erträge Historischer Anthropologie*. Berlin: Reimer, 2002: 10.

（二）人类如何利用社会实践和符号形式来调节社会生活

社会在模仿过程、表演过程和仪式过程的共同作用中形成，没有这些方面就无法充分地理解社会。[1] 这些过程是人类社会共有的现象，既然如此，那么德国历史人类学对人类社会生活过程的理解具备哪些独特之处呢？其中最独特之处在于把身体作为人类社会生活的基础和社会运行的重要机制。围绕"身体回归"，历史人类学形成了探究人类形象的三种新型视角。

第一，关注身体的特定行为与象征符号的关系，探究身体行为的象征意义，尤其关注不同的时代特征对身体的影响，例如在图像时代，人类身体的感知系统发生了变化，而这些变化也转变了人类的生活方式与教育方式。

第二，关注社会实践和身体的表演性特征，[2]将身体行为与特定社会和文化实践的场景布置与展演性以及实践性知识联系起来，采用新型载体来探究个体与社会之间的联系。

第三，探究身体行为所表达和传递的实践性知识如何形成，并将其归因于模仿、仪式、表演等，[3]在这些过程中讨论身体与实践性知识的互相建构。

以上几方面贯穿在德国历史人类学的研究过程中，表现出一种强烈的时代气息，如关注身体在不同时代的变化，[4]同时也表现出强烈

---

[1] Wulf, C. *Zur Genese des Sozialen: Mimesis, Performativität, Ritual*. Bielefeld: Transcript, 2005.

[2] 这方面的代表性研究参见：Fischer-Lichte, E, Christoph Wulf, C. Theorien des Performativen. *Paragrana. Internationale Zeitschrift für Historische Anthropologie*, 2001 (10): 1. Fischer-Lichte, E., Wulf. CPraktiken des Performativen. *Paragrana. Internationale Zeitschrift für Historische Anthropologie*, 2004(1): 13.

[3] 德国历史人类学在这方面的代表性研究参见：Wulf, C., Zirfas, J. *Die Pädagogik des Performativen*. Weinheim: Beltz. 2007. Wulf, C. *Zur Genese des Sozialen: Mimesis, Performativität, Ritual*. Bielefeld: Transcript, 2005.

[4] 此处的变化不仅指生理意义上的改变，更指社会和文化意义上的变化。

的过程意识，如关注实践性知识如何形成，在体语、模仿、表演、仪式等的相互作用中探究人类形象的塑造过程等，这些都可归结为“身体回归”引发的人类形象研究，具体维度可参见图 3-1。

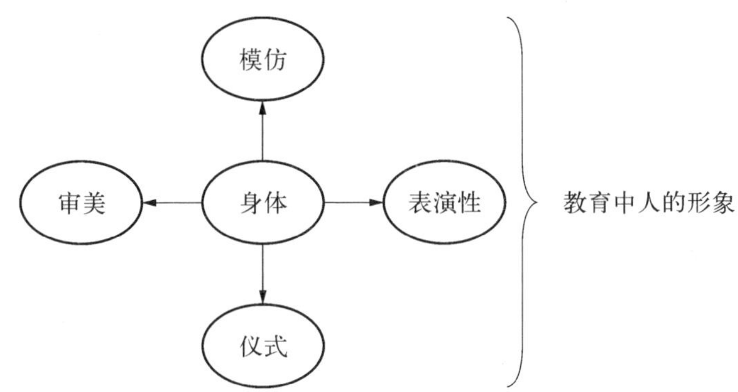

图 3-1　德国历史人类学的身体研究维度

（三）人类本性是否也有其历史

针对这个问题，德国历史人类学的回答方式是在人类形象的普遍特征中呈现多样性，无论是哪个时期的人都会具备一些共同特征，不同时期以及同一时期的不同个体之间也会呈现多样性和差异性。

在欧洲人类学视野中，谈及人类形象时，首先出现的是单一的欧洲男性形象，这种人类形象长久以来被人类学视为人类形象的规范与标准，但忽略了历史演变和文化多样性对人类形象的影响。历史人类学和文化人类学从各自角度对人类多样性予以关注，文化人类学从社会、文化和群体等多种层面关注人类形象的演变与多样性，年鉴学派的历史人类学以精神史为线索，激发了历史科学对人类学的兴趣。20 世纪 80 年代，德国历史人类学针对传统人类学对人类形象的单一认识，从不同学科吸收思想精华，从历史演变和多学科视角出发研究人，这方面的研究成果主要体现在《关于人：历史人类学手册》[1]中。

《关于人：历史人类学手册》是德国历史人类学的代表作，在德国乃至整个世界的人类概念体系中研究人类的基本行为。通过100个与人类存在密切相关的概念，来分析人类与世界、社会文化以及人类彼此之间的关系，致力于从历史的视角研究人类学，从人类学的视角理解时代，这一视角体现在人类学的国际化评论 *Paragrana* 中，其中的研究主题见表3-1。

表3-1 德国历史人类学研究主题(*Paragrana* 的主题)

年份	主　　题
1992	模型与类型(Miniatur)
1993	耳朵作为知识获取的器官(Das Ohr als Erkenntnisrogen)
1994	(1) 文化有影响么？(Does Culture matter?) (2) 欧洲：空间抑或时间？(Europa. Raumschiff order Zeitenfloß)
1995	(1) 审美(Aisthesis) (2) 模仿与诗性(Mimesis-Poiesis-Aotopoiesis)
1996	(1) 生活作为工作(Leben als Arbeit) (2) 艺术的要素(Die Elemente in der Kunst)
1997	(1) 自我异化(Selbstfremdheit) (2) 人(Der Mann)
1998	(1) 表演的文化(Kulturen des Performativen) (2) 超越(Jenseits)
1999	(1) 禁欲主义(Askese) (2) 特质研究(Idiosynkrasien)
2000	(1) "不可能"的隐喻(Metahpern des Unmöglichen) (2) 回忆的上演(Inszenierungen des Erinnerns)
2001	(1) 表演的理论(Theorien des Performativen) (2) 视野转移：转向开放(Horizonverschiebung. Umzug ins Offene)

[1] Wulf, C. *Vom Menschen. Handbuch Historische Anthroplogie*. Weinheim und Basel: Beltz Verlag, 1997.

续 表

年份	主 题
2002	（1）游戏、场地、角色与规则（Spielen-Felder-Figuren-Regeln） （2）康德的人类学（Kants Anthropologie）
2003	仪式的世界（Rituelle Welten）
2004	（1）表演的实践（Praktiken des Performativen） （2）入迷与狂喜（Rausch，Sucht，Ekstase）
2005	（1）语言的历史人类学（Historische Anthropologie der Sprache） （2）身体机器与机械的身体（Körpermaschinen-Maschinenkörper）
2006	（1）权利的表演（Performanz des Rechts. Inszenierung und Diskurs） （2）语言的审美经验（Sprachen Ästhetischer Erfahrung）
2007	（1）勇气（Muße） （2）声音人类学（Klanganthropologie）
2008	（1）媒体-身体-想象力（Medien-Körper-Imagination） （2）机器时代的生活（Das Menschliche Leben）
2009	（1）印度的身体：仪式-表演（The Body in India. Ritual，Transgression，Performativity） （2）行为与激情（Handlung und Leidenschaft）
2010	（1）情感、行为与身体（Emotion，Bewegung，Körper） （2）文化相遇的动力与表演（Dynamik und Performativität kultureller Begegnungen） （3）文字与图像（Schrift-Bild） （4）想象力与发明创新（Imagination und Invention） （5）上演的知识（Inszeniertes Wissen） （6）欧洲的竞争文化（Konkurrenzkulturen in Europa）

资料来源：Interdisziplinären Zentrum für Historische Anthropologie，Freie Universität Berlin. *Paragrana：Internationale Zeitschrift für Historische Anthropologie*. Berlin：De Gruyter，1992 - 2010.

四、"身体回归"及其意义

在前文的论述中可以看出，德国历史人类学的核心问题域和方法论都与一个主题密切相关——身体，该主题是理解德国历史人类学的关键。20世纪80年代初期，德国历史人类学的代表人物伍尔夫、卡姆帕等人就“身体回归”这一主题进行历史人类学研究，并由此引发后来的教育历史人类学研究。“身体回归”首先引起了对人类形象基本特征的关注，包括现代社会中身体的特征及其历史演变。他们关注的核心问题是：人类的身体在过去500万至700万年的演变过程中，如何与社会生活互相影响？

他们共同组织了一次以“身体回归”为主题的国际会议，并于1982年公布这次会议的讨论结果。[1] 在这些讨论中，伍尔夫和卡姆帕认为，对身体理解的变化在人类的自我理解中具有核心意义。对伍尔夫和卡姆帕来说，“人类学视野中的身体”是他们初期进入历史人类学研究时思考的首要问题，并成为他们此后十年持续关注的问题。到了21世纪，对身体的讨论仍然是德国教育人类学的热门主题，身体被视为教育生物属性的前提条件，[2]同时也构成了人类教育的起点和基础。

（一）“身体回归”的内涵

“身体”是德国历史人类学的核心概念，它关注身体的各种表现形式，包括基因特征及其意义、坐、体语、感觉、喜悦等。人的身体既具有自然特征，也具有历史文化形式，可以确定的是，身体对人类存在与自我理解具有中心意义，历史人类学将其视为核心研究主题。[3] 德国历史人类学通过回溯欧洲的历史与文化，肯定了身体是人类存在的前提条件，对人

[1] Kamper, D. *Die Wiederkehr des Körpers*. Frankfurt am Main: Suhrkamp, 1982.

[2] Rittelmeyer, C. *Pädagogische Anthropologie des Leibes: Biologische Voraussetzungen der Erziehung und Bildung*. München: Juventa-Verlag, 2002.

[3] Wulf, C. Weigand, G. *Der Mensch in der Globalisierten Welt: Anthropologische Reflexionen zum Verständnis unserer Zeit*. Münster: Waxmann, 2011: 15 - 25.

类具有普遍意义。“身体是生物在世界上存在的媒介物，拥有一个身体，对一个生物来说就是介入一个确定的环境，参与某些计划和继续置身其中。人的身体是世界的枢纽，人通过自己的身体意识到世界。”[1]在肯定身体普遍意义的同时，德国历史人类学也关注身体在不同文化中的不同表现。

“身体回归”在“二战”后的德国可谓是一种惊天动地的提法。[2]在 20 世纪 80 年代初期，伍尔夫与卡姆帕以身体作为研究主题，遭到了同行的质疑，但是在接下来的几年，身体研究已经在社会科学和文化科学中取得了重要进展。伍尔夫及其合作研究者出版了一系列著作，包括《身体的形象变化》(*Transfigurationen des Körpers*)、《灵魂的消失》(*Das Schwinden der Sinne*)等。[3] 在这些研究中，身体被赋予了多重含义。

首先，身体指生物学意义上的肉体，与体质人类学、生物人类学所研究的身体意义相类似。

其次，身体指历史文化中的身体，具有多样性和具体性，而非抽象、标准的固定形象。

最后，基于整体的人类形象关注身体，而非研究片面、局部的身体。作为德国教育历史人类学的研究起点，身体首先表现为生物学意义上的身体，其次才是历史和社会发展中的身体，继而是教育中的

[1] 梅洛·庞蒂.知觉现象学[M].姜志辉，译.北京：商务印书馆，2001：116.

[2] 据伍尔夫教授回忆，他当时提出“身体回归”时，很多人都表示不理解，但事实证明这一观点成为当今社会科学研究和德国教育人类学研究的重要研究领域。他不断强调，“身体回归”是研究教育乃至一切社会现象的起点，当然，也是理解伍尔夫本人以及 20 世纪 80 年代以来德国教育人类学的主线。

[3] 这方面的代表作还有：Kamper, D. *Der andere Körper*. Berlin: Verlag Mensch u. Leben, 1984. Kamper, D. [Hrsg.] *Das Schwinden der Sinne*. Frankfurt am Main: Suhrkamp, 1984. Kamper, D. [Hrsg.] *Transfigurationen des Körpers: Spuren der Gewalt in der Geschichte*. Berlin: Reimer, 1989.

身体及其意义。

（二）“身体回归”的思想基础

身体本是德国哲学人类学与人类学的经典研究主题。在人与动物的身体比较中，康德、普列斯纳等总结出人类的本质特征，他们认识到人类理性与其身体构成有直接关系，人的手、手指和指尖的形态构造为理性提供了基础。[1] 随着现代科学技术的发展，人类身体活动的重要性已经逐渐被机器和媒体取代，身体作为人类存在的基础正在逐渐消减，人类学研究领域中的身体也开始逐渐失去其基础地位。

以“身体回归”作为历史人类学思考的起点，本是与德国人类学和哲学研究传统的经典主题相契合的，但是在经历第二次世界大战之后的德国，重提身体却很难。除了现代科技进步所触发的身体隐退外，在德国讨论身体，还不免让人联想到纳粹时期的德国人类学家尤其是体质人类学家进行的研究，这些研究以身体特征鉴定为核心进行种族研究，为纳粹的暴行合法化提供了支持。[2]

鉴于以上两点原因，在德国讨论“身体回归”困难重重。尽管如此，“身体回归”仍然在德国历史人类学的倡导和努力下，重新成为人类学的重要研究领域，除了代表人物伍尔夫、卡姆帕等人的不懈努力之外，当代德国主流人类学的转向与重建也促成了“身体回归”。

1. 体质人类学在新时期的转型

从 20 世纪早期到纳粹开始掌握政权之前，德国人类学在民俗学、民族志和经济人类学、妇女人类学等领域都成就卓著。到了纳粹掌权

[1] 伊曼努尔·康德．实用人类学[M]．邓晓芒，译．上海：上海人民出版社，2012：203－205.
[2] 巴特，等．人类学的四大传统——英国、德国、法国和美国的人类学[M]．高丙中，主译．北京：商务印书馆，2008.

时期，德国人类学呈现出相对单一的研究取向，体质人类学家和社会文化人类学家中的大多数人成为纳粹集团的支持者或受害者。在这个时期，体质人类学同历史传播论、功能主义者等产生关联并被运用到殖民研究中，甚至成为纳粹杀人机器的一部分。在这一时期，以体质人类学为代表的人类学研究已经声名狼藉，甚至有研究者认为，“人类学的不幸历史，是由一种有确切科学依据和确切科学界定的种族概念招致的”。[1] 经过战时的关联与同化之后，体质人类学和社会文化人类学在 1945 年产生了分离。在此之后，无论是在学术训练、教学还是研究层面，体质人类学都独立于社会文化人类学，直到后期重新获得了自身的研究必要性，为重提人类身体的生物学属性提供了基础。

2. 德国人类学不断吸收新异质因素

同一时期，发端于 20 世纪初期的德国本土哲学人类学也遭到了怀疑与批判，到了七八十年代，德国本土民俗学和人类学的主要方向都开始转向历史人类学和文化人类学，将一些对学统的延续与更多的新型元素结合在一起。[2] 这些元素包含哲学人类学、社会学、历史学等学科的相关研究成果，尤其是生物学、社会学和文化学等学科关联意义上的身体研究，它们共同推动“身体”重新成为人类学的研究主题。

哲学人类学的两位代表人物普列斯纳和格伦，提出了对历史人类学具有重要启发的观点：

> 通过种族类型来理解人类是不可行的。人不能仅将自己的文化能力归功于语言和符号，还要归功于自己的感官和身体的种种

[1] Gerhard, H. Gottfried, K. Roesing, S. *Anthropologie: Fischer Lexikon*. Frankfurt am Mein, 1959: 7, 164.

[2] 巴特，等. 人类学的四大传统——英国、德国、法国和美国的人类学[M]. 高丙中，主译. 北京：商务印书馆，2008：176.

可能性，这也就意味着，如果要对人的特殊性进行研究，就必须要考虑到“动物本能和人的能力在人身上的交织体现”。[1]

上述观点被伍尔夫和卡姆帕等吸收，形成了关联普遍性和特殊性的总体基调，将身体作为探究教育、教养和学生社会化过程的基本载体。

马塞尔·莫斯倡导在社会学—心理学—生物学的三重范畴中研究人的身体。[2] 人行走时，胳膊的姿势、手的姿势构成了一种社会特异性。“如果你看到了一个孩子在吃饭时用肘撑着身体，而且不用餐时把手放在膝上，那么你可以准确地猜出这是个英国人。一位法国年轻人则不靠着桌子，他的双肘呈扇形展开，诸如此类。”[3]

诺贝特斯·埃利亚斯(Norbert Elias)认识到，在欧洲文明化的过程中，人类的身体被规训。对身体的控制影响到饮食习惯、社会行为以及情感世界。[4] 人类与其身体的距离逐渐变远，现代社会人与人的距离也越来越远，导致了自我控制与自我规训，在德国历史人类学研究者看来，这种自我控制与自我规训，也是人进行自我完善的方式。[5]

（三）“身体回归”引发的研究主题

20 世纪 80 年代初，德国历史人类学的主题有“身体回归”及其人类

---

[1] Plessner, H. *Die Stufen des Organischen und der Mensch*, *Einleitung in die Philosophische Anthropologie*. Berlin: De Druyter, 2011: 27. 该书于 1928 年首次出版。

[2] 马塞尔·莫斯. 社会学与人类学[M]. 佘碧君，译. 上海：上海译文出版社，2014：392.

[3] 同上：400.

[4] Wulf, C. *Anthropology: A Continental Perspective*. Chicago: The University of Chicago Press, 2013: 177.

[5] Kamper, D. *Anthropologie nach dem Tode des Menschen: Vervollkommnung und Unverbesserlichkeit Erstausg*. Frankfurt am Main: Suhrkamp, 1994: 132.

学意义、灵魂的余烬、神圣、美丽的外表、爱、死亡和安静等。[1] 其中，“身体回归”是历史人类学研究的起点。柏林自由大学跨学科历史人类学研究中心从人与其身体关系的历史演变出发展开历史人类学研究，他们关注身体形象、概念、身体实践与意义，研究方法多来自福柯(Michel Foucault)、霍克海默(Max Horkheimer)、阿德诺(Theodor W. Adorno)、埃利亚斯等，研究目的在于明确身体及其意义的演变，尤其关注新媒体、计算机等的使用对身体和认知的影响，以及身体呈现出的这些新特征给认知和想象力带来的影响。

最初关于身体的这些研究对之后德国教育历史人类学具有开创性和奠基性意义，为更新研究主题提供了基础。这些研究主题包括：将文化学习视为模仿学习，仪式和体语研究，身体的文化分析，对表演和想象力的研究等。这些主题的起点就是身体。可以说，没有“身体回归”以及相关研究，后续的教育历史人类学研究就缺失了独特的问题域，也难以形成富有开创性的研究。

由“身体回归”引发的德国历史人类学，名曰“历史”，实际上却是紧切时代脉搏。历史人类学开始于研究者对社会情况的认识与判断，以及由此带来的对人类形象认识的改变，包括外在身体的改变以及内在情感、情绪和认知等方面的变化。历史人类学并不是因为身体是当时社会学研究的重点而将其作为研究主题，而是认识到新社会情境引发的人类形象变化，以及身体在该变化过程中的关键地位。

受历史人类学影响形成的教育历史人类学主题，例如教育仪式、模

[1] Wulf, C. *Anthropology: A Continental Perspective*. Chicago: The University of Chicago Press, 2013: 119.

仿学习、动作语、表演性等，也逐渐获得关注，成为德国教育人类学的核心主题。[1]

值得注意的是，“身体回归”不仅引发一系列新的研究主题，尝试改变现代社会对身体作为人类存在基础的忽略，同时“身体回归”还提醒人们，过分关注身体有可能会带来危险。

1. “身体回归”引发对美的重新审视

现代社会忽略美的精神、情感、兴趣等内涵，一味强调美的开放特征，将其与视觉、身体的外在状态等相关联从而使其成为色情或暴力的动力。[2] 现代社会对审美的讨论不参考历史中美的研究，[3]而总是与身体相关，[4]作为年轻、色情、吸引力等的标志与迹象，对美的片面追逐会引发一系列儿童和青少年问题。

对身体外在状态的单向追求，框定了美的标准：年轻、苗条、倾向于欧洲人的形象等。这些标准对儿童和青少年没有好影响，反而会带来危险，如果谁不符合这些美的标准，谁就拥有错误的身体，[5]也就难以在同辈群体和社会生活中获得尊严。在现代社会中，人们对于完美身体的要求史无前例，完美的身体就意味着完美生活。在这种情况下，重新审视美的研究传统，改变现代社会将美与身体片面关联起来的做法，就成为必要的研究主题。面对这样的问题，德国历史人类学者系统地回溯传统中关于美的思想，希望以此来转变现代社会中将美与身体单向联系起来的片面做法。

从词源学来看，美的概念与认知、精神、情感、生活习俗和观念等方

[1] 张志坤.身体回归引发的教育反思——德国教育人类学家武尔夫思想述评[J].湖南师范大学教育科学学报，2011(2)：27－31.

[2] Zirfas, J., Burghardt, D. Ästhetische Anthropologie. Ein Erziehungswissenschaftlicher Problemaufriss. *Zeitschrift für Erziehungswissenschaft*, 2015(1): 27－49.

[3] Liebau, E., Zirfas, J. *Schönheit. Traum-Kunst-Bildung*. Bielefeld: Transcript, 2007.

[4][5] Böhme, G. *Natürlich Natur*. Frankfurt am Mein: Suhrkamp, 1992: 160－180.

面相关，美的历史同样也与活动、精神与观点的表达有关。[1] 美一方面具有经验属性，另一方面具有超然性，人的出现与存在同时也意味着对未来的承诺与预言。[2] 美可以表达为无限性，预示着生活的丰富，形成了生活中的财富以及不可抵抗性。[3] 从历史的角度看，美在古代是教育的基本媒介（konstitutives Medium），若无美，教育就无法成功。但美仅是一种教育媒介，因为作为人类学概念的美总是与社会道德观念、环境秩序、哲学观点等相关，人类的生活目标要参见美的观点，尽可能实现趋向完美和完善。美是社会政治、伦理等的凝聚。此种意义上的美具有一种特殊力量，不仅为人们开启了看待世界秩序的视角，同时也在引导并形成这种视角，为人的完善提供确定方向。美首先是外在表达，[4]不仅为人的存在提供可能性，同时也为人的存在提供有效条件。尽管美首先具有人类学—形而上学的含义，但美同时开启了人与其所在世界和周围事物的关系。

德国早期对美的教育中，席勒（Friedrich Schiller）的观点较有代表性，因为他实现了社会和政治视角以及人类学价值的汇合。从理性与情感的疏远、异化和不统一开始，从想象力开始，美作为一种生活形式，能够克服上述疏远、异化和不统一，美所引发的审美状态使理性与情感同时活跃，对断裂和异化的废除只有在游戏世界或者想象力世界中才有可能。审美状态与美一起使人成为人，并且同时成为人们精神和理性表达的动力。与美相遇的时刻可以被理解为社会与政治变化的时刻，与人的完善相关；政治乌托邦也开始于美的表达过程，存在于人的

---

[1] Barck, K., Fontius, M. *Ästhetische Grundbegriffe: Historisches Wörterbuch in Sieben Bänden*. Stuttgart: Metzler, 2002: 392.
[2] Menninghaus, W. *Das Versprechen der Schönheit*. Frankfurt am Mein: Suhrkamp, 2003.
[3] Kamper, D., Wulf, C (Hrsg.) *Der Schein des Schönen*. Göttingen: Steidl, 1989.
[4] Perpeet, W. *Antike Ästhetik*. Freiburg: Karl Alber, 1961.

理想之中。只有通过游戏中美的呈现,人才能够实现平等的思考能力。

整体而言,在过去几个世纪中,美通过道德、宗教和技术等的关联被予以使用或辨认,美因此成为审美思想的基础。[1] 人类学视野中的美与感情、兴趣或风味等概念有关,不能仅仅将美囿于身体的外在表达,从而遗失美的丰富内涵。

2. **“身体回归”引发的体语研究**

作为一种身体参与的综合运动,体语(Gestern)在人类的社会生活中起着重要作用。体语是身体的表达和呈现(Ausdruck und Darstellung),包含身体的动作、内在的意向、对世界理解的外在表达等。[2] 因为有身体的参与,体语才能够外显,并且能够通过模仿来实现。身体的表达也是内在意向的表达,在外在和内在的张力中,体语充当着媒介的角色。

伍尔夫将体语分为表现的体语和象征的体语。[3] 在教育中尤为重要的是表现的体语,表现的体语包含击打的体语、符号的体语等,例如双手合在一起做祈祷的姿势与两手合在一起放在身体的一侧作为劳累和睡觉的姿势,这类体语大多是超越特定文化边界的,也就是说,任何文化中的人都会理解这些体语。象征的体语则与文化背景密切相关,只有熟悉某种文化的人才能够理解象征的体语。以两类体语为载体,历史人类学形成了看待人类形象的双重视角:跨文化视角和文化视角。

德国历史人类学认识到体语在教育与社会化过程中的核心作用,但是其初期研究仅停留在对体语性质和作用的认识与确定。20 世纪 90 年代末,教育历史文化人类学研究者通过“教育仪式”这一研究载体,

[1] Wulf, C. *Anthropology: A Continental Perspective*. Chicago: The University of Chicago Press, 2013: 128 - 129.

[2][3] Wulf, C. Weigand, G. *Der Mensch in der Globalisierten Welt: Anthropologische Reflexionen zum Verständnis unserer Zeit*. Münster: Waxmann, 2011: 66 - 67.

经由长时间的田野研究和后期微观的过程分析，细致入微地探究体语在教育和社会化过程中的重要作用。

第二节

教育历史人类学的性质和研究主题

20 世纪 80 年代，经过对人类学知识的批判和反思，教育人类学关于人类形象的认识，就或明显或隐晦地成为教育学的基础。可以说，没有人类学知识，就无法充分理解教育实践和教学理论，每个教育学观点都开始于对人类形象的认识。接下来的问题是，在诸多人类学流派中，教育人类学为何要选择历史人类学？

原因之一是全球化使人们的生活状况发生了改变，也因此带来了人类学任务的转变，当代人类学已经不能仅停留在哲学反思或田野研究层面，还必须应对人类生活的新变化，而历史人类学在这一方面独具优势。原因之二是历史人类学旨在详细阐述“能够增进理解自身和世界的知识体系，并解释‘人类形象’的演变。这种人类学知识必须包含其对历史性和文化性的反思，因而能够在人类学观点的指导下提供一种指导教育的参考框架”。[1] 也就是说，人类学的知识体系能够提供独特的人类形象知识，从而为教育提供参考。

---

[1] 克里斯托夫·伍尔夫. 作为跨文化教育的教育：一场全球变革[J]. 北京大学教育评论，2010(10)：166.

历史人类学对人类形象的独特认识，加快了其与教育人类学相结合的步伐，推动了教育历史人类学的形成。教育历史人类学（Historisch-Pädagogischen Anthropologie）直译为“历史的教育人类学”，[1]“历史的”在这里是修饰“教育人类学”的形容词，不是指对历史进行教育人类学分析，也不是对教育人类学进行历史梳理。历史的教育人类学意味着教育人类学是在历史人类学影响下所进行的研究。

一、性质与内涵

整体而言，德国教育历史人类学具备四方面的独特性。

（一）形成开放的知识体系

教育历史人类学在知识形态上是跨学科的，不同学科的知识形态和研究方式都可以在教育历史人类学中互相作用，教育历史人类学也因此具有丰富的知识领域和研究视角。哲学、民族学、生物学、历史学、美学等各种知识都重叠交叉在教育历史人类学的知识形态中，这也决定了教育历史人类学没有自身明确而独特的知识体系，它只是一种科学的态度、观点和领域，并在自己的主题范围内解释教育中人的形象，同时将此视为其存在的根基。

（二）摆脱单一视角

教育历史人类学并不试图划清自己的职能范围，而是尝试摆脱从

[1] 克里斯托夫·武尔夫.教育人类学[M].张志坤，译.北京：教育科学出版社，2009：179.在本书中，译者张志坤将 Historisch-Pädagogischen Anthropologie 译为“历史教育人类学”，该术语实际上是“历史的教育人类学”，考虑到该词的汉语语意，本书将其译为“教育历史人类学”。

单一的视角去研究和看待人类学的话题及其相互间的关系。[1] 历史人类学、人类学和教育学的相关话题都是教育历史人类学的研究对象，包括人类存在的共有范畴，如人类的自然本性和身体特征、感觉与审美；影响教育过程的范畴，如生死、代际关系等；作为教育展开基础的内容，如时间与空间、体验与经历、友爱等。

（三）教育中人的形象的多层次研究结构

教育历史人类学不仅对教育中人的形象展开研究，同时也致力于对研究条件和研究情境展开研究。面对教育中人的形象这一核心研究对象，教育历史人类学从以下四个方面建立起自身的多层次研究结构。

结构一：澄清教育概念的历史变迁，例如教育中的“身体”，在古希腊和欧洲的身体概念体系中是不同的，澄清不同时期身体的演变过程，是研究的关键环节。

结构二：在具体的学科结构和文化背景中研究人，强调教育中人的形象不能脱离这两者的影响与限制。教育人类学研究应该尝试表达人类形象的某些共有特征在不同文化中的差异与变化，例如，德国人观念中的好运并非日本人心中的好运，[2]这一层次的研究需要在跨文化的田野研究中进行。

结构三：教育历史人类学持有反思和批判的视角，在异质的和不可通约的人类学语言中引入批判的视角，对激进的标准进行批判。从这点来看，教育历史人类学并不是完全开放的，它同时也有自己的边界，

---

[1] König, E., Ramsenthaler, H. *Diskussion Pädagogische Anthropology*. München: Wilhelm Verlag, 1980: 36 - 54.

[2] Wulf, C. Weigand, G. *Der Mensch in der Globalisierten Welt: Anthropologische Reflexionen zum Verständnis unserer Zeit*. Münster: Waxmann, 2011.

边界存在于教育中人的形象的适切性研究需要。没有标准、没有根基，也就无从进行反思与批判。

结构四：以教育历史人类学自身作为参照点，自我反思并尝试克服自身的理论和方法缺陷。把教育中人的形象始终置于动态变化之中，在历史变迁、时代环境和具体情境中，探索教育中人的形象，并以此为核心，探讨自身理论和方法的适切性。

（四）新型的知识获取方式

尽管强调反思与批判，但教育历史人类学同时也强调，仅仅依靠反思与批判，根本无法获取关于人类形象的知识。基于此种认识，教育历史人类学形成了自己的第四类学科属性——作为建构的人类学，强调通过思考人类存在的前提条件和环境，获得对人类形象的建构性理解。教育历史人类学坚信，传统人类学通过演绎获得知识的方式已经过时了，它应该发展成为一种“建构—反思的、过程的教育历史人类学”。[1]

整体而言，德国教育历史人类学的多元、开放、反思和建构特征，决定了它并没有界限明确的研究领域，同样也不拥有固定不变的研究方法和研究过程。可以确定的是，教育历史人类学拥有跨学科和建构—反思的知识属性，决定了它可以根据研究对象和研究问题的性质，在不同学科界限中获得相应的研究方式和研究视角；也决定了它能够时刻保持创新能力，对人类形象的变化与理解保持敏感，这是它作为一个独特的学术领域所具备的最重要特征，也是其核心价值所在。

[1] Wulf, C., Zirfas, J. *Handbuch Pädagogische Anthropologie*. Wiesbaden: Springer Fachmedien, 2014.

二、多样化任务设定

在确定自身独特学术属性的过程中，围绕教育中人的形象，德国教育历史人类学为自身设定了四个研究任务。

（一）理解人及其各种教育关系

一方面要理解处于教育和社会化过程中的人，关注这些过程对人类形象的塑造；另一方面，从教育人类学的学科层面，探索研究人类形象的具体方法。

（二）改变传统教育人类学视野中的人类形象

人类形象不仅是教育人类学的研究对象，实际上也是教育要努力达到的理想状态，是一种"教育之梦"（Der Traum der Erziehung）。[1] 传统教育人类学视野中的人类形象通常是男性、白人、欧洲、理性的、文明的、健康的、受教育的。在教育历史人类学看来，传统教育人类学对人类形象的固化认识必须改变，人类形象不再是不容置疑的标准与规范，而是一个开放的人类学问题，对这一人类学问题的探讨，是关乎教育人类学根基的本体性问题。

（三）在追溯历史中寻找真实有效的方法

德国教育历史人类学追溯人类的起源和人类受教育的历史，反思各种不同的人类学范式对人类形象的不同理解，从中找出真实有效的研究方法，尤其关注人类学与教育学的融合。

---

[1] Wulf, C. *Einführung in die Anthropologie der Erziehung*. Weinheim und Basel: Belze Verlag, 1994.

（四）研究教育中人的形象不同维度之间的关系

这方面的任务主要聚焦核心研究对象在不同方面的表现，以及各方面之间的相关联系。例如，研究人的完善和不可完善之间的张力，以及教育的可能性和限度，反对过分强调人的“生产力”和“可行性”，这与20世纪80年代出现的“人类的界限”“基因工程”等概念相关，这些概念认识到世界过度人化的危险，教育历史人类学因此强调教育人类学必须包含涉及自我理解的人类学批判。[1] 人类学批判主要针对人类形象的各种片面认识，例如，传统人类学和哲学在人与动物的比较中，形成对人类本质的认识，有可能造成对人类形象的简化，同时，当时流行在自然和文化的差异比较中展开研究，也有可能会造成对人类形象认识的割裂。所有这些，都是人类学批判的对象。人类学批判通过教育人类学的核心概念、模式、方法和研究过程等实现，系统探讨教育人类学的知识论得以存在的条件和基础，主要表现为对核心研究对象的构成机制进行反思。

三、研究主题的时代新塑

在《教育人类学引论》(*Einführung in die Pädagogische Anthropology*)一书中，根据人类学的思考方法和历史人类学知识，伍尔夫形成了一系列教育历史人类学研究主题，同时强调这些主题并没有固定的体系，而是处在互动之中。在肯定人类不可估量的能力和历史人类学知识结构的学科原则下，伍尔夫认为教育人类学的研究主题包含经验、图像、想

[1] Wulf, C., Zirfas, J. (Hrsg.) *Handbuch Pädagogische Anthropologie*. Wiesbaden: Springer Fachmedien, 2014.

象力等方面，[1]在《全球化时代中的人类：对于我们时代的人类学反思》(*Der Mensch in der Globalisierten Welt: Anthropologische Reflexionen zum Verständnis Unserer Zeit*)一书中，伍尔夫又将教育历史人类学的研究主题扩展到时间与空间、代际关系、游戏等方面。[2]在这些研究主题中，有一部分主题是对德国教育人类学经典主题进行的基于时代特征的再诠释，例如探讨游戏这一经典主题对儿童成长的意义；还有一部分主题来自新时代出现的各种新气象，例如图像时代中的人类形象更新及其对人类生活方式和教育过程的影响。无论是传统主题的重新诠释还是新时代生成的主题，教育历史人类学的研究都富有时代气息，并且与教育中人的存在与发展紧密相关。综合而言，教育历史人类学主要有三大核心主题，这些主题都源自“身体回归”，换句话说，三大核心主题都是“身体回归”在教育领域的具体化。

（一）模仿

教育历史人类学的代表人物格鲍尔和伍尔夫认为，“模仿是一种自我建构、自我形成、自我组织、自我指涉、自我保存的社会现实，借助社会模仿构筑社会现实的过程涉及社会因素、制度因素、个体因素，也涉及传统、虚构、言语形式和生活方式”。[3] 通过这一界定可以看出，德国教育历史人类学认为模仿对个体教育以及社会和文化发展具有重要作用，以下两项研究共同确认了模仿在德国教育历史人类学中的重要

[1] 此处的“经验”指来自生活中的实际经验，现代社会的学习不应该仅关注过去，而应该是生成的，综合吸收各种创造性的方式。这是新时期教育人类学要面临的一个新的研究主题。参见：Wulf, C. *Einführung in die Pädagogische Anthropology*. Weinheim und Basel: Belze Verlag, 1994.

[2] Wulf, C. Weigand, G. *Der Mensch in der Globalisierten Welt: Anthropologische Reflexionen zum Verständnis unserer Zeit*. Münster: Waxmann, 2011: 47 - 49.

[3] Gebauer, G., Wulf, C. *Social Mimesis*. Berlin: Akademie Verlag, 1995: 13 - 24.

地位。

其一，对模仿概念进行历史回溯与分析，确定模仿在教育历史人类学中的丰富内涵，肯定其本体性意义。就学科属性而言，教育历史人类学认为模仿不仅是美学和心理学的概念，而且也与人类学和教育学相关。就行为目标来看，模仿不仅仅与效仿有关，也与相似、表达、再现相关，模仿的行为目标是表达、制造相似、提前效仿等。[1] 就实现过程来看，模仿指代个体内部向外部的延伸，能够缩小个体与世界及他人的差距；就内涵来看，模仿包含身体的—感觉的层面，促使个体对其他的符号世界开放；就作用来看，模仿对儿童和青少年来说尤其重要，对理解儿童和青少年的教育过程和社会化过程也很重要，对人和社会的存在与发展具有本体性意义。

其二，通过对《1900 年前后柏林的童年》(*Berliner Kindheit um 1900*)的分析，肯定模仿在儿童成长和发展中的根本性作用。

在解释模仿内涵的时候，伍尔夫经常引用瓦尔特·本杰明(Walter Benjamin)在其自传《1900 年前后柏林的童年》中所描绘的许多孩童时期的回忆，比如场地、房屋、街道、空间、物体和事件，并讲述了这些事物对于自己成长的意义。通过对物体、场景和事件的回忆，本杰明表达了他对自己儿童时期的独特看法。他记忆中的景象不属于传统自传的程序内容，也不是为了探寻自我认知和自我意识发生的根源；它们由个人的经历组成，这些经历记述了童年时期愉快与恐惧的感觉，但并没有将儿童自己作为这个"展现自我"过程的主角。这些极具个性化回忆的框架表现在对地点——柏林，以及对时间——1900 年前后的描述中。本

[1] Wulf, C. *Einführung in die Pädagogische Anthropology*. Weinheim und Basel: Belze Verlag, 1994.

杰明在对这些事物的含蓄思考中，表现出一种典型的历史人类学分析。[1] 伍尔夫很喜欢引用本杰明的这本自传，认为其中的描述肯定了“儿童具有使自己和世界发生联系的模仿能力”，认为这种能力能够沟通儿童自身与世界。本杰明在自传中提供了很多关于模仿的例子，通过本杰明的这本自传，伍尔夫从中获得启发，界定了模仿在儿童成长中的作用。[2]

第一，儿童具有使自己和世界发生联系的模仿能力，这种能力使得儿童自身与世界相似，并可以通过语言和文字对世界进行解读。通过模仿与世界相似，是儿童成长发展的重要因素，随之，儿童慢慢地建构着自己与世界、语言和自身之间的联系。在这些过程的影响下，儿童进入符号世界的结构和力量关系之中。儿童对世界进行模仿的机会是成长的前提条件，它影响儿童感受能力、情感反应的水平。

第二，在模仿过程中，儿童通往外部世界的桥梁被建立起来。在模仿行为的中心位置，存在一个“他者”的参照体，它不能被内化，但如果有了它，个体就能够努力变得与它相似。在这种运动中，存在一种行为的停顿、一种被动的瞬间，它是“模仿冲动”的特征。

在肯定模仿之于儿童成长意义的基础上，伍尔夫进一步肯定了模仿对个人与社会的本体性意义。第一，人与世界是一体性的模仿关系，模仿为看待人类社会与文化学习提供了新的载体与视角。在模仿过程中，人们与外在世界的相遇和自我表达是同时进行的，因此拓展了自我，将世界纳入自己内在的精神世界，世界的外延也在人的内化中不断延伸。[3] 第二，模仿本质上是人与社会的存在方式。与他人求同的情

[1] 克里斯托夫·武尔夫.教育人类学[M].张志坤，译.北京：教育科学出版社，2009：93.
[2] 同上：97.
[3] 邱关军.伍尔夫模仿学习理论述评[J].全球教育展望，2013(9)：26.

感需求和与社会情境相适应的行为动力，稳固了人与社会之间以及人与人之间的协调性。与情境相适应并求得与社会相似，是个体掌握社会技能并融入某种社会情境的前提。第三，模仿具有审美特征。在内在图像和外在图像、自我图像与"他者"图像、旧图像和新图像的相互关系中，模仿引导着人们的想象力和审美体验。第四，文化学习需要在模仿过程中进行，模仿过程由学习者的身体性、感觉能力和多面特征组成。模仿学习在创造性的效仿过程中发生，在这种创造性的效仿过程中，趣味因素和仪式因素发挥着重要作用。模仿学习过程因为事物和媒体的表演性得以进行，实践知识在这个过程中形成。[1]

德国教育历史人类学强调，教育(Erziehung)、教化(Bildung)、社会化(Sozialisation)和文化适应过程(Enkulturation)等都是在模仿过程中进行的。[2] 模仿过程不是纯粹的效仿过程，而是在相似和调整中形成的多方面创造过程，[3] 儿童在这个过程中参照他人并同时通过模仿形成关于他人的印象。[4] 在模仿过程中，人们不仅参考他人，同时也参考社会和文化行为，例如游戏和体语等外显行为。[5] 模仿在空间和物体使用、有关回忆和未来的事情中都起着重要作用，这也构成了重要的学习机制。在任何情况中，人们都会通过模仿形成一种社会行为感觉的关联，精神图像在其形成过程中发挥着重要作用。很多社会行为都

---

[1] Wulf, C. Die Mimetische Aneignung der Welt. *Zeitschrifrt für Erziehungswissenschaft*, 2013(16): 1-13.

[2][3] Wulf, C. *Einführung in die Pädagogische Anthropology*. Weinheim und Basel: Belze Verlag, 1994.

[4] Bayertz, K. *Der Aufrechte Gang. Eine Geschichte des Anthropologischen Denkens*. München: Beck, 2012.

[5] 这方面的代表研究有：Gebauer, G., Wulf, C. *Mimesis. Kunst, Kultur, Gesellschaft*. Reinbek bei Hamburg: Rowohlt-Taschenbuch-Verlag, 1998. Gebauer, G. Wulf, C. Spiel, Ritual, Geste. *Mimetisches Handeln in der Sozialen Welt*. Reinbek bei Hamburg: Rowohlt-Taschenbuch-Verlag, 1998. Gebauer, G. Wulf, C. *Mimetische Weltzugängesoziales Handeln — Rituale und Spiele — Ästhetische Produktionen*. Stuttgart: Kohlhammer Verlag, 2003.

要求人们共同参与、共同行动并且做出相应的回应，而模仿则在其中起着重要作用。

（二）想象力

长期以来，“理性的人”被当作教育中人的形象的理想状态，想象力在理想的人类形象中总是处于边缘状态，这主要源于想象力的消极作用：

✓ 在经济和政治中得到广泛利用，导致意识形态与想象力结合，想象力因此被视为经济和政治的控制手段。

✓ 想象力多被定位于私人的、半意识的领域，与理性的人的标准相悖，想象力因此被视为教育的“大敌”，欲除之而后快。

过分关注想象力的消极作用，导致想象力的积极作用被忽略。事实上，想象力具有吸收、复制和创造的能力，在人类的种系发育和个体发育中的作用不亚于语言，在教育中同样发挥着不可替代的作用。在德国教育历史人类学兴起的时代，新媒体使世界图像丰富起来，人们生活在图像时代，随手可见的各类图像，促使人们的生活方式和教育方式出现了图像转向，长期被忽略的想象力，开始逐渐发挥其之于社会和教育的影响力。[1] 在此情况下，教育历史人类学开始关注想象力的教育意义。

教育历史人类学的另一位代表人物，伍尔夫的好友卡姆帕对想象力进行了更为细致的解释。在卡姆帕看来，想象力是一个历史概念，在人们的生活中，想象力成为真实的对立面而遭到长久忽视，尽管两者并不存在关联，想象力是否具有教育价值，以及在何种层面上能够发挥其

[1] Wulf, C. *Education for The 21st Century. Commonalities and Diversities*. Münster, New York, Berlin: Waxmann, 1996: 52.

教育价值，取决于想象力与何种认识活动产生关联。在德国教育历史人类学看来，此种关系视角是探究想象力蕴含的教育价值的关键所在。也就是说，想象力与不同的认识活动结合，会有不同的表现形式。[1]

第一，想象力的基本认识活动并不是像人们通常所认识的那样，是作为真实的对立面出现，想象力实际上与真实无关，而是更多关涉人类面对刺激时所形成的感觉、对危险和膜拜等刺激的警惕。[2]

第二，与想象力相关的记忆，并不是要回到一个和谐的状态，而是一种给事物定位的能力，与想象力有关的虚构、发现等活动，是沿着“将图像看作图像”的方式进行，也就是说，想象力与相关认识活动相结合的关键在于图像。[3]想象力除了与某些认识活动密切相关，也与身体实践及其表演性密切相关，例如在仪式、游戏、体语以及家庭幸福的研究中，明确显示出在模仿过程中，社会和文化实践能够通过想象力的参与，对个体所接触到的图像进行创造性地接受、维持和改变，并形成个体新的精神图像。[4]

在《人类的图像：文化的想象和表演基础》中，伍尔夫认为新媒体促使现代人进入图像时代，[5]图像时代中的人必须借助想象力形成自己的社会和文化，这主要通过想象力引发的教育功能来实现，教育历史人类学因此将想象力作为核心研究主题，认为其具备三重意义。

第一，想象力作为教育途径和手段，被认为是影响儿童创造能力的重要途径。尤其是在图像时代，文字被各类图像取代，改变了传统的学习媒介和学习过程，这一过程尤其需要与之相应的学习机制出现，而想

[1] Wulf, C. *Vom Menschen: Handbuch Historische Anthropologie*. Weinheim: Beltz, 1997: 594.
[2][3] 同上：592.
[4] Jörg, Z., Wulf, C. *Ikonologie des Performativen*. München: Fink, 2005: 230.
[5] Wulf, C. *Bilder des Menschen. Imaginäre und Performative Grundlagen der Kultur*. Bielefeld: Transcript Verlag, 2014.

象力恰恰是此种学习机制中的关键因素。

第二，想象力是人在图像世界中的基本生存方式。人通过想象力形成社会与文化，在此过程中的想象力不仅与记忆、遗忘等意识活动相关，同时与人的身体实践及其表演性相关，想象力也因此引发了看待个体生存方式、社会和文化形成过程的新视角，以系统而又具体的方式，实现了教育历史人类学更新教育中人的形象的研究目的与研究期待。

第三，想象力改变了教育领域中经典的人类形象。教育中理想的人类形象长久以来都是由理性主导的，与想象力无缘。图像时代促使德国教育历史人类学将想象力纳入理想的人类形象中，更新了对教育中人的形象的传统认识，使教育人类学的研究对象具备了切合时代的气息，也赋予德国教育人类学关切现实的路径与方法。

（三）图像

随着多媒体技术的深入发展，图像在各种媒体技术中得到整合，开辟了人类生活的图像化形式。针对此种状况，德国教育历史人类学作出判断：后符号化交往形式和交互视觉真相对人类的生活、学习和教育产生了不可估量的影响。[1] 在这种背景下，卡姆帕在《关于人：历史人类学手册》中提出了这样的观点：现代社会中的人并不是生活在物质世界中，也不是生活在语言世界中，而是生活在图像中，人们在图像中形成世界，并在图像世界中界定自己与“他者”。[2] 卡姆帕肯定了现代社会中人与图像的依存关系，包括教育在内的人类一切生活形式都与图

---

[1] Wulf, C. *Bilder des Menschen. Imaginäre und Performative Grundlagen der Kultur*. Bielefeld: transcript Verlag, 2014.

[2] 《关于人：历史人类学手册》于 1997 年出版，卡姆帕将该时期人的生活方式界定为“人生活在图像中”，参见：Wulf, C. *Vom Menschen: Handbuch Historische Anthropologie*. Weinheim: Beltz, 1997: 591.

像密不可分，将图像视为人类存在与教育的关键因素。

在肯定图像教育作用的同时，教育历史人类学进一步探讨图像发挥教育作用的具体过程。想象力正是在这个层面上与图像时代的人类形象及其教育结合起来，即人类在图像世界中的一切生活都与想象力有关。图像是想象力的前提，正是图像时代的到来，想象力才可能在传统的理想人类形象中获取一席之地。图像也是想象力的媒介和载体，想象力的教育作用只有在图像中才有可能实现。同时，想象力也是保证图像发挥作用的基本认识活动。

1. 图像的内涵与教育意义

卡姆帕认为图像至少具有三方面意义——作为神奇的呈现、作为艺术化的再现、作为技术性的效仿，三者中也有交叉重叠。[1] 伍尔夫认为图像可以作为神奇的呈现、作为模仿的再现、作为技术性的效仿。[2] 图像作为神奇的呈现，主要是关于宗教图像，这种类型的图像一般都具有神圣的力量。伍尔夫强调模仿的再现，主要是强调人类身体的图像如何通过模仿真实生活而形成。[3] 人类呈现身体图像的过程也是人类理解自我和理解外在世界的过程。伍尔夫所讲的模仿，主要指人类通过模仿生活情境中的人而再现人的身体图像。身体图像是人类形象的重要部分，通过身体图像，既能够看出个体对自我的理解，又能够探得历史、生物、文化等因素对人类形象的塑造。卡姆帕和伍尔夫所讲的技术性的效仿主要是我们通常所理解的图像形式，如照片、电影和视频中的图像，这些图像尽可能地展示真实，力求真实地呈现事物。

---

[1] 卡姆帕对图像的这一分类为后来的教育历史人类学研究所沿用。可参见：Wulf, C. *Anthropology: A Continental Perspective*. Chicago: The University of Chicago Press, 2013: 251 - 274.

[2] Wulf, C. *Bilder des Menschen. Imaginäre und Performative Grundlagen der Kultur*. Bielefeld: Transcript Verlag, 2014: 44.

[3] Schäfer, G., Wulf, C. *Bild-Bilder-Bildung*. Weinheim: Basel, 1999.

在图像时代，图像对人的教育和社会化过程具有重要作用，在图像的帮助下，人的教育从想象力开始，在图像和想象力的共同参与下，人进入某种特定的文化。在当代德国教育历史人类学看来，图像和想象力具有密切关联，想象力以及表演性是图像世界中的人进行认识活动的基本机制，德国教育历史人类学对这一主题的讨论集中体现在伍尔夫的《人类的图像：文化的想象和表演基础》[1]一书中，其核心主题是肯定图像在人类生活中的作用，主要表现在图像通过想象力和表演成为文化的基础。在肯定这一认识的基础上，德国教育历史人类学围绕两大问题展开研究，探讨图像和想象力在人们生活中的作用。

问题一：在人们对世界、对他人和对人类自我的理解中，图像和想象力发挥着什么作用？

问题二：图像和想象力在日常生活、文学和艺术中具有什么样的意义？

第一个问题讨论图像对社会和个人存在的本体意义，关注图像如何影响人的思维方式和行为方式，如何影响人与“他者”的关系进而影响社会的运行方式。第二个问题更多关注图像和想象力作为一种媒介，如何展现日常生活，并在此基础上塑造人类形象。第一个问题的重点在于图像的建构作用，第二个问题的核心在于图像的展现作用，两方面作用密不可分，也构成了图像和想象力的双重机制，赋予图像和想象力以根本价值，肯定人在接受图像的过程中，也能够进行建构。德国教育历史人类学更加侧重于第一个问题的研究，这也是图像研究中的根本性问题。

2. 图像如何塑造个体和社会

图像对个体和社会的塑造功能，通过表演和想象力的共同作用来

---

[1] Wulf, C. *Bilder des Menschen. Imaginäre und Performative Grundlagen der Kultur*. Bielefeld: Transcript Verlag, 2014.

实现。图像有表演性的方面，社会图像的表演性尤为明显，这形成于社会行为的场景布置和表演性过程中。德国教育历史人类学主要通过具体而独特的社会行为来研究和解释图像的表演性特征对人和社会的影响，最具代表性的是他们对教育仪式过程的研究。

特定的仪式布局会通过场景布置和表演性形成特定的图像，并形成仪式参与者和观看者特定的情感和行为。仪式所展现出来的图像在仪式行为中体现着社会的自我表达。仪式中形成的图像与神秘的力量相伴，在仪式图像表演性的帮助下，仪式的参与者和观看者能够形成共同的归属感，并且加强仪式参与者对社会的信任。仪式参与者也能因此形成集体的和个体的想象力，[1]不同仪式主体的行为和情感也由此得到关联。

仪式所呈现的图像若要发挥作用，必须在仪式参与者的头脑中形成多重刺激和精神图像。[2] 在仪式推进的交往过程中，图像作为刺激上演并不断形成精神图像，而想象力在精神图像的形成过程中发挥着重要作用，想象力在形成新内在图像的过程中，也要以原有的内在图像为基础。没有想象力和精神图像，社会行为永远处于感觉的外部且永远不可能被仪式参与者获取。精神图像需要已经存在的精神图像世界去理解社会行为，并且参照新的感觉，在想象力的参与下形成特定的行为。在这个过程中，视觉扮演着重要作用。[3] 视觉是精神图像发挥其社会作用的重要机制。具体而言，外在图像通过其表演性特征和想象力的参与，形成了人类的精神图像，精神图像从儿童早期就开

---

[1] Belting, H. *Bild-Anthropologie. Entwürfe für eine Bildswissenschaft*. Münschen: Fink. 2001: 211.

[2] Mentale Bilder，也称作内在图像，是相对于外在的图像形式而言的，在这部分论述中，没有形容词进行特别限定或说明的图像，都是指外在图像。

[3] Wulf, C. *Bilder des Menschen. Imaginäre und Performative Grundlagen der Kultur*. Bielefeld: Transcript Verlag, 2014: 123.

始形成，并在特定的历史与文化环境中得以塑造，为人类提供了视觉能力。没有这些精神图像以及由此形成的“看”的能力，人在社会中是没有立场、没有位置的。在教育历史人类学看来，视觉具备三重内涵：

内涵一：视觉并不仅仅指作为人类基本生理行为的“看”，而是将“看”与社会意义结合起来，将其与关于社会整合和布局的视觉联系起来，这样的视觉是可以学习的；

内涵二：在视觉的掌握和作用发挥过程中，精神图像起着核心的、不可替代的作用；

内涵三：在人们形成对社会行为的视觉过程中，精神图像并不能孤立地发挥作用，只有在精神图像与历史和文化图式的互动中，具有社会意义的视觉才有可能形成。[1]

除了视觉，精神图像的形成还受模仿的影响。在模仿过程中，人们把外在世界的事物和图像转化为内在图像的一部分，同样，模仿也能够把人的内在世界转化为外在世界。以想象力为中介的模仿，是外在世界和内在世界之间的桥梁，模仿把事物（文化的或自然的）、图像和社会行为变成想象的一部分，当模仿过程指向文化产品时，将这些文化产品整合进想象，就是一个非常复杂的过程。[2] 例如，各种图像和事物充斥了人们的日常生活，交通指挥灯、电视和手机等都是日常生活整体中的一部分，这些客观事物都与行为过程相关。在模仿过程中，人们对客观事物的需求都需要社会行为先行。任何行为都是在之前行为基础上的新塑，因而不存在单纯的复制，每个新行为都是在最新的场景布置和

[1] Wulf, C. *Bilder des Menschen. Imaginäre und Performative Grundlagen der Kultur*. Bielefeld: Transcript Verlag, 2014: 124.

[2] Wulf, C. Die Mimetische Aneignung der Welt. *Zeitschrift für Erziehungswissenschaft*, 2013(16): 1 - 13.

表演过程中形成的。[1] 在模仿和想象整合事物和图像的过程中，仪式和仪式化具有尤其重要的意义，这在柏林仪式—体语研究（Berliner Ritual- und Gesten-Studie）中体现得特别明显。这项持续了12年的研究对家庭、学校、同辈群体和媒体四个领域，[2]以及图像和事物的表演性进行研究，把图像、想象力和模仿等与人类形象结合起来，一方面探讨图像和想象力对人类存在的本体价值，另一方面将这些本体价值落实到人类具体的社会生活和教育过程中，探讨其具体实现机制，例如各种各样的仪式。

3. 精神图像形成的影响因素

在精神图像的形成中，社会阶级、性别、宗教等因素起着重要作用，因为这些因素会影响惯习（Habitus）。除了这些因素以外，精神图像也与社会领域（Sozialen Felder）相关。[3] 政治、经济、宗教、教育和艺术等都属于社会领域，按照教育历史人类学的观点，每个社会领域都有自己独特的动力与逻辑，在不同领域中工作的人们，都会受到特定条件的规定。例如，学校中的学习过程要通过教师和学生之间的差异与互动，以及学校固定的质量、选择和分配功能来实现，这些条件都是影响学校

---

[1] 教育历史人类学对模仿的研究涉及多领域，包括艺术、文化和社会中的模仿，游戏、仪式和体语中的模仿行为研究，社会行为中的仪式与游戏及其审美意义。这些方面的研究具体可参见：Gebauer, G. Wulf, C. *Mimesis. Kunst, Kultur, Gesellschaft* (Aufl. 2). Reinbek bei Amburg: Rowohlt-Taschenbuch-Verlag, 1998. Gebauer, G. Wulf, C. *Spiel, Ritual, Geste. Mimetisches Handeln in der Sozialen Welt*. Reinbek bei Amburg: Rowohlt-Taschenbuch-Verlag, 1998. Gebauer, G. Wulf, C. *Mimetische Weltzugänge: Soziales Handeln-Rituale und Spiele-ästhetische Produktionen*. Stuttgart: Kohlhammer Verlag, 2003.

[2] 柏林仪式—体语研究在这四个方面的代表作可参见以下三本成果汇编：Wulf, C., Birgit, A. *Bildung im Ritual: Schule, Familie, Jugend, Medien*. Wiesbaden: VS Verlag für Sozialwissenschaften, 2004. Wulf, C., Birgit, A., Gerald, B., Nino, F. *Lernkulturen im Umbruch: Rituelle Praktiken in Schule, Medien, Familie und Jugend*. Wiesbaden: VS Verlag für Sozialwissenschafte, 2007. Wulf, C., Birgit, A., Kathrin, A., Gerald, B. *Die Geste in Erziehung, Bildung und Sozialisation: Ethnographische Feldstudien*. Wiesbaden: VS Verlag für Sozialwissenschaften, 2011.

[3] Wulf, C. *Bilder des Menschen. Imaginäre und Performative Grundlagen der Kultur*. Bielefeld: Transcript Verlag, 2014: 124.

运行过程的动力和逻辑。尽管学校作为社会领域能够对教师形成结构化的影响，但教师仍然有自我决定的可能性，精神图像在教师的自我决定中扮演着重要角色。在精神图像的帮助下，教师能够对教育中的差异进行不同的利用，没有这些不同和差异，教育和教育任务就会面临危险，教育过程也会僵化或同一化，与教育目标相背离。教师在日常生活中形成的精神图像会影响教师的世界观、社会理解和教育教学行为。在图像的影响下，社会行为会形成不同的关联，并且形成不同的图像联系，并在此基础上建立起不同的记忆以及对未来的设想，从而形成自己在专业生活中的动力。

第三节

教育历史人类学的方法论特征

教育历史人类学在 20 世纪 80 年代形成并成为主流，就其核心研究对象和研究范畴来看，它并没有完全摒弃德国教育人类学的研究传统，而是在继承中有所创新。

一、对德国教育人类学传统的延续与创新

教育历史人类学继续研究教育中人的形象，同时为该研究对象提供历史的维度与视角；继续关注教育人类学与普通教育学的关系，同时对该关系的内涵予以新塑。经由教育历史人类学的继承与转化，德国

教育人类学在20世纪80年代开始繁荣起来。

(一)时代特征重塑下教育中人的形象

教育历史人类学继续以教育中人的形象作为核心研究对象,实际上,教育中人的形象是人类形象在教育中的具体体现,人类形象的引领作用始终是教育顺利进行的灯塔和路标。在一定意义上,教育中人的形象就是人类的教育之梦,对美好的教育中人的形象的追寻,也应成为一切教育实践的理想。教育中人的形象是不同取向的德国教育人类学的研究对象,同时也是其共同追求的目标。尽管继续以教育中人的形象作为研究对象,德国教育历史人类学也认识到这一研究对象在新时期所经历的变化,正如齐法斯和伍尔夫等人的判断:

> 从20世纪80年代末以来,德国教育人类学的新概念包含从历史、多元论、批判和自我反思中形成的教育中人的形象,使双重历史性(Doppelten Historizität)变得明显且重要起来,包含人类在过去历史中发生的重要改变,以及关于人类的研究方法在此期间发展形成的不同方向。教育人类学因此形成了不同的研究方向和研究主题:人类的本质是否与上帝相似,人的本质是由早期哲学反思形式来决定,还是由新时期的基因学或生物学来决定。[1]

从中可以看出,立足于新时代,教育历史人类学在反思、批判与重建中,形成了思考教育中人的形象的四个视角:

视角一:肯定德国教育人类学传统对人类教育本质的判断;

[1] Wulf, C., Zirfas, J. (Hrsg.) *Handbuch Pädagogische Anthropologie*. Wiesbaden: Springer Fachmedien, 2014.

视角二：反思人类形象的演变历程；

视角三：探究新的时代特征和新型学科对教育中人的形象的规定与影响；

视角四：在系统比较中探究适切的方法。

在具体研究过程中，教育历史人类学对教育中人的形象的继承，首先体现在继续肯定人类具有纯粹的教育本质。[1] 这一观点在 20 世纪 60 年代初期受到洛赫的关注，他明确肯定，若无教育，人将不可能成为人，肯定人类具有教育本质。[2] 博尔诺夫也肯定人类的教育本质，“不能把教育作为一种独立的现象，而是把它作为一种不可缺少的、对于人类的整个认识起决定性作用的条件，即把人理解为可教育的动物”。[3] 教育历史人类学用人是纯粹的教育生物来体现德国教育人类学视域中人类形象的特征与研究传统。

其一，教育人类学必须从教育的必要性和可能性问题出发。无论是从人类学观点出发，还是在过去几个世纪的精神科学、自然科学和社会科学背景中，德国教育人类学总是在证明，人类是具有教育必要性的生物。教育人类学还关注另外一个重要方面——人的教育可能性。德国教育人类学正是建立在这两个基础之上，无论经历怎样的内涵或外延的转变或变迁，当代德国教育人类学始终没有改变教育中人的形象的这两个最基本范畴。

其二，教育人类学的上述两个基本范畴，是教育中人的形象的典型特征，贯穿于德国教育人类学研究的全过程，当然包括教育历史人类学

[1] Wulf, C., Zirfas, J. (Hrsg.) *Handbuch Pädagogische Anthropologie*. Wiesbaden: Springer Fachmedien, 2014.

[2] Loch, W. *Die Anthropologische Dimension der Pädagogik*. Essen: Neue Dt. Schule Verl. -Ges., 1963: 95.

[3] 博尔诺夫. 教育人类学[M]. 李其龙，译. 上海：华东师范大学出版社，2001：29.

的研究。教育历史人类学认为教育中人的形象可以概括为“人类纯粹的教育的本质”，具体表现在以下几个方面：

√ 人具有受教育的本质，人一方面是可教的（也就是说，人有受教育的能力，并且有教育的必要性）；另一方面，人能够进行自我教育；

√ 人具有学习的本质，具有学习的能力和学习的必要性；

√ 人具有自我教育的本质；

√ 人具有被教的本质；

√ 人最终还具有社会化和文化学习的本质。[1]

尽管延续了人类教育本质的研究传统，但教育历史人类学同时认为，本质存在于非本质之中，教育中人的形象无法脱离历史背景而形成。本质只存在于独特性、自然特性、物质、意义或者真实性中。非本质属性可以归纳为自由、教育属性、可塑性以及自我确定的能力。[2]本质研究最终都要通过非本质特征来实现，人类普遍性的尝试，最终总是形成这样的结果——人类的确定性就是其不确定性。正是在这一旨趣的引导下，教育历史人类学将历史思维引入人类教育本质的思考中，将时代特征引入教育中人的形象中，在批判反思与探究过程中，对研究主题、研究方法等进行讨论，思考教育中人的形象与新时代特征的关联。

20 世纪 80 年代，面对教育中人的形象，德国教育历史人类学充当了综合者和反思者的角色，结合该时期教育中人的形象出现的新特征，对之前的哲学思辨方法、经验研究方法等予以反思，在此基础上进一步创新知识属性，更新研究方法，改变思维方式等，实现了教育中人的形象的研究方法论突破，使教育人类学能够回应人类形象的新变化。在

---

[1][2] Wulf, C., Zirfas, J. (Hrsg.) *Handbuch Pädagogische Anthropologie*. Wiesbaden: Springer Fachmedien, 2014.

此过程中，德国教育历史人类学也赋予了人类形象新意，认为它并不仅是对真实人类世界的简单呈现，而是基于不同的历史文化背景，对人类生活实际的表达，因此认为主题的研究不可脱离历史与社会现实，同样也离不开多样化的研究方法。至此，德国教育人类学对教育中人的形象的研究，经由教育历史人类学获得延续与创新。

（二）延续并重释德国教育人类学与普通教育学的关系

德国教育人类学的一大特色是与普通教育学的发展密切相关，教育人类学很多时候是作为普通教育学的基础而存在的。在经历了一段时期对人类学知识的批判与反思之后，因为简化、意识形态化、潜在战争可能性的消失，从 20 世纪最后 20 年起，德国教育学开始提出人类学问题。此后，教育人类学关于人的可塑性和确定性的观点，或明显或隐晦地成为教育学的基础，影响教育方式和教育目标，可以说，没有教育人类学知识，就不能充分理解教育学理论和教育学实践，每种教育学都尝试形成自己的教育人类学基础。从 20 世纪 80 年代开始，教育历史人类学延续了对这一传统问题的关注，继续将教育历史人类学研究与普通教育学结合起来。具体体现在两个方面。

第一，对教育学核心概念进行人类学分析。

基于教育人类学视角，对卢梭、裴斯泰洛奇、洪堡、狄尔泰等人的教育思想进行人类学分析，揭示他们如何通过界定教育中人的形象来引导人类的教育梦想，并影响教育实践。[1] 如此分析的目的在于，基于教育历史人类学的开放性和历史性特征，以及由此引发的新型认识论和提问方式，还可以从传统教育学的核心概念中获得那些未被察觉的

---

［1］ 克里斯托夫·武尔夫. 教育人类学[M]. 张志坤，译. 北京：教育科学出版社，2009：1－29.

人类学意义。在这个过程中，教育思想的历史借助教育中人的形象的解构过程获得新意，教育历史人类学也在此过程中寻找自己的研究空间。

由此可见，虽然教育历史人类学延续了普通教育学与教育人类学的关系，但这一关系的内涵和意义已经发生了转变。在 20 世纪 60—70 年代，教育人类学因为对教育中人的形象的独特认识，为普通教育学获得独立地位以及与其他人文学科平等对话的机会贡献力量。经过几十年的发展，教育历史人类学对这一关系的处理已经发生了转变，在延续教育人类学为普通教育学的发展奠定基础的同时，思考教育人类学能够从普通教育学未能触及的研究中获得何种启发，这一关系的重心不再是普通教育学，而是落在了教育人类学，思考普通教育学何以能为教育人类学成为一个独特的研究领域提供思想基础。至此，德国教育人类学传统中的一对核心关系发生转变。

第二，教育历史人类学的某些主题引发新型的教育学思考。

尽管教育历史人类学开始思考教育人类学作为一个独特领域的可能性，但它也并没有完全抛弃与普通教育学的关联。不过关联的内涵与轨迹已经发生变化，在 20 世纪 80 年代之前，教育人类学主要通过回答普通教育学的基础问题来与普通教育学产生关联。这一时期的德国教育人类学实际上并没有自身独特的研究问题域，到了 20 世纪 80 年代，在教育历史人类学的努力下，德国教育人类学开始通过形成自身独特的研究主题来为普通教育学贡献力量。例如，根据文化科学和社会科学中出现的表演转向，教育历史人类学将表演视为其重要的主题，[1]并将其与普通教育学的发展结合起来，代表人物是伍尔夫和齐

[1] Fischer-Lichte, E, Wulf, C. Theorien des Performativen. *Paragrana. Internationale Zeitschrift für Historische Anthropologie*, 2001(10): 1 - 13.

法斯，他们将表演运用到教育学研究中，形成基于表演的教育学理论。尽管教育学此前已经出现了与表演相关的研究主题，例如语言、身体、社会化、人的行为和能力等，但尚未系统地从知识论和方法论层面探讨表演视角带给教育学的变化。伍尔夫和齐法斯开创了表演教育学，在已有相关表演主题的基础上，从教育人类学和教育学相互关联的意义上，探讨表演对教育学的意义。

从德国教育历史人类学的发展来看，表演能够丰富教育学，为教育学看待人类形象贡献新视角。在表演的视角下，教育事实不仅是可以阅读的文字，而且是充满情境、主体参与和各种互动的复杂景象，这种认识改变了传统教育学看待教育事实的静态模式。此种模式主要以解释学方法为代表，该方法在解释教育真实的过程中，将教育实践看作可以阅读的文本，并透过这些问题来理解、解释和反思教育，这是传统教育学研究方法论的前提条件。尽管传统教育学也关注历史和文化对教育实践的影响，但对其中的静态式解读则无法关注其中蕴含的情境与互动。表演视角改变了这种研究方法，并为教育学的发展引入三种新视角。

1. **过程视角**

将教育过程和学习过程作为交往过程来看待，其中身体行为和语言行为互相重叠，社会场景和模仿过程在其中具有重要作用。

不可否认，传统教育学的解释学方法也关注交往过程，但解释学对此的研究方式是通过文本阐释来揭示人的内在世界与外在世界的交往关系。不同于教育历史人类学的表演视角对教育事实的研究方式，此种方式尝试在动态的过程中展开研究，重点考察了教育过程和社会化过程中仪式和体语的表演意义，尤其是教育实践中的场景布置与表演性的重要作用。教育历史人类学不仅关注教育意图和教育目的，更加关注教育意图和教育目的的具体实现过程,教育中各种行为的身体属性、行为方式和行为路径扮演着重要角色,[1]并据此形成了一系列新型的教育研究问题。例如:"课堂中有多少时间和空间用来表达社会观点?儿童在何种程度上能够表达自己的经历、情感和情绪体验?如何通过体语来表达学校日常生活中的认同、尊重或者排斥?"[2]这与教育历史人类学的学术属性密切相关,一方面要关注人类形象的基本特征,如情感和情绪体验,这构成了人之为人的本质属性;另一方面也关注人类形象的基本特征在具体情境中的表现,将其放置在具体而微观的互动中予以考量,在过程中看待人类形象。

2. 行为视角

在教育历史人类学对小学生在校仪式的研究中,研究焦点是教育实践的表演性以及对表演教育学的思考,这意味着把教育学作为一种具体科学来理解,包括行为主体的具体行为、情感变化等方面。表演视角关注教育实践中的身体行为,不仅包含执行某种任务和动作的身体行为,也包含审美方面的学习行为和象征符号的关系,而不仅仅是将教育作为文本进行解释。

3. 意义视角

在教育实践真实性的展现中引入表演视角,对研究问题与研究焦点有所转变,不仅关注对教育实践的表述和解释是否真实,更关注对教育实践的表述和意义解释之间如何互相影响,不关注教育过程中意义的生成过程及其对教育主体的影响。

---

[1] Wulf, C. *Anthropologie der Erziehung*. Weinheim: Beltz, 2001. Wulf, C. *Zur Genese des Sozialen. Mimesis, Performativität, Ritual*. Bielefeld: Transcript, 2006. Wulf, C., Zirfas, J. *Die Pädagogik des Performativen*. Weinheim: Beltz, 2007.

[2] Wulf, C. Pädagogische Anthropologie. *Zeitschrift für Erziehungswissenschaft*, 2015(1): 17.

二、改变传统教育人类学的思维方式

在对 20 世纪 60—70 年代的教育人类学进行批判与反思的基础上，教育历史人类学认为，德国教育人类学的研究传统总是将人类视为一个整体来理解，舍弃差异性和多样性，致力于形成对人类形象的普遍性和整体性认识，教育历史人类学尝试对此予以改变。教育历史人类学对人类形象进行的多样性和普遍性的处理，首先体现在思维方式的更新。

（一）双重历史思维

在德国教育人类学的传统中，教育中人的形象所具备的差异、非连续性和多样性特征在很长时间内都被忽略，人们认为可以对人这种生物予以整体而全面的论述（如教育人类学研究中的生物人类学取向和哲学人类学取向），或者可以从相关经验科学中获得关于人的实证科学方面的知识（如经验式教育人类学）。教育历史人类学的代表人物在德国教育人类学传统中更多地发现了一种追求普遍性的价值取向与研究旨趣，在这一框架中，教育中人的形象的主要观点和概念的历史演变与建构性特征没有得到重视与反思，而仅是关注其中的普遍性和确定性。教育历史人类学注重历史性的研究，而且看重与主体的历史性相关的问题和方法。因此，教育历史人类学呈现出双重历史性的特点，“尽管教育历史人类学与生物人类学具有一定的联系，但前者更具有前瞻性。遗传学、人种学和社会生态学都旨在获得超越时间和文化条件的知识。所以，这些学科就容易忽视问题和方法的历史维度。与之类似，哲学人类学主要是阐明关于人的一般真理，它受生物人类学的影响，也忽略了相关的历史局限性”。[1] 历史人类学在吸收这些学科优势的同时，着力弥补这些学科历史视角的缺失，以及由此带来的人类形象单一化和固定化。

为了弥补这些缺失，德国教育历史人类学在研究中强调双重历史，即在特定的时间和空间中，研究视角和方法的历史与研究对象历史之间的互相观照。[2] 也就是说，双重历史既包括对研究对象和研究目标进行历史审视，也包括研究者对自身研究方法和研究问题形成过程的历史反思。

由双重历史带来的双重历史性将关于人的确定性知识看作是开放的，将教育人类学关于研究对象、研究目标的知识以及教育人类学自身的知识体系结合起来。如果肯定教育人类学研究问题的改变与研究视角的变化密切相关，就会认识到双重历史性的多元性和历史性两个维度必须互相关联、互相参照。[3] 多元性（顺时性）中的历史长时段特征（历时性），以及历史长时段特征中的多元性，使教育历史人类学将人类形象的多样性与普遍性关系纳入研究视野，此处的多样性不仅包括博尔诺夫和洛赫所讲的教育中多样化的个别现象，也包括研究者自身体现出来的研究观点和研究视角的多样化。

双重历史性使教育历史人类学认识到历史与人文科学之间存在着张力，并努力形成新的教育人类学知识形式，以此摒弃教育人类学追求人类确定性知识的前提，肯定教育历史人类学多样性、跨文化和跨学科的特征。同时也肯定研究范式与研究问题的动态变化特征，为打破单一且固定的人类形象提供了可能。

教育历史人类学是一种开放、多元的人类学，这就使关于教育中人

---

[1] 克里斯托夫·武尔夫.教育人类学[M].张志坤，译.北京：教育科学出版社，2009：179.
[2] Wulf，C（Hrsg.）. *Vom Menschen. Handbuch Historische Anthropologie*. Weinheim：Beltz，1997.
[3] Wulf，C.，Zirfas，J.（Hrsg.）*Theorien und Konzepte der Pädagogischen Anthropologie*. Donauwörth：Ludwig Auer，1994：18－27.

的形象的跨学科研究成为可能。教育中人的形象可以在不同学科的思维方式、方法、内容的历史演变和现实状况的互动中予以确认，包含哲学、民族学、生物学、历史学、美学、文化科学等，这些学科影响教育历史人类学对自身研究问题的研究视角和研究过程。教育历史人类学的跨学科研究取代了传统研究模式的单向思维：从多元文化中研究单一文化，从历史多样性中研究单一历史，从知识多样性中研究单一类型知识。教育历史人类学的这种跨学科属性因此形成了一种人类学的复杂性（Anthropologische Komplexität），要求超越单一学科和单一范式。尽管不同学科已经形成不同的专门知识，但这些知识只有被反思且超越时，才能够在教育人类学中有意义。新的问题提问方式和知识经常形成于学科边界，并处于对相邻学科边界的超越之中。教育历史人类学需要在不同学科的知识边界中形成新的问题提问方式和研究方法，以此来超越单一学科的知识界限。在教育历史人类学知识中，不同学科之间的界限是流动的，研究问题和研究方法的新形式能够得以不断生长与发展。因为教育历史人类学是多元、开放、跨学科的，所以它能够避免匆忙确定的知识并且始终对不同的知识保持开放与审视，教育历史人类学的目标不是减少人类学知识，而是增加人类学知识的复杂性。

20 世纪 80 年代以来，教育历史人类学成为德国教育人类学的主流，教育历史人类学通过双重历史确定并克服传统教育人类学的问题。在此影响下，德国教育人类学成为一种“教育与人的关系的历史”[1]。需要注意的是，“教育与人的关系的历史”中的“人”，不仅包含作为研究对象的人，也包含研究者自身。

---

［1］ Wulf, C., Zirfas, J.（Hrsg.）*Theorien und Konzepte der Pädagogischen Anthropologie*. Donauwörth: Ludwig Auer, 1994: 18－27.

（二）关联普遍性与多样性

普遍性与多样性的关系问题，虽然是教育人类学的学科魅力所在，但同时也是一直困扰教育人类学具体研究过程的关键问题。如何在呈现多样性的基础上揭示教育的普遍性，如何以普遍意义的教育问题引领多样性研究，是教育人类学要处理的基本关系。按照伍尔夫的说法，当代德国教育历史人类学的最大贡献之一，就是实现了教育人类学研究中普遍性与多样性的有效关联。具体而言，教育历史人类学不仅指向人类形象的特殊性和多样性，同时也没有放弃人类形象的普遍性。

确立这样的研究旨趣并不难，难的是如何将这种旨趣落实到具体的研究过程中。对此的处理方式是呈现某些特定主题的多样性，这些主题对人的存在具有本体性意义并伴随人类始终，例如身体、生、死、美、爱、想象力等问题，教育历史人类学研究中的多样性就是针对这些主题而言的，研究它们在不同的文化背景和个体方面的差异。也就是说，教育历史人类学肯定人类的确定性和普遍性，但也认识到在这些普遍性中蕴含着丰富的差异性和不确定性。在具体研究过程中，教育历史人类学选择特定的研究主题，以实现对人类形象的双重关切。德国教育历史人类学首先要思考人类形象的普遍方面，继而呈现这些方面的多样性、特殊性和历史文化特点。

值得关注的是，在关注人类形象普遍性和多样性的过程中，教育历史人类学提出了一种界限思维，认为无论研究人类形象的哪些主题，从哪些层面、以何种方式进行研究，都不能离开人类的界限，例如时间、空间、文化和社会化等。这些方面构成了研究人类形象的具体情境，为教育历史人类学研究的具体落实提供了保证，离开了这些方面，就不可能适当地理解教育中人的形象。

但同时，德国教育历史人类学没有将其所确定的人类形象的双重范畴予以深化。例如，人类形象的普遍性特征是如何确定的？是通过文本分析还是仅仅通过研究者的个人感知或经验？如果是文本分析，采用了哪些具体方法？是哲学、文学还是现象学方法？再如，尽管认识到时间、空间等各种界限对人类形象的影响，但是这些界限本身是否也具有历史性以及随着历史文化背景的不同而呈现出多样性？教育历史人类学方法论没有对这些问题予以深入探究。

（三）增加限度思维

限度思维，是教育历史人类学思考人类形象的独特之处，主要指思考人类可塑性的局限和边界问题，认为人不能够没有限度地向前发展，人类可塑性存在限度和边界。教育历史人类学代表人物在对教育人类学研究传统的回溯中，呈现出明显的限度思维：

> 教育最重要的方面是人类的完善，教育人类学的任务是，指明并且反思人类的完善性的限度，以及人类完善的动力及其副作用，也就是考虑对人的存在有消极作用的方面，这些消极方面也是危及普通教育学的方面。[1]

伍尔夫在上述总结中强调，教育人类学一方面肯定人类的可塑性，但也要认识到，可塑性也是有限度的，不能将人的可塑性无限发展。例如，教育历史人类学尽管肯定了图像和想象力在教育中的积极作用，但也认识到图像和想象力在教育方面的限度，指出它们可能带来的消极

[1] Wulf, C. Weigand, G. *Der Mensch in der Globalisierten Welt: Anthropologische Reflexionen zum Verständnis unserer Zeit*. Münster: Waxmann, 2011: 45.

作用：因为“想象的固有特性”[1]有可能使人们生活在图像中而远离现实，甚至可能形成图像错乱。[2]在认识并发掘图像教育价值的同时，教育历史人类学的代表人物也认识到图像所形成的知识和经验的相对短暂性，以及图像可能给人们生活带来的困扰。对于图像与想象力在教育中的价值与意义，教育历史人类学始终保持一种谨慎态度。同样的研究思路也体现在教育历史人类学对暴力、美等问题的关注中。

（四）确定反思—建构性思维

反思—建构性思维是教育历史人类学建构知识体系的主要思维方式，主要针对德国传统教育人类学的演绎性思维，并通过理论推演和哲学思考形成标准化的教育人类学知识。教育历史人类学认为传统教育人类学的知识多是经过演绎而形成的标准化知识，无法适应新时期教育中人的形象的日趋复杂和多变。面对日益复杂的研究对象，教育人类学必须要转变传统的知识生产方式，具备与新时期的研究对象相符的思维方式和知识形成方式，教育历史人类学将此界定为反思—建构性思维。它形成的最重要动力在于社会实践对教育中人的形象的影响与改变，对这种思维方式和知识建构方式的理解，必须将其放在德国教育历史人类学形成的时代背景中加以思考，不能孤立、抽象地加以论述。

教育历史人类学具备反思的特征，包含对教育人类学传统的反思，以及自身知识可能性与限度的反思。教育历史人类学探讨正在逐渐消失的人类自我理解的基本框架，以及教育可能面临的困难。在反思自身独特历史的过程中，教育历史人类学不仅反思欧洲人文科学研究的

[1][2] Wulf, C. *Vom Menschen: Handbuch Historische Anthropologie*. Weinheim: Beltz, 1997: 591.

欧洲中心主义，也不仅显示出对历史材料的兴趣，而且思考历史对现实和未来的贡献。教育历史人类学也认识到，教育人类学不能仅通过反思来形成人类知识，人类学知识的形成只能通过人类存在的前提条件获得对人类形象的建构性理解，传统人类学通过标准的演绎方式获得知识的方式已经过时了，它应该发展成为一种反思—建构的学科。[1]

三、确定多层次分析单位

受新型思维方式引导的教育历史人类学，形成了一系列非常独特的研究主题，如关注身体与模仿、"他者"与变迁、媒体与教育、文化与审美等，"力图实现与人文科学的整合，教育历史人类学的问题取向，既关注文化的共同特征与差异，又关注历史与现实取向"。[2] 也就是说，德国教育历史人类学的研究主题既关注历史与现实，又关注普遍性与差异，在具体研究过程中，这些研究主题及其分析单位大致可以分为三个层次。

（一）紧扣时代气息的主题及其分析单位

教育历史人类学实际上与时代主题密切相关。因为历史并非倡导回到过去，而是在统一且固定的人类形象中增加一种批判视角和一种时间规定性，[3]历史就是通过时间规定性的引入，将教育人类学的研究对象与历史演进过程结合起来，否定人类形象具有超越历史的普遍性特征，转而强调教育人类学的研究主题应该随历史推进而发生相应

[1] Wulf, C. *Einführung in die Pädagogische Anthropology*. Weinheim und Basel: Belze Verlag, 1994: 14 - 17.
[2] Wulf, C (Hrsg.). *Vom Menschen. Handbuch Historische Anthropologie*. Weinheim: Beltz, 1997.
[3] 尽管德国教育人类学关注个体的特征，但从认识上它总是努力将人类作为一个整体来理解。参见：克里斯托夫·武尔夫.教育人类学[M].张志坤，译.北京：教育科学出版社，2009：34.

变化。因此，教育历史人类学具有强烈的时代敏感性，主要体现在两个方面：

其一，对不同时代主流特征的敏锐感知与把握；

其二，对紧扣时代特征的科学研究前沿的捕捉、理解与转化。

结合以上两点，教育历史人类学在研究主题方面形成了两种转向：图像转向与身体转向。围绕图像转向，引发了图像与想象力在教育人类学中的新探索；[1]围绕身体转向，形成了模仿、表演、感觉等一系列研究主题。研究主题的图像转向和身体转向，引发了教育人类学分析单位的相应变化，人与图像的依存关系、模仿中的身体行为与情感变化、仪式教育过程中的身体互动等成为教育历史人类学的分析单位，这衍生出其他不同指向的研究主题以及与此相应的分析单位，如指向人类存在、教育过程等。

（二）指向人类存在的主题及其分析单位

指向人类存在的主题，是指与人类存在密切相关，同时具有时代气息与个体差异的主题。例如审美、游戏、自然、空间、时间或宗教等，这些主题在 20 世纪六七十年代的教育人类学研究中，并没有受到足够重视。自 20 世纪 80 年代初期开始，教育历史人类学认识到这些要素对人存在的根本意义，尝试从不同方面对其进行研究，在吸收此前哲学式和现象学式的教育人类学对这些问题研究的基础上，将时间、空间等主题具体化为教育活动展开的背景与条件，讨论它们如何成为个体和社会形成的条件。对模仿、表演性等主题的研究，也以此为背景展开。

[1] 图像转向包含图像与教育的关系，重视图像和想象力在教育中的作用。

（三）指向教育过程的主题及其分析单位

教育历史人类学一方面关注人的生活历程，例如生、死等问题，[1]另一方面关注制度化的教育现象，例如家庭生活和学校生活之间的过渡、入学前与入学之后的身份过渡等。[2]在此过程中特别注重对身体行为的分析、特定学习理论的人类学分析以及教育机构的人类学分析等。

从上述三个层次来看，教育历史人类学研究拓展了教育人类学的研究主题，并在此基础上丰富了教育学的研究视野。此外，教育历史人类学也对某些传统研究主题予以持续关注，例如模仿，认为模仿在儿童学习中具有最重要的作用，只有通过模仿，儿童才能够进行社会互动，根据社会习俗的要求把声音和语言联系起来。[3]伍尔夫认为模仿是最基本的社会文化学习机制，这是符合文化学习过程真实情况的判断，这一观点在20世纪60年代布雷钦卡的教育著作中就受到了关注。布雷钦卡曾强调："儿童必须学习的是从牙牙学语过渡到正式语言，这一过程不是天生的，他们必须根据习俗把声音和语言联系起来，而这只有通过在社会互动的模仿中才能习得。"[4]教育历史人类学在模仿研究方面的贡献在于，将模仿与具体的教育仪式研究联系起来，通过教育仪式和体语中具体行为的研究与分析，赋予模仿对个人和社会存在的意义。教育历史人类学对模仿的研究，转变了此前教育人类学研究在静态、思辨、消极的意义上进行的研究，转而将模仿置于具体行为中、社会互动中、个体发展中，形成了在动态变化生成中研究模仿的思维方式、

---

[1] Kamper, D. *Anthropologie nach dem Tode des Menschen: Vervollkommnung und Unverbesserlichkeit*. Frankfurt am Main: Suhrkamp, 1994.

[2] Wulf, C. *Ritual and Identity: The Staging and Performing of Rituals in The Lives of Young People*. London: The Tufnell Press, 2010.

[3][4] 沃夫冈·布雷钦卡.教育目的、教育手段和教育成功：教育科学体系引论[M].彭正梅，译.上海：华东师范大学出版社，2008：47.

研究方式与意义建构方式。

四、更新教育人类学研究方法

面对新型思维方式引发的多层次分析单位，教育历史人类学尝试对教育人类学的研究方法予以更新，主要表现为三个方面。

（一）教育中人的形象的完整性研究

教育历史人类学在教育学领域进行的历史人类学努力，在方法层面，主要表现为对法国主流思想如年鉴学派思想的借鉴或论辩，而论辩的观点多数是来自外部学科的启发，尤其是人类学和民族学等学科将有关日常生活实践的观点联系起来，讨论其对历史学和教育人类学研究日常生活实践的影响。德国教育历史人类学在研究中，成功克服了长久以来德国人类学和教育人类学研究中的二元论，例如人与动物、社会价值与物质价值、自然与文化、精神与身体、实证与解释、客观与主观等。[1] 教育中人的形象的完整性和多样性成为教育历史人类学的前提条件和边界所在，是克服二元论的关键，教育历史人类学最初是从历史学，尤其是年鉴学派的研究中获取方法，从民族学、人类学和文化学中获取研究视角。

（二）跨学科话语与研究

德国教育历史人类学尝试将视角和方向转向跨学科话语与研究中。在教育历史人类学形成的初期，德国教育学受各个新兴学科的支

[1] Meitzner, U., Tonorth, H, E., Welter, N. Anthropology als Thema und Problem in der Erziehungswissenschaft. *Zeitschrift für Pädagogik. 52 Beiheft. Pädagogische Anthropologie-Mechanismus einer Praxis*. BELTZ, 2007.

持与影响，形成了不同的分支或派生学科。[1] 这样的学科状况使得教育学研究明显缺乏对跨学科或整合效果的讨论，这一状况同样存在于教育人类学中。不过，对不同研究取向或研究流派进行分析就会发现，这些所谓的各自不同的方法和取向并不是毫不相干、互相排斥的，它们之间的割裂可以通过跨学科视角和思考予以弥补。例如，现象学式的教育人类学将教育现象中的身体运动及其意义作为研究中心，就可以从历史学或经验研究中获得启发；经验式教育人类学可以从生物学或民族学的研究成果中吸取有关人类形象的研究成果，从而形成对人类形象的完整认识；哲学式的人类学旨在从整体层面形成对人类本质的认识，也可以通过文化人类学的启发，为教育学提供独特的提问方式；历史导向的教育人类学可以将社会学的研究主题，如空间与时间、社会关系等纳入研究视野。这些都是德国教育历史人类学的跨学科研究旨趣，它尝试将原本割裂、看起来毫不相关的学科或研究主题，在教育中人的形象研究中形成跨学科整合，整合的标准和原则就是如何才能够对教育中人的形象形成真实、全面、符合时代特征的理解。

（三）多学科方法的互动交流

为了进行人类形象的多样性研究需要，德国历史人类学在与其他学科方法互动的基础上，实现了自身研究方法的更新，有两个案例可以进一步说明这一问题。

案例一：历史人类学在放弃了关于人类形象的整体和普遍学说之后，取而代之的是在特定空间和时间中进行人类文化多样性研究。比

---

[1] 底特利希·本纳.普通教育学：教育思想和行动基本结构的系统的和问题史的引论[M].彭正梅，徐小青，等，译.上海：华东师范大学出版社，2006：2.

较作为一种方法,在历史人类学研究中就相应地具有重要意义。从方法的视角看,年鉴学派的代表人物马克·布洛赫的历史研究成果在文学和文化人类学中也有很大的影响和价值。[1] 尽管比较的方法在历史人类学中的重要价值已经得到了关注,但是其在教育人类学中却处于从属地位,德国教育历史人类学尝试将比较方法引入教育人类学研究中。之后,伍尔夫对德国教育人类学传统中的比较方法和思维进行回溯,并确定了比较在当代教育历史人类学中的任务,即认识不同社会、群体和个体间的特点与差异,并把不同的元素融合在一起来理解人类本身,而不是通过简化和抽象来减少矛盾。[2] 也就是说,在肯定差异存在的前提下,同时不忽视普遍方面,并在此基础上对这些差异进行研究和提炼。

案例二:历史人类学从民族学视角和文化人类学的田野研究方法中获得启发,启发他们对熟悉的事物保持一定的距离,形成一种新的问题提问方式和视角。例如,有研究将对异教徒的审判视为民族学的问题;[3]另有研究者曾使用民族学的基本概念和隐喻,以及民族志方法作为历史事件研究的补充,[4]此类研究尤其关注日常生活和概念的基本结构,例如交换、互换、重要"他者"、权力与权威。历史人类学借鉴民族志方法对日常生活和互动过程的研究优势,启发自身形成看待人类形象的微观视角和过程视角。

德国教育历史人类学的贡献还在于对德国教育学研究中的两对矛盾进行了有效的处理。20 世纪六七十年代,德国教育学处在两对矛盾

---

[1] Wulf, C. *Einführung in die Anthropologie der Erziehung*. Weinheim und Basel: Belze Verlag, 2001: 212.

[2] 克里斯托夫·武尔夫. 教育人类学[M]. 张志坤,译. 北京:教育科学出版社,2009: 34.

[3][4] Wulf, C. *Einführung in die Anthropologie der Erziehung*. Weinheim und Basel: Belze Verlag, 2001: 212.

框定的教育学流派的论争中，精神科学教育学、经验教育学各自为营。德国教育历史人类学以“人类学的复杂性”[1]为基础，以教育中人的形象研究为目的，凭借其浓厚的跨学科旨趣有效解决了不同研究取向和研究流派的论争，实现了不同研究方法、研究视角的综合。

---

[1] Meitzner, U., Tonorth, H, E., Welter, N. Anthropology als Thema und Problem in der Erziehungswissenschaft. *Zeitschrift für Pädagogik. 52 Beiheft. Pädagogische Anthropologie-Mechanismus einer Praxis*. BELTZ, 2007.

第四章

返本与开新：教育人类学对传统的新塑

20 世纪 80 年代的德国教育人类学，在教育历史人类学之外还有另外一种强音，即以莫伦豪尔为代表的教育人类学对传统的新塑。

莫伦豪尔是德国传统的精神科学教育学的第二代代表韦尼格(Erich Weniger)的学生。莫伦豪尔也是德国解放教育学的代表人物，其代表作《被遗忘的关联：文化与教育》[1]被认为是 20 世纪德国最重要的教育学理论、课程理论和教育人类学理论著作之一。该书自 1983 年出版以来已经再版了多次，且已经被翻译成日语、西班牙语、挪威语、英语等多种语言，在世界范围内产生了广泛的影响。

经由莫伦豪尔的努力，教育人类学以回应普通教育学的基础性问题为宗旨，将普通教育学的问题域进行教育人类学的再思考、再研究，延续了其作为普通教育学的基础性地位，这体现在莫伦豪尔通过对儿童形象的新塑，来形成教育学研究的真实状态。受此影响，教育人类学仍旧是为普通教育学夯实根基，并没有像同一时期的教育历史人类学那般，不断吸收新的异质因素，努力将教育人类学发展成为独立的研究领域，继而通过教育人类学自身的独特问题域来为普通教育学贡献力量。因此，莫伦豪尔的教育人类学思考与教育历史人类学，共同建立起教育人类学与普通教育学之间关系的双重路径，并延续至今。

综合以上各方面，莫伦豪尔是德国教育人类学不可绕过的关键人物，这是本章专注莫伦豪尔教育人类学思想的重要原因。接下来的问题是，莫伦豪尔的教育人类学思想在哪些方面，对何种传统予以新塑？

其一，德国精神科学教育学的传统。德国精神科学教育学（又称“文化教育学”）在很长一段时间都是德国教育学的主流，这种情况在 20 世纪六七十年代发生了转变。经验教育学和批判教育学在该时期兴

[1] Mollenhauer, K. *Vegessene Zusammenhänge: Über Kultur und Erziehung*. München: Juventa-Verlag, 1983.

起,传统的精神科学教育学因为不能为社会进步提供思想动力而暂时失去了其主导地位,教育人类学亦发生了与此相应的转向,经验式教育人类学开始兴起并发挥重要作用。到了 20 世纪 80 年代,精神科学教育学重新受到关注并出现了不同的研究风格,正如丹尼尔(Helmut Danner)所言,自 20 世纪 80 年代初期开始,精神科学教育学的问题应该受到人们的重新关注,他对此表现出强烈的研究兴趣。[1] 迈恩伯格(Eckehard Meinberg)将精神科学教育学的恢复作为独特的研究主题,并进一步探究精神科学教育学在该时期得以恢复的方法。[2] 厄尔克斯(Jürgen Oelkers)将西奥多·利特(Theodor Litt)对个体化通过文化激发而成的观点进行吸收,[3]在精神科学教育学问题史中促成了一大进展。在精神科学教育学经历的这一轮讨论中,莫伦豪尔的独特性在于,以教育人类学为先导,对教育中人的问题,尤其是儿童自我问题予以深化,延续了精神科学教育学思想的精髓。

莫伦豪尔的教育人类学思想吸收精神科学教育学的内核——对人的自我创化和自我活动的关注,强调人的自我塑造以及这一过程的历史性和文化性,强调受教育者与世界的关系。[4] 将教育中人的形象作为最基本的研究主题,将人所经历的教育事实作为教育研究和思考的原点,并回归到最基本的教育关系——代际关系,以此展开对具体而真实的教育过程的讨论。

其二,德国教育人类学对青少年人类学的研究传统。莫伦豪尔对这一传统予以新塑。他的研究开始于这样一个问题:儿童是如何开始

---

[1] Langeveld, M, J., Danner, H. *Methodologie und "Sinn"-Orientierung in der Pädagogik*. München: Reinhardt, 1981: 118.

[2] Meinberg, E. Systemtheorie-Herausforderung an die Moderne Erziehungswissenschaft? *Pädagogische Rundschau*, 1982(4): 496.

[3] Oelkers, J. Theodor Litt redivivus? *Zeitschrift für Pädagogik*, 1985(5): 672.

[4] 彭正梅. 德国教育学概观:从启蒙运动到当代[M]. 北京:北京大学出版社,2011: 138.

进行自我塑造的？围绕这一问题，莫伦豪尔延续了 20 世纪 60 年代开始的青少年人类学研究传统，并结合时代特征，赋予儿童“自我”以新意，用“相对面”“自我形象”等概念重塑儿童形象，赋予德国教育人类学看待儿童形象的新视角，并在此基础上重构儿童的真实教育过程。

其三，德国教育人类学与其他学科互动的传统。与多学科互动是德国教育人类学的又一重要传统，莫伦豪尔对此予以新塑，主要表现在与普通教育学、人类学、历史学、社会学、文化学等学科的互动中。其中尤为值得关注的依旧是德国教育人类学与普通教育学的互动关系，莫伦豪尔的教育人类学思想与其教育学思想密切相关。莫伦豪尔的教育人类学思考隐含着这样的假设：普通教育学理论和实践的推进必须要以教育人类学为先导，具体而言，就是以教育中人的形象在新时期的独特性为研究对象进行教育人类学研究，并以此为先导来更新教育学理论。

在学科互动的传统中，同时得以新塑的是学科互动的方法论基础，与此相应的问题是：为什么莫伦豪尔的教育人类学在这些学科中实现互动，而不像陆特的教育人类学是在生物学、哲学等学科之间实现互动？对该问题的回答要结合莫伦豪尔进行教育人类学研究的初衷——回到儿童经历的最真实的教育过程。为了理解并研究儿童最真实的教育过程，教育人类学不能仅考虑社会经济结构、技术等方面的结构化因素，也不能仅局限在生物学、哲学等基于人类形象的宏大解释，还必须考虑到儿童所处的社会制度、文化、历史、习俗等因素，以及直觉、想象力、回忆、情感困境等，也必须考虑对人的塑造过程，关注儿童完整一生的成长变化过程，尤其是个体经验、自我活动等非制度化、非习俗化的因素对教育的影响。

第一节

被遗忘的关联：重塑儿童形象与真实教育状态

《被遗忘的关联：文化与教育》是莫伦豪尔的代表作，也是新时期德国教育人类学的经典之作，包含对精神科学教育学和普列斯纳哲学人类学传统的重新思考。

一、重获精神科学教育学的精髓

既然莫伦豪尔倡导重回精神科学教育学的传统，那么接下来的问题是，究竟要回到何种精神科学教育学传统？莫伦豪尔首先对“精神”一词的意义进行了重新解释，将“我”与“自我”的问题描述成儿童自我活动的问题，这也是莫伦豪尔教育人类学思想的起点与最核心之处。

若要理解莫伦豪尔的教育人类学思想，还要考虑到如下前提：莫伦豪尔将20世纪80年代的时代问题纳入研究视野中，认为符合时代特征的教育人类学思考必须要思考自我的问题。如果人们不从自我理解开始，那么对“我是谁，应该成为谁”等问题的回答就只能依附于群体关系或者已经确定的世界规则，难以形成真实而有见地的认识。莫伦豪尔对自我问题的关注，将“我是谁”“应该成为谁”等问题转变成“我是谁”“应该成为谁”“想要成为谁”等问题，[1]并将此视为人类形象的基本特征，建立起人类与教育之间的关联。

围绕这一问题，莫伦豪尔集中讨论了身份（Identität），[2]将此视作自我的研究主题。他认为身份不仅为世界观、社会结构、宗教、群体属性等要素所规定，同时也为自我经历（Selbsterfarung）所规定，忽略自我经历与身份之间的关系，是现代社会中的人所面临的重要问题，这也是一种“传统缺失”。面对这一问题，莫伦豪尔强调，现代人类的自我问题，无论是从实践层面还是理论层面，都是一个复杂的问题，不能用结构化因素将这一问题解释清楚，莫伦豪尔对此的处理方式是找寻生活的意义（Suche nach Lebenssinn），尤其是对立面在人的自我形象（Selbstbildnis）[3]形成和表达中的意义。对立面具体表现为外在自我和自我本身。外在自我指的是受到主流社会规范约束和规定的自我，自我本身是个体超越社会规范和习俗之外的、对自我形象的理解和表达，蕴含着真实自我和可能自我之间的关系。也就是说，自我并不仅是对客观事实的真实描述，同样也是一种基于个人成长历史和社会现实，对未来自我发展可能性的表达。[4] 莫伦豪尔在人的自我形象中提到的“对立面”一词还具有如下含义：人类的自我形象并不是仅仅在传统、规范和习俗中才能予以表达，而是能够超越这些因素，例如，莫伦豪尔

[1] Dienelt, K. *Pädagogische Anthropologie: Eine Wissenschaftheorie*. Köln: Böhlau, 1999: 23.

[2] Mollenhauer, K. *Vegessene Zusammenhänge: Über Kultur und Erziehung*. München: Juventa-Verlag, 1983: 114 - 120.

[3] 该词出自莫伦豪尔的原著，Selbstbildnis 也可以被理解为人的自画像，与原著中的另外一词 Self-Portrait 具有同样的意义。在《被遗忘的关联：文化与教育》中，莫伦豪尔以梵高、马克思、贝克曼等人的自画像为例，来说明人在描述自我形象时考虑到的双重因素——自我及其相对面。本书将 Selbstbildnis 译为“自我形象”有两点意图：第一，兼顾原著中使用该词时对自我描述、自我表达的强调；第二，本书用人类形象表达德国教育人类学中与此相关的词语，为了避免用语的混淆，将 Selbstbildnis 译为“自我形象”以与本研究所使用的人类形象、教育中人的形象相区别。

[4] Mollenhauer, K. *Vegessene Zusammenhänge: Über Kultur und Erziehung*. München: Juventa-Verlag, 1983: 166.

强调个体经历在自我的系统发展(Systementwicklungen)[1]中所起到的作用。

需要说明的是,莫伦豪尔并不是倡导要完全回到传统的德国精神科学教育学,这种提法本身就是有问题的,他所进行的是有选择地吸收与转化,例如对精神科学教育学的鼻祖狄尔泰思想的吸收,“主体的教育只有考虑到主体精神的激发才是可能的”,[2]这曾经是德国精神科学教育学的核心。到了 20 世纪 80 年代,莫伦豪尔吸收了这一思想,并把布迪厄的文化社会学思想、萨特的存在哲学和米德的交往互动理论[3]、普列斯纳的哲学人类学思想等,共同融入新时期人类形象的塑造中。

在此基础上,通过深入分析历史材料中的人类自我形象,莫伦豪尔认为个体自我的形成实际上是超越社会结构的,尤其是青少年时期的成长经历对个体未来的身份形成有极为重要的影响,莫伦豪尔因此建立起身份—惯习(Identitäts-Habitus)之间的联系,并将其付诸青少年人类学[4]中。相比较于社会规范、习俗等因素,莫伦豪尔更强调非结构化因素,例如个体内在属性对个体形象的影响,儿童自我的情感经历、人际交往、审美创造性等方面。儿童精神层面的这些非结构化因素是影响儿童成长与教育任务的关键,而这些因素在 20 世纪 80 年代处

[1] Dienelt, K. *Pädagogische Anthropologie: Eine Wissenschaftheorie*. Köln: Böhlau, 1999: 24.
[2] 同上: 23.
[3] Oelkers, J. Besprechung von Mollenhauers Buch. *Pädagogische Rundschau*, 1985(2): 241.
[4] Dienelt, K. *Anthropologie des Jugendalters*. Ratingen: Henn, 1974. 对青少年人类学的关注是贯穿 20 世纪 70 年代到 90 年代的主题,除了莫伦豪尔和迪内特对此予以关注,还有其他研究者对此予以关注,参见: Kannicht, A. *Selbstwerden des Jugendlichen: Der Psychoanalytische Beitrag zu einer Pädagogischen Anthropologie des Jugendalters*. Würzburg: Königshausen + Neumann, 1985. Maurer, F. *Lebenssinn und Lernen: Zur Anthropologie der Kindheit und des Jugendalters*. Langenau-Ulm: Vaas, 1990. Rudolf, H. *HeidemannErziehung in der Zeit der Pubertät: Pädagogische Grundfragen des Jugendalters*. Heidelberg: Quelle & Meyer, 1979.

于被忽略的状态。在此背景中重新强调儿童内在的精神因素对其成长和教育的意义，是莫伦豪尔对德国传统的精神科学教育学在20世纪80年代的创造性运用。具体而言，是对儿童可塑性、儿童所处的真实教育关系、儿童自我活动等问题的重构。

二、重构儿童自我及其形象

莫伦豪尔教育人类学思想的基本路径是根据20世纪70—80年代初期的教育状况，对儿童自我及其形象进行重塑，这促使莫伦豪尔以教育人类学思想为先导，实现教育学思想的创新。

（一）重构儿童的可塑性

莫伦豪尔认为，对可塑性给出非常精确、具体的实证材料是不可能的，他尝试用自己的方式理解可塑性。为什么要回到这一经典主题？莫伦豪尔意识到现代文化特征使成人呈现给儿童的意义变得碎片化，而现代教育学与教育实践也为这种碎片化提供了支持，并建立起一系列的等式关系：好分数就等于好教育，好教育就等于好工作和高社会地位。教学和课程理论关于儿童低学习动机的论述，都围绕着上述等式关系进行，这些理论和实践都致力于引导学习趋向“有用”，引导他们形成实用的价值观。为了改变这一状况，莫伦豪尔重回并重构可塑性，以此作为切入点重构儿童形象并讨论对儿童真正有意义的教育。可塑性是德国教育人类学的经典主题，也是人类形象的基本表现。莫伦豪尔在他的时代对可塑性这一经典主题进行了如下界定：

> 人类具有与生俱来的基因特征，需要很长时间的养育和保护。儿童与生俱来的基因特征与所需要的生存技能之间的巨大

> 鸿沟必须要予以弥补。儿童通过可塑性来弥补上述“鸿沟”，通过可塑性表现出来的对学习和新经验的能力是动物不具备的。整体上，儿童通过可塑性来弥补“鸿沟”的能力受文化驱使，从个体视角来看，它受教化的影响。儿童虽然具备可塑性的基因条件，但是儿童的可塑性只能被理解成对文化的反应，是儿童对其成长环境所作出的回应。在上述意义上，可塑性不是天生的，而是获得的。语言在儿童可塑性的发挥过程中起着至关重要的作用，因为语言是主体间性的重要媒介，为儿童提供了参与人类社会的能力。[1]

莫伦豪尔对儿童可塑性的界定和解释，存在三方面独特价值。

第一，可塑性存在状态的独特性。“边界”是莫伦豪尔论证可塑性的关键词，可塑性就在边界之中，它可能存在于主体性和主体性间、能够言语和不能言语之间的边界中，[2]跨越这些边界是实现可塑性的关键。

第二，可塑性解释方法的独特性。莫伦豪尔认为纯粹的科学化语言并不能够全面解释可塑性，他认为以诗歌和文学作品作为研究材料，能够对可塑性进行更为有效的解释。之所以如此，是因为诗歌和文学作品能够较为全面地体现人的自我活动状态，包含情感、情绪、信仰等方面，能够将人的整体状态表现得细致入微。

第三，可塑性的双重特征。可塑性的实现包含外在化和内在化的双向过程，可塑性的内涵则包括理性和直觉两个方面。在解释可塑性

[1] Mollenhauer，K. *Vegessene Zusammenhänge: Über Kultur und Erziehung*. München：Juventa-Verlag，1983：78－89.
[2] 同上：63.

时，莫伦豪尔将儿童学习的动力界定为内在动力和外在动力，且内在动力要强过外在动力。[1] 同时强调，与理性教育及其解释相比，激发儿童内在动力和直觉能力的参与更为重要，教育者应该关注儿童世界的"直觉"方面，要坚信，对儿童来说，理性施教的作用远不如来自其内在的、直觉的学习。例如非语言因素在儿童学习过程中的作用。儿童的可塑性越得到发挥，其身体的敏感性就越消减，当儿童逐渐成为主体的时候，其非语言性的特征就开始消逝。尽管如此，在真实的教育过程中，非语言特征起着重要作用，在莫伦豪尔的思想体系中，非语言特征作为儿童的内在属性，在儿童的教育过程中不可缺失。

在描述可塑性的过程中，莫伦豪尔强调教育应把儿童从不可言说、不确定的主体特征引导到语言、文化和传统主导的领域，通过教育进入社会语言、文化和习俗，是儿童可塑性的应然指向。不过，莫伦豪尔仍然相信无意识的力量和不可言说的力量在儿童可塑性实现过程中的作用，很多时候，不可言说的力量是想象力和愿望等形成的源泉，但这种力量通常难以表达。在儿童可塑性的研究中，莫伦豪尔重视"尚未制度化、习俗化的儿童自我"，[2]肯定了儿童的内在力量：儿童并不是可以随意加工与处理的材料，他们具备内在发展的力量，这种力量决定了对他们的教育应该在对话关系中形成。[3] 如果忽略"尚未制度化、习俗化的儿童自我"，则无法真正理解儿童的教育过程，同样也会使教育研究陷入抽象、无效。莫伦豪尔用这种新型的儿童形象及其在儿童教育中的关键作用，来批判当时教育理论与实践的碎片化和功利化，以及教

[1] 对儿童内在动力的强调，体现出莫伦豪尔对精神科学教育学教化思想的回归，强调人的内在动力在教育中的关键作用。

[2] Mollenhauer, K. *Vegessene Zusammenhänge: Über Kultur und Erziehung*. München: Juventa-Verlag, 1983: 63, 89.

[3] 同上：94.

育研究的计量化取向。在新时代重提可塑性，并对其内涵进行丰富和拓展，强调可塑性中内在动力和外在动力的结合，既是对儿童学习动力双重过程的重新强调，同时也借此来倡导一种新型的教育学思考，关注真实而完整的教育过程，而不仅仅是关注儿童形象中的语言因素和社会因素。

（二）重回最基本的教育关系——代际关系

被遗忘的教育与文化的关联，有一层重要含义，就是强调教育关系，这是精神科学教育学核心的观点之一。作为一种独特的历史和文化科学，德国精神科学教育学也被称作文化教育学，目的在于“把成长着的青少年引向客观文化，以此帮助他们发展自己潜在的才能”，[1]这一过程具体表现为人与文化的关系、人与世界的关系、人与历史的关系等。莫伦豪尔强调通过代际关系实现这些教育目标。对代际关系的强调贯穿在莫伦豪尔的教育研究中，他曾参照哈贝马斯(Jürgen Habermas)的交往理论、玛格丽特·米德(Margret Mead)的互动理论和马克思的历史—社会理论，从教育作为交往行动、教育作为互动、教育作为再生产等三个方面进行意识形态批判。[2] 其中交往行为包含代际关系、传统、社会权力、不平等的再生等方面，[3]代际关系则是最基本的交往关系，也是莫伦豪尔教育人类学思考的独特之处。

在《被遗忘的关联：文化与教育》中，莫伦豪尔认为成年人和年轻人之间的代际关系是最基本的教育事实，任何与此相悖的行为都是反教育行为。强调代际关系以及解释不同时代中代际关系的差异，是 20 世

---

[1] 博尔诺夫. 教育人类学[M]. 李其龙，译. 上海：华东师范大学出版社，1999：13.
[2] 彭正梅. 现代西方教育哲学的历史考察[M]. 上海：上海教育出版社，2010：170.
[3] Mollenhauer, K. *Theorien zum Erziehungsprozeß: Zur Einführung in Erziehungswissenschaftliche Fragestellungen* (Aufl 2.), München: Juventa Verlag, 1974.

纪 50 年代以来整个德国的教育主题。到了 20 世纪 60 年代，出生于战争中的那代人承担起为人父母的责任，同时也把控制孩子的压迫的教育方式延续下来。[1] 如何肯定代际关系的重要性，同时规避其消极影响，是莫伦豪尔思考的主要问题，也是 20 世纪 80 年代被教育人类学忽略的问题。

莫伦豪尔对代际关系的强调，与德国教育学的两种传统相关，即教化传统和教育传统。莫伦豪尔以代际关系展开对教育关系的界定，强调教育者和受教育者之间的教育关系，即强调教育；同时也强调受教育者与世界之间的关系，即强调教化。[2] 具体而言，受教育者必须通过成人所传递的生活方式，接受外在于自身的客观世界，只有这样，受教育者才算真正接受教育，才可以说真正参与了教育过程。成人传递给儿童的生活方式、文化遗产等，是真实教育过程的首要环节。成人与儿童之间的交往，就是教育层面的教育关系，而成人呈现或再现给儿童的世界，以及儿童对这一世界的认识，就构成了教化层面的教育关系。

（三）重视儿童的自我活动及其意义

莫伦豪尔教育人类学思想的推进，在延续可塑性这一经典主题的同时，还对可塑性的实现过程予以推进，主要体现在对儿童自我活动的关注。儿童可塑性的实现和代际关系作用的发挥，需要一个前提条件——儿童自我的积极主动，具体表现为儿童的自我活动。那么，究竟什么是儿童的自我活动？这一问题的提出和解决与两种认识密切相关。

[1] Mollenhauer, K. *Vegessene Zusammenhänge: Über Kultur und Erziehung*. München: Juventa-Verlag, 1983.

[2] 此处对德国教育学中“教育”“教化”的内涵界定，参见：彭正梅. 德国教育概观：从启蒙运动到当代[M]. 北京：北京大学出版社，2011：178.

1. 儿童可塑性的发挥离不开自我活动

莫伦豪尔引用奥古斯丁的观点来证明，在学习中个体是积极主动的，成人为儿童呈现特定的生活方式，随着儿童接触的事物越来越复杂，成人就越需要通过教育来呈现某种生活方式。呈现的前提是成人对儿童可塑性的信任。可塑性对儿童的作用若要实现，前提是儿童的积极主动性，儿童必须被鼓励以变得主动，教育中的活动并不是指儿童本能的活动或者只是自己本身的活动，相反，莫伦豪尔所强调的儿童活动是需要理性和智慧的外显活动，这种活动被称为自我活动。[1] 在《被遗忘的关联：文化与教育》中，莫伦豪尔重点论述了儿童的四种自我活动，分别是说话、算术、绘画和走路，认为这些自我活动在儿童解决问题和受教育的过程中起着重要作用。

儿童在接触社会和文化因素之前就已经具备了自我活动能力，例如，对父母之外的“他者”的感知，对数量和重量的认识，对客观时间和主体感知时间的认识等。儿童的这些自我活动并不是可教的，只有超越这些自我活动的问题才有可能是可教的，没有超越儿童自我活动的成就并不能构成儿童真正的学习。只有超越自我活动，儿童才可能将外在情境的意义与自我活动能力相结合，并逐渐融入社会中。儿童会经常遇到新情境、新问题，若要解决这些问题，必须要通过儿童自己的努力，将外在因素与自我活动相结合，逐渐获得并发展新技能，才能更加深入地融入新世界。

2. 自我活动是教育外在化与内在化过程的前提条件

与教育外在化过程相对的是教育内在化过程。长期以来，内在化都是看待教育过程的主流观点，原因在于，教育过程的重要目的是形成

[1] Mollenhauer, K. *Vegessene Zusammenhänge: Über Kultur und Erziehung*. München: Juventa-Verlag, 1983: 166.

儿童稳定的信念、价值观和行为习惯，并使其在儿童身上具有永久性。按照社会学的界定，教育过程的上述特征可以表达为内在化，指教育过程包含着从外到内的转化，根据这种观点，教育被视为稳固的社会体系向个体传输的活动，个体通过教育所获得的知识与价值等，都与社会结构、同辈群体、生活世界和文化知识等相关。

莫伦豪尔认为，内在化的确具有不可替代的意义，因为儿童的可塑性必须通过外在因素的激发才能得以实现，但同时，教育过程也包含从内向外的过程，只有在儿童对外在因素予以实际回应时，教育才有可能发生。若没有自我活动，儿童无法掌握外在因素的意义，莫伦豪尔因此肯定，“儿童在社会中全部意义的形成都依赖于自我活动”。[1]

三、重构真实的教育过程

在重塑儿童可塑性，重构教育关系，肯定儿童自我活动的基础上，接下来的问题就是，这些因素如何影响儿童的教育？它们在真实的教育过程中发挥着何种作用？以最基础的教育关系——代际关系为例，莫伦豪尔通过呈现与再现两种方式讨论成人在儿童生活和教育中的作用。

（一）教育的首要过程在于呈现

教育的第一步是呈现一种生活方式。呈现是基于儿童的教育现实——儿童的教育不可避免地要由成人来引导。对儿童的教育来说，首要任务是传递有价值的遗产，由成人向儿童传递成年人观念中所认可的事物。如果成人没有向儿童传递他们生活的某一方面，那么儿童的教育活动就不存在。莫伦豪尔对呈现的讨论围绕三个问题进行：成

[1] Mollenhauer, K. *Vegessene Zusammenhänge: Über Kultur und Erziehung*. München: Juventa-Verlag, 1983: 114.

人通过自己作为教师、父母的身份与言行，给儿童呈现了什么内容？成人如何给儿童呈现有意义的文化内容与生活方式？在对儿童的呈现过程中，成人的生活方式与文化中的哪些部分应该被过滤掉，为何要过滤掉？围绕这三个问题，莫伦豪尔详细论述了呈现的内容及其价值。

1. 呈现的内容

呈现给儿童文化遗产。教育面临的首要问题是成人能够给儿童呈现什么内容，莫伦豪尔将此界定为文化遗产。任何人，如果没有可以向儿童传递的文化遗产，那么他们在与儿童的交往中，就只能是以一种反教育的姿态出现，莫伦豪尔所批判的正是他所处时代的反教育。一些过激行为把儿童的教育看作是类似于仪式[1]的消极行为，在这种氛围中，成人失去了养育和教育孩子的愿望，另有观点强调儿童能够脱离成人的引导而成长。莫伦豪尔结合精神科学教育学的传统来应对这些反教育观点，他将文化遗产与儿童的未来发展联系起来，这一观点源自其导师韦尼格。作为精神科学教育学的第二代代表人物，韦尼格肯定文化遗产对儿童成长和发展的作用，“教育者的责任是形成关于未来的观念，要基于未来而进行教的活动”。[2] 韦尼格同时也认识到，实际上根本不存在“基于未来而进行教的活动，教的活动永远是以过去的形象及其对成长的一代的影响为基础，对未来图景的讨论只能以过去的形象为基础”。[3]

呈现给儿童生活方式。成人呈现给儿童的文化遗产如果要发生作用，就必须通过成人呈现给儿童的生活方式来实现。儿童之间是存在差异的，他们渴望一个属于他们自己的未来，但是，儿童对未来的想象只能根据成人已经呈现给他们的生活方式，即使最激进的反教育倾向

---

[1] 此处的“仪式”强调仪式限制参与者积极性的特征，与德国教育历史文化人类学的“仪式”观点不同，后者更强调仪式对个体教育过程和社会化过程的积极影响。

[2][3] Weniger, E. *Die Theorie der Bildungsinhaltes. In Herman Nohl, Ludwig Pallat. Handbuch der Pädagogik*. Langensalza: Beltz, 1930: 38.

也不能否认成人的生活方式对儿童的影响，不能否认成人能够有力地在儿童面前呈现一种具体的生活方式。接下来的问题是，成人呈现给儿童的是一种好的生活方式么？这些生活方式能否对儿童形成积极影响？这些问题的回答需要教育学、社会学、教学理论、学校和课程的参与，但这些学科或者领域都无法形成对儿童形象的完整认识，学科发展中的分支化和专门化特征构成了其解释生活事件时的局限。为了实现对儿童形象的完整认识，改变仅从社会层面研究儿童教育的弊病，莫伦豪尔主张进行有效的教育人类学研究。他将非语言能力、想象力、儿童所经历的生活事件等，都视为影响教育过程的关键事件，而“事件范围的大小”则成为莫伦豪尔教育人类学思考的独特性所在。

“事件范围的大小”是一个受多重因素规定的术语，包括个人经历、非自愿行为、经济、政治、个人意向、对爱的追求、爱的缺失等因素。“事件范围的大小”存在于社会结构之外，对人具有重要影响，它超越知识和确定性，也超越记忆和理解范围。莫伦豪尔对该术语的使用始于他对卡夫卡信中片段的分析：

> 亲爱的父亲：您最近问我惧怕您的原因。与以前一样，我不知道要如何回答您，可能是因为我惧怕您，也可能是因为您让我惧怕的理由是如此之多而强大，以至于我无法说出来。现在我尝试用写信的方式来回答这一问题，但我发现这种方式仍然是不充分的，因为即使我在写信的时候，对您的恐惧仍旧在影响并阻止我。我想，其中的原因在于您令我惧怕的事件范围的大小已经超越了我的记忆和理解。
>
> ——卡夫卡 1953 年给其父亲的信[1]

---

[1] Mollenhauer, K. *Vegessene Zusammenhänge: Über Kultur und Erziehung*. München: Juventa-Verlag, 1983: 9.

莫伦豪尔将卡夫卡信中的内容视为经典的教育人类学研究材料，其中呈现出重要的教育因素，主要包括四方面。

其一，想象力与记忆力。在与父亲进行的想象式对话中，卡夫卡开始对自己遭遇的情感困境进行描述，这种描述源自其与父亲交往的记忆。

其二，情感困境。回忆起自己的成长过程，卡夫卡既没有单独关注父亲，也没有单独关注自己，而是从父亲与自己的情感关系出发进行论述。卡夫卡对这一关系的解释也较为独特，呈现这种关系给自己带来的真实感受与困境，而非出于道德考量，只是一味地赞扬父亲。

其三，代际关系。儿童的教育过程离不开成人的影响，在儿童的教育过程中，成人扮演着助产士和检查员的角色，成人也有可能同时扮演着儿童所经历困顿的制造者，正如卡夫卡所描述的父亲形象，他成为儿子心中恐惧的制造者。

其四，语言。卡夫卡的描述引发了莫伦豪尔对语言的思考，教育过程需要语言的参与，但究竟何种语言才能够描述教育过程？这一问题促成莫伦豪尔的教育人类学思想从语言维度进行了突破，表现为对语言双重属性的关注——关注语言和非语言力量在儿童成长中的作用，关注抽象语言和非抽象语言在教育学表达中的作用。

2. 坚信儿童的自我学习能力

儿童对社会结构和社会方式的内在化，仅仅通过指导、参与、模仿等方式是不够的。儿童接触的教育因素确实与社会实践相关，但莫伦豪尔也提出了这样的观点：儿童在通过教育接触社会规则和文化之前，已经具有了一系列的自我活动能力。在肯定儿童自我学习能力和活动能力之后，接下来的问题就是如何培养儿童学习的愿望？乍一看，这个问题是荒谬的。毫无疑问，儿童从一开始就表现出了很强的学习愿望，但儿童的这种本能的学习愿望在入学后发生了改变，因为儿童需要面对的是大量与其本能不同的社会化学习形式。例如，如何形成金钱的概念，如何理解交通指挥灯的含义，儿童本能的学习愿望演变为一系列更为复杂的社会学习。如何培养儿童学习的愿望其实是指如何激发儿童接触社会文化和习俗的愿望，考虑到儿童已经具备学习能力和活动能力，如何培养儿童的学习愿望就转换成这一问题——如何理解儿童开始进入其自身的教育，[1]这一问题坚信儿童能够通过自我的学习能力而不断地完善自己。

3. 呈现中的延缓与过滤

在莫伦豪尔看来，延缓是一种尊重儿童独特性的做法，他反对成人对儿童的影响过快、过量，认为在儿童可塑性和自我活动能力的基础上，延缓呈现成人生活方式的做法对儿童有积极影响。从教育的视角来看，如果没有延缓，就会带来很多有问题、有危害的关系。[2] 这实际上就是要把儿童当作儿童，进行区别对待，而不是急于让他们迅速地、完全地接受成人的生活方式。

延缓的缺失带来许多不良后果，如童工、流浪儿童、儿童的恶习等，大众媒体加速了现代社会暴力过程的传播。[3] 莫伦豪尔肯定教育一定会传递文化遗产，但他同时也认为，在传递的过程中必须要经过过滤，延缓儿童对成人所呈现的社会方式完全接受，这种“过滤”作用至少有两个优点。

其一，在每种文化中，成人的生活都是由不同于儿童的目标体系、

---

[1] Klaus, M. *Forgotten Connections. On culture and Upbring*. Translated by Norm Friesen. New York: Routledge, 2014.

[2] Mollenhauer, K. *Vegessene Zusammenhänge: Über Kultur und Rziehung*. München: Juventa-Verlag, 1983: 22 - 40.

[3] Klaus, M. *Forgotten Connections. On Culture and Upbring*. Translated by Norm Friesen. New York: Routledge, 2014: 20 - 21.

行为和符号组成的，如果将这些不加选择地直接展示给儿童，就会给儿童带来不良影响。因此，在儿童与社会现实之间需要“过滤器”，[1]过滤掉对儿童的不良影响。

其二，除了保护儿童，使儿童免受不良事件的影响，“过滤器”同样也保证了儿童免受社会因素所带来的悲伤与干扰。例如，在兰斯（Long Lance）的自传中所描述的童年经历中，他面临的悲痛是因为母亲离他而去，[2]但他并不知道母亲向他所隐匿的情节，这恰恰是母亲过滤掉的社会因素——因为她的兄弟在战争中死去，受习俗的影响，她要砍掉自己的一根手指进行哀悼，但她并不希望自己年幼的孩子看到这一幕，于是就形成了一个“过滤器”——不让年幼的孩子看到自己砍掉手指这一幕，她宁肯远离自己的孩子，也不让他看到这血腥的哀悼场景。

4. 呈现在儿童学习中的作用

> 通过哭声、间断的发音和身体的不同动作来表达自己的愿望，个体可能有自己的愿望，但并不能全部表达自己的愿望。这时，在上帝的恩赐下，能够不断地在记忆中练习不同的声音。然后这些记忆中的声音就与特定的事物联系起来，我始终记得这些声音与记忆始终与他们所能够指向的事物相关。语言指代一件事而不能

---

[1] Dienelt, K. *Pädagogische Anthropologie: Eine Wissenschaftheorie*. Köln: Böhlau, 1999: 14.

[2] 兰斯在其自传中进行了如下描述：我能记住的生命中的第一件事是一次战争。在这次战争中，我母亲一边背着还在苔藓篮子里的我，一边跑一边哭。我始终记着这一场景，就像是在昨天一样，然而当时我只是一个一岁的孩子。到处都是女人和马，但我只记住两个女人——我母亲和阿姨。我母亲的手正在流血，她正在哭，她把我交给我阿姨，骑上一匹小马走远了。我婴儿的思维告诉我将有灾难性的事情发生。尽管印度孩子很少哭，但当我母亲离我远去的时候，我哭了，我似乎永远也见不到她了。在接下来的时间里，这一幕经常出现在我面前。我不知道这到底是一个梦，还是真实发生过。参见：Klaus, M. *Forgotten Connections. On Culture and Upbring*. Translated by Norm Friesen. New York: Routledge, 2014: 20.

> 指代另外的事，主要与身体的运动——自然语言相关，所有的观念都是通过面部表情、眼神、体语、声音等来表现内在的情感与愿望。通过重复听不同句子中的不同词语的特殊用法，我逐渐了解到不同的词代表不同的事物，而且我的嘴也逐渐适应了这些符号和标志，我也因此学会了表达自己的愿望。[1]

根据奥古斯丁在《忏悔录》中对语言学习过程的描述，莫伦豪尔总结了一些与儿童语言学习相关的问题：儿童的语言学习并不是通过向他人学习得来的，不是通过从他人那里收集的知识和经验而习得，也不是通过书本或者理论而获得，而是通过他自己的经验而习得。奥古斯丁的语言学习模式呈现出中世纪晚期欧洲主要的教育关系模式，他所揭示的问题同样也是现代行为学习理论最具有优势的、被经验证实的问题。莫伦豪尔从奥古斯丁语言学习过程的描述中，提出并解释了呈现在语言学习过程中的地位：

> 语言学习的首要和关键步骤是向儿童所处的世界和环境呈现客观物体，语言学习同样也包含儿童能够对这些客观物体命名并且与标准发音规则结合起来。在这个过程中，事物通过词语的独特顺序或结构被呈现出来。词语的呈现方式并不是在所有时间、所有社会背景中都是相同的，例如，因纽特孩子就会学 20 多个与雪有关的词语。[2]

---

[1] Klaus, M. *Forgotten Connections. On Culture and Upbring*. Translated by Norm Friesen. New York: Routledge, 2014: 12 - 15.

[2] 同上：23.

莫伦豪尔之所以重提奥古斯丁的语言学习过程，是因为在中世纪之后，教育思想与实践主要是以类别化的教育活动为主，对儿童和青少年的教育也是以追求效率为主，而奥古斯丁提出的关键教育问题——"自我"是如何进行学习的——也就被悬置了。莫伦豪尔认为这一经典的教育问题被"成人应该如何有效地教"[1]取代，教育过程的这种转变是与逐渐增加的劳动力分层、成人角色和教育过程的专门化等因素相适应的，也相应造成了教育与工具理性密切相关，将教育简化为对某种确定行为和结果的培养，同时也忽略了儿童形象的本真面目在教育中的作用。

（二）再现

前文所讲的呈现主要是指社会遗产和成人生活方式的呈现，这些多是无意识进行的，儿童对这些呈现内容的学习方式更多的表现为模仿学习。[2] 与之不同，再现侧重教育中的选择过程，例如对课程内容的选择与传递，强调教育主体有意识的选择和介入教育的活动。

莫伦豪尔认为，社会现实越复杂，儿童所接触到的与其未来发展的基本关联就越少，而呈现给儿童的这种关联越少，就越凸显出这样一个基本问题：如何在诸多复杂的事物中选择对儿童真正有影响的知识与技能，这就需要对呈现给儿童的材料进行选择。一个社会的教育传统必须由教师经过有效的课程"存贮"，也就是说，除了呈现给儿童特定的生活方式，隐藏在这些生活方式背后的文化和历史内容必须以儿童能够接受的方式呈现给他们，"文化并不是作为一个整体呈现给学生的，而只是部分地呈现给学生，呈现出的这一部分文化通过教育演练或实

---

[1] Klaus, M. *Forgotten Connections. On Culture and Upbring*. Translated by Norm Friesen. New York: Routledge, 2014: 14-15.

[2] 此处所讲的模仿，更多指消极层面的效仿，与前文提到的教育历史人类学所讲的模仿不同，后者更加强调模仿在个体和社会存在过程中的积极作用。

践来完成”。[1] 这一观点意味着成人必须从大量的材料中选择儿童可以理解的内容，专门化的教育机构如学校就成为这一任务的主要承担者，但这并不意味着教育机构之外的其他因素在承担该任务方面就一无所能，例如，在家庭内部，成人可以有选择地把生活方式再现给儿童。

那么，再现对儿童的在校生活有何影响？基于再现的儿童学习应该被视为像走路和说话那样的学习么？

在回答上述问题的过程中，莫伦豪尔首先肯定，教育领域中充满着“视觉材料”，[2]儿童形象及其学习过程的特殊性决定了儿童并不能经历一个整体的世界，而只能是通过不同的区分，例如年龄、班级、课程，并通过不同的演练与实践来实现。简单来讲，儿童学习数字和字母，再将它们组成等式并理解其代表的意义，之后，学习更加精细地使用再现的法则、形式和编码。在这一种学习过程中，学习不是自然进行的，而是需要更多的实践。

第二节

莫伦豪尔重塑儿童形象的方法

莫伦豪尔参与了德国教育历史人类学研究，同时也保持着自身教

[1] Mollenhauer，K. *Vegessene Zusammenhänge: Über Kultur und Erziehung*. München：Juventa-Verlag，1983：52－60.

[2] Klaus，M. *Forgotten Connections. On Culture and Upbring*. Translated by Norm Friesen. New York：Routledge，2014：21.

育人类学思考的独特性，他的教育人类学思想与当时的主流教育学思想相关，开始反思解放教育学和经验教育学的局限。精神科学教育学传统在这一时期也开始重新获得关注。精神科学教育学思想的精髓——教化传统对莫伦豪尔教育人类学思想具有重要影响。莫伦豪尔肯定儿童内在的精神世界在教育中的重要作用，关注非理性内容和非制度化“自我”对儿童自我形象的影响，倡导根据儿童内在的精神世界进行教育，主张运用体验式的语言来描述教育过程，反对抽象化语言在教育中的盛行。这些研究扭转了非理性内容在教育人类学中的缺位，也因此丰富了对教育中人的形象的认识。肯定儿童自我活动和内在精神世界的教育作用，实际上是区分了两种类型的教育学——技术的/文明化的教育学和理想的/浪漫的教育学，莫伦豪尔倾向于后者，而其教育人类学思想则成为此种教育学的基础。

一、批判反教育观点

探究莫伦豪尔教育人类学思想的方法论基础，需要明确如下问题：莫伦豪尔的教育人类学思想是针对何种问题提出来的？概括来讲，是针对他所处时代流行的反教育观点而提出的。为了批判反教育观点，莫伦豪尔重建儿童自我形象，并以此为基础重建真实的教育过程。

作为精神科学教育学第二代代表人物韦尼格的弟子，莫伦豪尔在1968年明确提出了这样的观点：“精神科学教育学不适合于第二次世界大战以后的教育现实，精神科学教育学只是已经过时的德国教育学传统。”[1]之后，莫伦豪尔就与其导师韦尼格分道扬镳。在离开精神科学教育学阵营之后，莫伦豪尔投入到当时的社会现实分析以及与之相应

[1] Mollenhauer, K. *Erziehung und Emanzipation: Polemische Skizzen*. München: Juventa-Verlag, 1968.

的教育思潮——教育与解放的关系研究，并成为 20 世纪 70 年代德国解放教育学的代表人物之一。解放教育学的成功也让莫伦豪尔认识到该思想进一步发展可能造成的危害，尤其是青少年暴力行为的形成，莫伦豪尔因此逐渐改变了对解放教育学以及教育与政治关系的热情，转而思考其带来的反教育观点及其危害。其思考的关键就是通过教育人类学重构教育中人的形象，尤其是儿童自我形象，以此针砭时弊，重回真实的教育过程。

反教育观点指开始于 20 世纪 60 年代，繁荣于 20 世纪 70—80 年代初期的德国教育观念，与 20 世纪 60 年代开始的教育改革运动密切相关。莫伦豪尔认为这场教育改革运动对教育机构以及所有与教育相关的社会领域都造成了影响，加深了二元对立思维，加固了一系列观念之间的对立。例如传统的教育和进步的教育、目标导向的学习和自然本性的学习、好的教育学和糟糕的教育学等二元对立的概念。[1] 除了“反权威”“反资本主义”之外，当时的激进主义方法也影响到了教育领域，形成了反教育，这是一种对教育逻辑的极端越轨行为。根据反教育的观点，儿童不应该被专门地教任何事情，相反，儿童的发展是“被陪伴的”，这就意味着成人必须尊重儿童的各项权利，成人必须容忍儿童的情绪，并且要从儿童的行为中学习。[2] 在莫伦豪尔看来，在反教育中，成人都是友好的人，他们直接、自发地接受任何儿童的真实情境，而不是将儿童教育付诸任何一种理论。

乍听起来，反教育观点很有吸引力，它充分肯定并赞扬了儿童自我成长的能力，即使没有成人的教育与引导，儿童也能够自我成长与发

[1] Klaus, M. *Forgotten Connections. On Culture and Upbring*. Translated by Norm Friesen. New York: Routledge, 2014: Introduction.

[2] Mollenhauer, K. *Vegessene Zusammenhänge: Über Kultur und Erziehung*. München: Juventa-Verlag, 1983: 18 - 19.

展，这一观点一度非常流行。批评者认为反教育是完全错误的，因为成人毫无疑问承担着对下一代的教育任务。遗憾的是，这些批评者并没有对这个一度流行的观点予以深刻反思，而是将其完全剔除。与盲目的尊崇态度和粗鲁的反对态度不同，莫伦豪尔通过"文化与教育的关联"，对反教育观点进行了理性审思。

针对当时教育研究者对反教育观点所持的或完全贬斥或完全赞扬的态度，莫伦豪尔从更新儿童自我形象开始，关注儿童真实生活世界的意义与真实的教育过程，形成了独特的教育人类学思考，以此来理性审视反教育观点。值得注意的是，莫伦豪尔以儿童自我形象的重塑作为教育人类学思想的起点和核心，经历了一番选择和比较，主要表现在对当时各种简化教育学思想进行审思，之后进行权衡比较，从而认为教育人类学思考是祛除时下教育学弊病的良药。在莫伦豪尔写《被遗忘的关联：文化与教育》时，针对批判反教育观点的简化思维，在理论层面形成了以下观点：

> 1. 德国教育理论研究者认识到有两种类型的教育：意向性教育和功能性教育。[1] 考察两种教育之间的关系和有效渗透的途径，是教育人类学需要研究的一项特殊任务。2. 心理学分析在社会化方面进行的大量研究证明人们早期经历的社会关系对当下的教育有重要影响，与这些早期经历相比，个体化的教育干预是不合

[1] 功能性教育通常是一种无意识进行塑造的力量，意向性教育旨在消除功能性教育的不良的、有害的影响。一般情况下，意向性教育理论的出发点是，它不仅在意向上努力实现教育效果，而且还借助教育意向和教育作用之间的因果关系来实现教育效果。只有当教育行动者始终——自觉的或不自觉的——关注教育意向，尝试达到教育效果；只有当撇开各种活动参与者的意向产生的效果，使成长着的一代始终接受与意向无关的、在意向背后发挥作用的影响，在这种情况下意向和功能的区分才有意义。参见：底特利希·本纳.普通教育学：教育思想和行动基本结构的系统的和问题史的引论[M].彭正海，徐小青，张可创，译.上海：华东师范大学出版社，2006：102－103.

逻辑的，即使这些个体化干预计划得再好也是不符合逻辑的。3. 民族志研究者为教育学研究打开了文化之眼，在文化中，教育被赋予把特定事物和行为组合在一起的功能。4. 现象学式的社会学研究者将教育者的注意力转移到儿童被教育的"日常生活"或者"每日的世界"。5. 法国结构主义者将"文化惯习"视为所有教育背景中的决定性因素。[1]

莫伦豪尔认为，尽管以上五种思潮或方法能够提醒人们对教育及其功能进行反思，但是所有这些观点都忽略了一个最重要的教育起点，也是教育主体——自我。正是认识到这种缺失，莫伦豪尔才倡导回到自我，以此来批判20世纪60年代德国教育中流行的效率优先原则和反教育观点。为了实现这一目标，莫伦豪尔从奥古斯丁在《忏悔录》中描述的语言学习过程入手，之所以选择这一研究材料，是因为奥古斯丁的描述揭示了教育的必然路径——从自我以及呈现给自我的生活方式开始讨论教育。莫伦豪尔认为这是教育首要且关键的一步，他以此作为分析载体，来剖析自我在教育中的基础性和时代性价值。莫伦豪尔据此描述了儿童的教育过程及其中蕴含的教育原则。

第一，在任何教育活动中，成人向儿童展示成人自己的生活方式和价值观，这是必要且不可避免的。儿童也因此学到了成为一个人必须要掌握的基本内容——儿童自身所处的文化，以此来取代其本能驱使的动物属性。

第二，教育只有通过语言和有秩序的行为才能够实现。在有秩序的行为中，儿童重复听到成人在不同的句子中，用不同的方式讲述"词

[1] Mollenhauer, K. *Vegessene Zusammenhänge: Über Kultur und Erziehung*. München: Juventa-Verlag, 1983: 9 - 22.

语”，儿童还看到成年人为事物命名。传递给儿童的秩序主要通过语言来实现，语言包含着具体意义。

第三，语言及其运用能力承担着几乎所有类型的想象形式，它们可以被解释并且能随着时间而变化。因此，呈现给儿童的表达方式，在任何情况下都代表具有特殊历史根源的特定生活方式，因为这些生活方式是以说话的方式呈现的，[1]它们通常也就包含着一种确定的生活态度，儿童在适应这些说话方式和符号的同时，也是在表达自己的愿望。“说话”不仅传递儿童所接受生活的结构，同时也展现了一种被含蓄地规定的生活方式，同样也形成了儿童表达自己愿望的能力。

尽管莫伦豪尔倡导上述教育规则，但他同时也认识到这些原则被过度实施的危害。例如，他一方面意识到教育必须要通过成人对儿童的影响才能够进行，另一方面也认为成人应该提供给儿童足够的空间，在呈现或再现给儿童特定内容的过程中，“要以儿童的独特性为导向，同时也以儿童的成长、潜力和未来为导向”。[2] 同样，莫伦豪尔肯定语言在儿童成长中所发挥的作用，同时也认识到非语言在塑造儿童自我形象中所具备的力量。

二、丰富解放视角

莫伦豪尔的教育人类学思想不仅更新了看待教育过程的视角，而且改变了 20 世纪 80 年代流行的对儿童及其教育的语言描述方式，莫伦豪尔认为这是对自己解放教育学思想的延续。

莫伦豪尔于 1968 年与其导师及精神科学教育学传统相背离，转而

[1] Mollenhauer, K. *Vegessene Zusammenhänge: Über Kultur und Erziehung*. München: Juventa-Verlag, 1983.
[2] 彭正梅. 异域察论：德国和美国教育学研究[M]. 上海：华东师范大学出版社，2015：81.

思考教育与解放的关系，投入解放教育学的阵营并成为代表人物之一。到了 20 世纪 80 年代，莫伦豪尔开始思考精神科学教育学与哲学人类学在探讨教育中人的形象方面的独特性。与 20 世纪 60 年代宣布与精神科学教育学的决裂不同，此时的莫伦豪尔并没有放弃对教育与解放问题的思考，他认为《被遗忘的关联：文化与教育》绝不是要背弃解放教育学思想，而只是对其进行丰富与补充，寻找一种更为关键且有效的方法来实现人在教育中的解放之路，这种新型的解放之路与语言问题密切相关。具体而言，莫伦豪尔认为语言问题是束缚教育学思想和教育人类学思考的重要障碍，应该寻找一种更加合适的语言来表达教育过程。莫伦豪尔反对用抽象化的语言来描述教育过程和教育中人的形象，当时流行的某些抽象的社会学话语，如再生产、社会化、阶层、机构等术语，[1]都无法描述真实而生动的教育过程，如儿童对父母的爱或者恐惧、对未来生活的憧憬或希望等，这些因素对儿童的教育至关重要，但却一直被教育研究遗忘。莫伦豪尔尝试改变这一状况，一方面肯定儿童情感和全部生活过程的重要性，另一方面摆脱抽象语言方式的困扰，探究能够有效表达这些因素的语言方式。为了达到这一目标，莫伦豪尔积极进行教育人类学思考，将儿童自我形象的重塑与时下教育研究的弊病结合起来，强调儿童真实的生活情境和全部生命状态的教育作用，这些因素不仅包含积极因素的教育作用，如乐观、希望等，还包含失败、困苦、虚弱等消极因素。[2]在莫伦豪尔看来，这些消极因素同样是理解儿童教育过程的必要内容，不能被简单视为社会化过程的必然结果。

---

[1][2] Klaus, M. *Forgotten Connections. On Culture and Upbring*. Translated by Norm Friesen. New York: Routledge, 2014: Introduction.

三、解释学方法论的重新运用

解释学方法论是德国精神科学教育学的主要方法论，认为人类社会是人们在历史发展过程中主动建构的，包含教育世界在内的社会世界，是不同于自然界的。在解释学方法论视域中，人是历史和文化背景中的“社会人”或“文化人”，人的行为不仅像动物那样受欲望、本能的驱使，而且受到社会历史文化的制约。解释学方法论也注重对历史文本的解释，在这种方法经历了20世纪70年代的衰落之后，莫伦豪尔在20世纪80年代初期，重提被遗忘的解释学方法论，将文学作品、传记、绘画等作为解释的对象，揭示其中所蕴含的儿童形象、教育关系等方面的演变过程及其影响因素，这主要体现在其对图像和教育故事的解释过程中。

（一）借助图像来表现儿童形象的历史演变

历史材料，尤其是历史中的图像材料，在莫伦豪尔的教育人类学思想中具有重要地位。在研究儿童形象的过程中，莫伦豪尔通过对不同时期的图像进行分析，来展示儿童形象随时间推移而经历的演变。

如在图4-1中的儿童，只是身体上小于成人，其面部样态则与成人相同，此时的儿童仅仅是成人的缩小版，儿童自身的独特性并没有被凸显出来。但是到了15世纪中后期，儿童形象出现了转变，具备了“儿童特征”（见图4-2）。莫伦豪尔用这样直观的方法来表达儿童形象的历史演变。除此之外，莫伦豪尔还用图像作为分析载体进行跨文化的比较研究，展示印度儿童和德国儿童早年经历的差异，以及不同文化背景中人们对待同一种生活方式——工作的差异，最终得出结论：随着时间的推移，儿童面对工作的社会现实正在下降。[1] 莫伦豪尔采用相同的方法，通过对自画像的剖析来对人类自我形象的形成因素进行分析。[2] 例如，选择梵高 1888 年的一幅自画像，通过“我们所能观察到的自我将其目光投向了一个逐渐消失的点”[3]的判断，描述画中表现出来的拒斥姿态，揭示外在自我如何与内在自我实现分离。

图 4－1　公元 550 年成人与儿童的形象[4]

图 4－2　15 世纪中后期成人与儿童的形象[5]

莫伦豪尔之所以选择图像作为分析载体，是因为他认识到图像拥有文本、语言等其他分析载体所不具备的独特优势，即图像能够帮助研究者揭示出混淆在日常生活中的、通常被忽略的细节和文化差异。用

[1] Mollenhauer, K. *Vegessene Zusammenhänge: Über Kultur und Erziehung*. München: Juventa-Verlag, 1983: 99.
[2] 莫伦豪尔对自画像及其影响因素的分析，可参见：Mollenhauer, K. *Vegessene Zusammenhänge: Über Kultur und Erziehung*. München: Juventa-Verlag, 1983: 161－166.
[3] 彭正梅. 异域察论：德国和美国教育学研究[M]. 上海：华东师范大学出版社，2015: 83.
[4] Mollenhauer, K. *Vegessene Zusammenhänge: Über Kultur und Erziehung*. München: Juventa-Verlag, 1983: 93.
[5] 同上：95.

图像作为分析载体，从审美角度展现儿童形象的演变过程，不仅是研究载体和分析单位的变化，更是思维方式的转变。

（二）用教育故事展示真实的教育过程

教育故事的使用是莫伦豪尔教育人类学研究的又一独特之处。通过卡夫卡的教育故事，莫伦豪尔引出了“事件范围的大小”，将回忆、记忆、情感困境、含蓄的非自愿的因素、代际关系等引入教育人类学研究中，认为这些因素应该与知识、确定性、理性等因素共同构成儿童真实教育的基础，拓展了对教育中人的形象的认识范围。通过印度男孩兰斯的故事，莫伦豪尔说明了成人对自身生活的过滤对儿童的成长影响深远。通过一个被孤立的13岁男孩卡斯帕的故事，莫伦豪尔说明最基本的社会沟通能够保证儿童通过教育而顺利融入社会。围绕这些故事，莫伦豪尔提出了一系列有价值的问题，以卡夫卡对自身情感困境的描述为例，莫伦豪尔认为卡夫卡对回忆的描述，并没有陷入对痛苦的空洞陈述，也没有陷入对事件的简单判断，而是尝试寻找其中的原因。

莫伦豪尔由此引申开来，明确卡夫卡所呈现的这些细节是影响儿童教育过程的关键因素，并提出了一系列问题：我们何时才能够像卡夫卡那样坦然面对自己的记忆？人们应该如何表述像回忆和记忆之类的事情？任何经验都必须借助语言媒介来表达，任何事情都要借助语言的质量，那么，什么是有质量的教育语言？语言能够测量“事件的范围大小”么？口头以及书面话语能够使无数的细节变得通晓明白么？[1]为了回答这些问题，莫伦豪尔在不损害准确性和有效性的基础上，回避当时流行的抽象标签式的社会学表达方式，同样也避免多愁善感的方

[1] Mollenhauer, K. *Vegessene Zusammenhänge: Über Kultur und Erziehung*. München: Juventa-Verlag, 1983: 17 - 19.

式，转而形成一种独具风格的语言方式。莫伦豪尔从不同时期的欧洲历史中挑选出对儿童的教育和成长具有重要意义的文章和材料，继而对这些材料进行解释并寻找合适的表达方式。

传记、绘画、书信等都是莫伦豪尔获取图像和教育故事的载体。通过研究材料的特征，可以看出莫伦豪尔教育人类学思想的历史属性。莫伦豪尔明确指出，任何教育观点都有历史性，这些观点陈述至少是一代人的历史或者对即将到来时代的表达。历史视角是莫伦豪尔的方法论根基，他所言的“历史”，更倾向于教育人类学的时间规定性，表现在研究材料选取方面就是一种历史相关性，这一特点决定了卡夫卡描述的情境只能够在卡夫卡的时代才能够被理解。莫伦豪尔借助卡夫卡的信件，还提出了这样的观点：反教育的观念是绝对不可能的。卡夫卡认为他的父亲给予他生命，同时也掠夺了他的生命，掠夺了他“自由呼吸”的能力，因此卡夫卡认为他生命中的任何部分都不是他父亲带来的，他将父亲的养育和教育当成一种监禁，提出了一种反教育的观点，莫伦豪尔认为这种观点是空洞且不符合实际的。

尽管莫伦豪尔认识到教育研究的历史规定性，但在历史规定性之外是否还存在某些具有普遍意义的观点与问题，莫伦豪尔并没有予以解释，而这是通过历史材料探究人类形象时必须要思考的问题。这也是莫伦豪尔借助图像与教育故事进行研究时所面临的方法论困境。

（三）精神科学教育学思维方式的再运用

解释学方法论的重新运用，也意味着精神科学教育学的思维方式得以再运用。莫伦豪尔在重塑文化与教育的关联时，并没有仅仅把文化视为一种外在于教育主体的客观精神，文化同时还蕴含着特定的思维方式，即被经验教育学、批判教育学等遗忘的精神科学教育学的思维方式，主要包括具体情境、历史取向和体验式语言表达三个方面。

1. 以具体情境为主的思维方式

儿童形象的完整性离不开其所处的具体情境，看重儿童具体而生动的经验，儿童的眼神、体态、声音、运动、衣着和书写等，都是儿童塑造自我形象的重要环节，不能被掩盖和忽略。

2. 历史取向的思维方式

如果要理解教育中主体行为的意义，必须要考虑到行为主体所生活的社会与文化背景，考虑社会前提、社会规则和主流文化等因素，这些被狄尔泰称为客观精神（objective geist）。[1] 这种精神是由历史决定的，包括生活方式、交往方式、社会伦理风俗、法律等。在历史取向的思维方式引导下，莫伦豪尔关注这样的问题：随着时间的推移，儿童的自我形象、所面对的社会现实、教育关系等因素，都经历了哪些变化？在莫伦豪尔看来，这些影响儿童自我形象及其教育的因素，并不是一成不变的，而是随着历史演进呈现不同特征，具有较强的历史性。

3. 体验式的语言表达方式

在莫伦豪尔重提文化与教育关联之前，经验教育学主张把教育学发展成为标准化的技术性科学，用科学语言例如物理学语言，建立教育学的科学化语言系统。在莫伦豪尔看来，科学化的语言并不能完整描述儿童形象，也不能完整表达儿童的真实体验，如情感变化、对回忆的态度等方面。莫伦豪尔转而用体验式的语言表述真实的教育过程，改变纯粹科学化和抽象化的语言表达方式。

---

［1］ 彭正梅.德国教育学概观：从启蒙运动到当代[M].北京：北京大学出版社，2011：189.

第五章

深化与裂变：20 世纪 90 年代以来的教育历史文化人类学

从20世纪90年代开始，教育历史文化人类学逐渐形成并成为教育人类学思想的主流。所谓深化与裂变，是相对于20世纪80年代的德国教育历史人类学以及20世纪60年代以来的德国教育人类学传统而言的，教育历史文化人类学将现代人类学意义上的文化观念与视角引入教育历史人类学中，实现了研究主题和研究方法的深化。此外，德国教育人类学深受教化传统的影响，以舍弃多样性、追求人类形象的普遍性为目标，教育历史文化人类学将这一研究传统予以转变，实现了德国教育人类学传统的裂变。

2004年，伍尔夫的《人类学：一种大陆视角》出版，书中对欧洲大陆的人类学研究进行了系统梳理，同时，伍尔夫评述了自己及其团队自20世纪80年代以来的教育历史人类学研究、萌芽于20世纪90年代末的历史文化人类学取向以及这种取向引导的教育仪式、体语研究等，在此基础上，伍尔夫结合新时期的变化，对已有的主流人类学研究思想和范式予以建设性地吸收与转化，提出了教育人类学的当代和未来走向应该是历史文化人类学，对历史文化人类学的思想基础、时代背景、研究特质和研究任务进行了系统总结和论述，对德国教育人类学的研究主题、研究走向进行了重新定位。[1] 总体而言，跨文化、跨学科和开放性是历史文化人类学的最重要特征。

从德国教育历史文化人类学的形成轨迹来看，历史文化人类学是其思想基础。将不同的人类学观点、内容和方法联系起来并考虑其历史性和文化性，伍尔夫将此概括为历史文化人类学。[2] 历史文化人类

[1] Wulf, C. *Anthropologie: Geschichte Kultur Philosophie*. Reinbek: Rowohlt, 2004. 该书英文版于2013年出版，参见：Wulf, C. *Anthropology: A Continental Perspective*. Chicago: The University of Chicago Press, 2013. 本书对此书的引用采用英文版。

[2] Wulf, C. *Anthropology: A Continental Perspective*. Chicago: The University of Chicago Press, 2013: 114 - 115.

学的提法产生于这样一个特定时期：传统德国人类学标准的强制性特征以及充当不同学科保护伞的能力遭到质疑。同时，人类学历史和文化的发展完全受理性和进步引导的观点也遭到了质疑。历史文化人类学认为人类学问题应当包含对社会和文化生活的观照，应该从不同方面对此进行研究并将其转化为新的研究主题，对这些问题的研究基于特定时期特定地区的人类文化及其对人类形象带来的变化。[1] 因此，与历史人类学一致，历史文化人类学摒弃人类学的普遍理论，转而尝试理解多样性，其目标不在于找到人类持续的和普遍的方面，而是要关注历史和文化对人类的双重影响。这样的研究是多元的，通常也是跨学科和跨国界的，并且在研究中体现研究主题的可能性和限度，强调历史文化人类学应该成为社会科学和人文科学的研究焦点。

在英美社会文化人类学导向的教育人类学研究中，教育人类学对文化，尤其是异域文化的关注是毋庸置疑的。但在当代德国教育人类学中，教育人类学获得文化视角却经历了一番努力。20 世纪六七十年代，德国教育人类学在反思与重建中形成了多重研究视角与方法，但是，因为精神文化教育学在经验教育学的冲击下失去了其主导地位，传统的文化因素在该时期被经验、批判、解放等时代因素取代。此外，同一时期的德国人类学仍旧保持其大陆特征，尚未与英美导向的社会文化人类学进行有效沟通，未充分吸取其在文化与教育多样性方面的研究成果。因此，在整个 20 世纪六七十年代，文化的触角也一直没有深入德国教育人类学的方法论内核。到了 20 世纪 80 年代，人类形象的时代新塑促使教育历史人类学的形成，德国教育人类学因此具备了历史的“基质”。

---

[1] Wulf, C. *Anthropology: A Continental Perspective*. Chicago: The University of Chicago Press, 2013: 114 - 115.

德国教育人类学的这一境况在20世纪90年代末开始发生转变，此时开始加速的全球化进程和新媒体等促成了新文化境遇和生活方式的形成，德国教育人类学研究开始直面新境遇和新环境中的人类形象和教育问题。同时，英美社会文化人类学的研究方法和研究视角等在德国教育人类学界开始受到重视。这些促使德国教育历史人类学研究者认识到文化取向在教育人类学研究中同样具有重要地位，文化取向应该与历史人类学取向一道，共同成为教育人类学的研究取向，也就是走向教育历史文化人类学。

第一节

德国历史文化人类学的形成

历史文化人类学在历史人类学中增加了文化"基质"，"文化"在此处主要有三重内涵：

内涵一："文化"指代"文化人类学"的视角与研究方式，与"历史"形成补充；

内涵二："文化"代表"瞬时的视角"，与"历时的视角"形成补充；

内涵三："文化"指不同人类学和教育人类学赖以形成的"文化背景"。

文化的上述内涵决定了历史文化人类学是历史人类学和文化人类学的结合，兼顾历时和瞬时的研究视角。

一、形成背景

2004 年，伍尔夫在《人类学：一种大陆视角》中，通过对已有人类学范式的分析，认为历时（Diachronic）和瞬时（Synthronic）的视角对人类学研究是必要的，人类学不能偏废其一，并认为今后的人类学应该发展成为历史文化人类学。历史维度是理解人类学进化和发展必不可少的方面。在对德国哲学人类学、法国历史人类学以及美国文化人类学的分析之后，伍尔夫认为，人类学的概念和发展特点植根于不同的文化背景，人类学之所以呈现如此丰富的样态，正是因为不同文化背景的影响。

教育历史人类学主要针对的是德国教育人类学研究传统对教育中人的形象的普遍化认识，用历史人类学来扭转德国教育人类学的这种研究局面，对人类形象以及教育中人的形象形成与历史相关、随历史演变的动态研究视角。从整体上看，德国历史人类学是在借鉴某一人类学研究范式的基础上形成的，基本上是按照借鉴一种人类学形成另外一种人类学的思维方式。与此相比，历史文化人类学则具有大的格局，它是在对世界主流人类学范式的系统总结和分析之后，结合德国人类学的研究现状形成的，是借鉴多种人类学形成一种新人类学的思维方式。

在对全世界范围内主流人类学综合分析的基础上，教育历史文化人类学的代表人物意识到这样一个事实：历史人类学和文化人类学之间有一些默契，人类学研究既需要历时的视角，也需要瞬时的视角。这两种视角为德国人类学看待当下的教育现象和结构提供了新方式，德国人类学对人类形象的理解和解释因此获得了新双重视角。而德国历史文化人类学的形成则依托于三大背景。

（一）三种人类学范式的交流互动

历史文化人类学处于与三种人类学范式——哲学人类学、历史人类学、文化人类学——的交流互动中。[1] 在与三种人类学的交流互动中，历史文化人类学具备了独特的研究前提、研究视角和研究主题，具体表现为三个方面。

首先，在德国本土哲学人类学的影响下，历史文化人类学坚持对人类形象的本质进行思考，在此基础上肯定人类的教育本质。

其次，德国历史人类学实际上是历史文化人类学的前身，历史文化人类学的研究者和研究主题基本是从历史人类学过渡而来。德国历史文化人类学在历史人类学的基础上进一步推进，形成了兼顾历时与瞬时的思维方式、研究方法和研究取向。

最后，文化人类学的影响主要来自象征人类学。象征人类学对德国历史文化人类学的影响在于符号现象与仪式的关联，将游戏和仪式视为人类扩展和重新组织其意识的活动。[2] 通过各种符号研究来认识文化和社会，把符号与行为主体的心理动机、意义、现实指示等结合起来，尤其注重意义的传递过程。[3] 历史文化人类学重视维克多・特纳（Victor Turner）的仪式研究，在社会生活的动态变化和多样性中理解文化的象征意义，又将身体、模仿、表演等因素融入其中，形成了德国历史文化人类学独特的仪式研究范式。

（二）跨文化背景对“他者”的研究需要

在第二次世界大战之后，德国人类学和教育人类学研究虽然偶尔

---

［1］ Wulf, C. *Anthropologie. Geschichte-Kultur-Philosophie*. Köln：Anaconda，2009：10.

［2］ 卢克・拉斯特. 人类学的邀请[M]. 王媛，等，译. 北京：北京大学出版社，2008：117.

［3］ 穆尔. 人类学家的文化见解[M]. 欧阳敏，邹乔，等，译. 北京：商务印书馆，2009：249.

涉及“他者”，但始终不是研究主流。[1] 20世纪90年代，随着全球化进程的加快和潜在战争影响的消失，跨文化、文化多样性已经成为人们生活的主要背景，也成为教育展开的重要条件，“他者”问题与文化多样性、跨文化背景等一起被纳入历史文化人类学的研究视野。新世纪的人种学和民族学研究也开始有意识地关注“他者”的特征。[2] 关注“他者”需要从“他者”的角度感觉与思考，形成对非同一性的体验，这在全球化背景中尤其重要。为了更好地应对文化多样性，需要在与“他者”的相互交流中确定自我，发展自我，不可能脱离“他者”而故步自封。虽然关注“他者”，德国历史文化人类学对“他者”的关注也体现了不同于英美文化人类学对“他者”的认识。德国历史文化人类学对“他者”的关注主要有两个维度。

其一，面对全球化时代的文化多样性，德国历史文化人类学认为应该有平等看待其他文化的视角和情怀。德国教育历史文化人类学关注“他者”还有另外一层重要的用意，就是以此来预防暴力、战争等潜在危险。认为教育要有意识地教给儿童和青少年与“他者”平等交流的能力，更好地应对文化多样性、可持续发展教育以及和平教育等主题。如果人类能够在自身及其文化中意识到“他者”的存在，则会为理解“他者”提供新的可能性，这也是跨文化教育的前提。

其二，“他者”有多方面表现，不仅指不同于德国文化的异域文化，还指德国文化内部的“他者”，例如暴力的潜在制造者。除此之外，德国历史文化人类学视野中“他者”之间的交往，还表现为男女之间、成人与儿童之间的交往，原因在于对“他者”及其文化充满好奇与尊重。

---

[1] Kohl, K, H. *Ethnologie-die Wissenschaft von Kulturell Fremden*. Eine Einfühen. Müschen, 1993: Vorwort.

[2] 克里斯托夫·武尔夫. 教育人类学[M]. 张志坤，译. 北京：教育科学出版社，2009：34，38－50.

（三）代表人物的学术旨趣

与历史人类学相比，历史文化人类学的最重要特征是将文化引入历史人类学中，实现历史与文化的结合，教育历史文化人类学的领军人物伍尔夫为实现这一结合作出了突出贡献，这与伍尔夫本人敏锐的时代理解能力、跨文化和跨国沟通能力有关。

伍尔夫经常问自己，为什么自己在世界范围内倡导和组织了如此多的跨学科、跨文化和跨国家的论坛？这个问题同样也与德国历史人类学转向历史文化人类学相关。其中一个原因是伍尔夫对来自其他学科、其他文化、其他国家研究者的思想感兴趣，他对跨学科和跨文化对话抱有热情。伍尔夫会从这些论坛和对话中获得一种多元化视角，形成不同学科和不同国家参与者之间互相交流的氛围。伍尔夫十分喜欢招收来自不同学科和国家的学生。他的博士生来自15个不同专业，他前后接纳了115位来自世界不同国家和地区的进修者，先后担任25位其他学科教习资格申请人的评价者。[1] 这些年轻的研究者启发伍尔夫提出不同的研究问题，不断激发他对不同主题的研究兴趣。通过合作，伍尔夫不断丰富自己的研究视角，并在自己的研究领域中形成新思想和新视角。

对伍尔夫来说，今日的教育人类学研究应该是国际化联系中的研究，国际化联系是教育人类学多元视角研究的条件。伍尔夫创建了很多工作坊，与来自不同国家和专业的博士生、年轻教师和其他同事共同研究。不仅在德国，伍尔夫也在斯德哥尔摩、东京、孟买等地组织了研究工作坊。[2] 教育历史人类学的领军人物伍尔夫具备的这些丰富的跨文化

---

[1] Wulf, C. Weigand, G. *Der Mensch in der Globalisierten Welt: Anthropologische Reflexionen zum Verständnis unserer Zeit*. Münster: Waxmann, 2011: 127-140.

[2] Merkel, C., Wulf, C. *Globalisierung als Herausforderung der Erziehung. In: Anthropologie Kultureller VielfaltInterkulturelle Bildung in Zeiten der Globalisierung*. Münster: Bielefeld, 2006.

经历，成为文化视角融入德国教育历史人类学研究的又一重要原因。

二、内涵与特征

了解历史文化人类学的特征，首先需要明确历史文化人类学在哪些方面、以何种方式对历史人类学进行了延续、丰富与扩展。延续主要体现在历史文化人类学继承了历史人类学方法论中的跨学科特征。丰富指历史人类学的研究主题在历史文化人类学中得以进一步丰富，通过寻找具体的研究载体，历史文化人类学从实践层面、具体层面，对历史人类学的主题予以丰富、深化。扩展指历史文化人类学从研究方法、思维方式、文化视角等方面，对历史人类学的研究方法论予以扩展。

（一）复杂和多元特征

复杂和多元特征，既指德国历史文化人类学所处的时代背景和研究对象的特点，也指其因此形成的跨学科和跨文化旨趣，其代表人物的界定明确体现了这两种意识：

> 历史文化人类学研究认可各学科的认识论成果，着眼于发展跨学科的观点、研究对象和方法，并希望借此超越学科界限。参加这项研究的有来自三十多门学科和十五个国家的研究者，他们合作的目的就是要提高人类学知识的综合复杂性。大家意识到，这种知识的绝大部分都是与某个国家历史形成的文化、思维和科学传统紧密相关，因此这项研究就是要尝试通过连续的国际合作，开发出跨国话语，而国家的异质性和文化的多样性对此具有建构性意义。[1]

---

［1］ 克里斯托夫·伍尔夫.教育的历史人类学：问题与方法[J].北京大学教育评论，2007(10)：129.

与历史人类学的跨学科属性一样，历史文化人类学既不是具有严格界限的学科，也不是一个具有清晰边界的研究领域，它旨在跨越不同学科、不同文化和不同领域的边界，在边界的动态变化中形成与教育中人的形象相应的主题和方法，尝试从内容和方法层面不断形成新知识，以与全球化时代人们不断更新的生活方式和生活样态相适应。德国教育历史文化人类学的这种特征，不依附于某种研究方法，也不局限于某一类研究问题，更不囿于关于人类形象的普遍标准。教育历史文化人类学对人类形象的研究从历史演变和文化多样性开始，这样的教育人类学不是作为哲学人类学和历史人类学的替代品，也不是文化人类学或生物人类学的一部分，而是寻求新方法、新形式，直面新时期人类形象的变化。

尽管具有复杂和多元特征，德国教育历史文化人类学仍然坚持传统的教育人类学前提，即“如果没有一个或明或隐的‘教育中人的形象’，任何教育活动都是不可能的”。[1] 将教育中人的形象视为教育历史文化人类学的出发点和分析单位，对这一核心主题在不同历史和文化背景的表现进行反思与批判，这是教育历史文化人类学乃至新时期整个德国教育人类学的最重要课题。[2]

（二）关注跨文化与“他者”

德语中的“文化”(Kultur)很少指人的行为以及那种不是通过成就而是通过人的存在和行为表现出来的价值。这种特殊含义可以通过其派生词“文化的”(Kulturell)淋漓尽致地表现出来。“文化的”指

[1] Wulf, C. Pädagogische Anthropologie. *Zeitschrift für Erziehungswissenschaft*, 2015(1).
[2] Wulf, C. *Bilder des Menschen. Imaginäre und Performative Grundlagen der Kultur*. Bielefeld: Transcript Verlag, 2014: 124.

的不是一个人的存在价值，而是某些特定的由人类所创造的价值和特性。[1] 历史文化人类学在肯定文化与群体价值相关的同时，指出文化的复杂和流动特征。

复杂体现为文化内涵的丰富，历史文化人类学视野中的文化包括人的愿望、想象力、宗教、神话、乌托邦、游戏、仪式、节日、音乐等方面。[2] 流动特性指历史文化人类学注重文化运行中的动态过程，尤其是一些尚未被人们关注的因素在文化运行中的作用。[3] 在历史文化人类学中，文化之间的边界是动态的，并根据情境的变化而变化，是可渗透的。“在文化与文化间，文化现象重叠、混杂、变化着，也在不同文化间来回地流动。”[4]教育历史文化人类学学者认识到，在全球化和跨文化背景中，教育人类学若要对教育中人的形象有完整而准确的认识，必须关注文化的复杂和流动特性对人的影响，这主要体现为对文化多样性和“他者”的认识。作为文化人类学主要研究对象的“他者”，具有什么样的内涵和地位？可以通过以下观点对“他者”的界定来回答这一问题：

> 作为“文化互为主体性”的“他者”，通常指的是本民族以外、现代生活以外的各民族文化，而现代西方人类学的本质特征，表现在逐步得到认同的文化上非自我的、以他者为中心的世界观之上。[5]

“他者”是文化人类学的研究对象，同样也代表一种研究取向和研

---

[1] 诺贝特·埃利亚斯. 文明的进程：文明的社会起源和心理起源的研究[M]. 王佩莉，译. 北京：生活·读书·新知三联书店，1998：62.
[2] Hüppauf, B. *Bild und Einbildungskraft*. München：Fink，2006：301.
[3] Wulf, C. Weigand, G. *Der Mensch in der Globalisierten Welt: Anthropologische Reflexionen zum Verständnis Unserer Zeit*. Münster：Waxmann，2011.
[4] 克里斯托夫·伍尔夫. 作为跨文化教育的教育：一场全球变革[J]. 北京大学教育评论，2010(10)：164.
[5] 王铭铭. 人类学是什么[M]. 北京：北京大学出版社，2009：6.

究观点。在上述界定中，“他者”的内涵与“文化互为主体性”相关，认为不同文化之间应该互为主体，并以和而不同的方式进行平等交流。这一认识实际上已经在早期人类学的研究基础上有了推进，早期人类学更多强调用“小传统”来反观“大传统”，却没有讨论后者对前者的影响，这种情况下的“他者”更多被视为原始、野蛮、未开化、少数族群的代名词。但在全球化背景下，承认“他者”是文化平等沟通的重要条件。

第二节

教育历史文化人类学的特征与研究主题

在经过了初期十年的研究之后，20 世纪 90 年代末，教育历史人类学开始转向教育历史文化人类学，教育人类学的代表人物进行了如下判断：

> 教育人类学必须是教育历史文化人类学，教育人类学是一种历史文化人类学，对于教育的复杂性，我们既要采取历时的观点，也要采取共时的观点。教育人类学具有历史的、文化的特点，体现在其研究采用历史的和人种志的方法以及哲学的反思等方面。教育人类学对其他学科是开放的，也就是说，它实际上是跨学科的，也是跨文化的。[1]

[1] 克里斯托夫·武尔夫. 教育人类学[M]. 张志坤，译. 北京：教育科学出版社，2009：前言.

通过上述判断可以看出，德国教育历史文化人类学通过四个方面双重性的拟定，实现了德国教育人类学内涵的重新界定。这四个方面的双重性分别是：历时和瞬时观点结合、历史与文化结合、跨学科和跨文化结合、哲学研究方法和田野研究方法结合。上述四方面的双重结合，实现了德国教育人类学由静态思维到动态思维，由点状思维到线性思维，再由线性思维到面状思维，由单向思维到多向思维的转变。

20 世纪 90 年代之前的德国教育人类学，对教育中人的形象的界定与研究，一般是先从理论思考出发，通过哲学、神学等学科对人类形象进行思考与界定，推演出理想的教育中人的形象，继而将这种形象视为教育人类学的标准和教育学的基础。对于教育中人的形象如何形成、为何形成、经历何种演变等过程，20 世纪 80 年代之前的德国教育人类学没有进行较为详细的说明。在这样的教育人类学思考和研究过程中，教育中人的形象表现为一种相对孤立、静态、固定的形象，与社会其他领域中的人类形象没有关联，也没有与时代特征形成及时有效的对接。20 世纪 90 年代末，教育历史文化人类学对德国教育人类学进行了突破性研究，德国教育历史文化人类学由此形成了独特的学术品性，并衍生了与之相应的研究主题。

一、文化与历史视角相结合

教育历史文化人类学的出发点在于以下两点认识：

> 第一，生活在各个不同文化和时代中的人们都需要得到教育，以获得生活的能力和人的潜质的发展；第二，不同文化和历史时期的所有教育形式都以“人类形象”作为基础，确定了人类对于教育

的理解、构想和实现。[1]

在肯定历史视角重要性的同时，教育历史文化人类学认识到文化视角也是探讨人类形象形成的重要背景，应该将两者相结合，形成看待人类形象的双重视角。这在全球化背景下尤为重要，因为很多现实的教育问题重点表现为跨文化背景中的教育问题，教育承担着跨文化使命，在文化多样性和差异性的处理与沟通中扮演着重要角色。"文化"在其中有多重内涵，主要包含三方面。

首先，指人对文化的依存。教育中人的形象必须在特定的历史、文化和个人经历中形成，其特性存在于其多样性和潜力之中。

其次，对文化研究领域中的最新成果予以吸收、转化。最明显的就是当代文化研究领域中的表演转向，引发了历史文化人类学对局内人、过程性等的关注。这一转向促使德国教育历史文化人类学将历史人类学的身体转向、图像转向等主题与教育实践联系起来。在教育实践的具体过程中探究身体、图像等如何塑造教育中的人，如何帮助人们理解教育中人的形象，通过教育仪式、游戏等具体研究载体，将身体、图像等主题具体化为体语、精神图像等过程性的教育要素。在此基础上实现了教育人类学分析单位的转变，将教育历史文化人类学的研究志向落实到具体的教育过程中。文化研究领域中的表演转向引发了人们对社会事件和表演的关注热情，对表演的关注开拓了教育历史文化人类学研究的新视角，例如对仪式在教育和社会化过程中作用的认识，尤其关注其中的缄默知识、情感过程等的作用。

最后，文化与瞬时观点相结合。教育人类学具有历史的、文化的特

[1] 克里斯托夫·武尔夫. 教育人类学[M]. 张志坤，译. 北京：教育科学出版社，2009：前言.

点，文化与历史视角的结合，实现了教育历史文化人类学的研究主题紧触文化脉搏，并将其落实到教育中人的形象的研究中，实现了不同研究方法和学科的综合。

二、研究主题

在新时期德国教育历史文化人类学的代表性研究成果《教育人类学手册》[1]一书中，当代德国教育人类学的几十位研究者共同确定了教育历史文化人类学的研究主题，这些研究者多数都受到当代德国教育历史文化人类学的影响，尤其是伍尔夫的影响。此外，《教育人类学手册》体现出历史文化人类学的思维，在确定教育人类学的基本主题以及详细解释这些主题的过程中，并没有以系统化和结构化的方式论述这些主题的核心事件和核心内容，而是通过历史事件和文化事件的展示，以一种暗指、潜在的方式说明这些主题与人类成长和发展的关系，着力展现出一种未开化儿童的历史(Geschichten der Wilden Kinder)。[2]未开化儿童的历史并不是指原始时期儿童的历史，而是人从自然状态开始经由教育的成长和变化过程，也就是基于可塑性的教育历程。教育历史文化人类学的主题就从儿童的成长和变化中形成。在这一历史过程的描述中揭示与人类的存在和完善密切相关的主题。《教育人类学手册》所展示的教育历史文化人类学研究主题参见图 5 - 1。

在这些研究主题中，仪式与体语研究较有代表性，教育历史文化人类学借此开辟了研究教育过程的新载体，也丰富了德国教育人类学的研究方法以及对教育现象的研究方式和视角。该主题的研究集中体现

---

[1] Wulf, C., Zirfas, J. (Hrsg.) *Handbuch Pädagogische Anthropologie*. Wiesbaden: Springer Fachmedien, 2014.

[2] 同上：9 - 14.

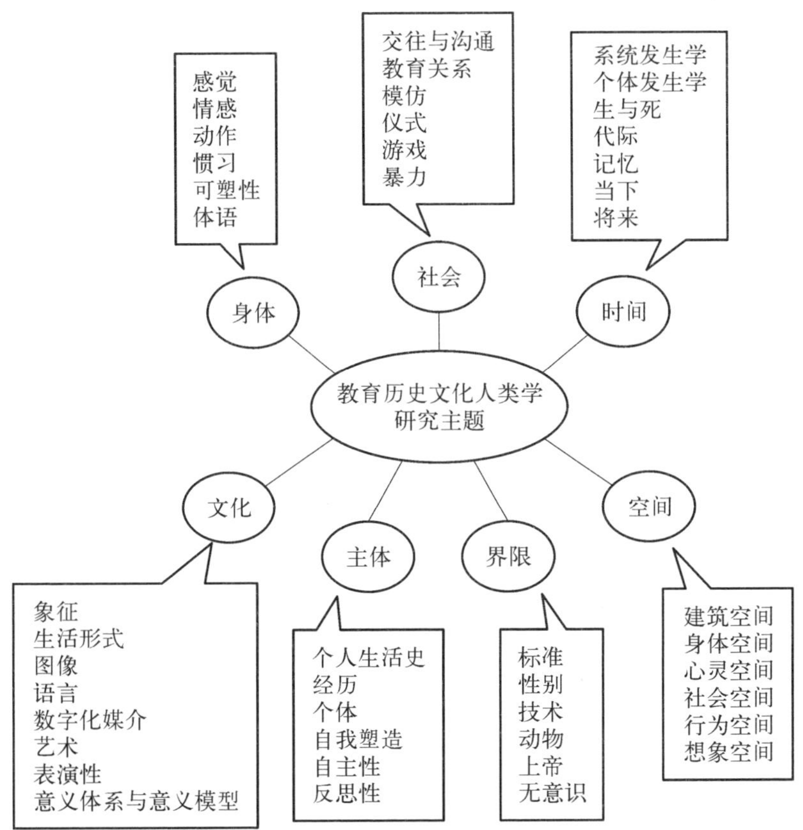

图 5－1　教育历史文化人类学的研究主题[1]

在德国教育历史文化人类学研究团队于 1999—2011 年进行的“柏林仪式—体语研究”。这项研究将教育历史人类学的基本研究问题与人类学经典的田野研究方法进行了结合，对教育仪式与教育和社会化的关系以及影响仪式的要素，例如表演、体语、模仿等进行了分析，形成了仪式研究的新范式，明确了表演性在教育中的重要作用以及表演教育学形成的必要性和可能性。“柏林仪式—体语研究”从家庭、学校、同伴文

[1] 该图根据伍尔夫和齐法斯主编的《教育人类学手册》绘成。参见：Wulf, C., Zirfas, J.（Hrsg.）*Handbuch Pädagogische Anthropologie*. Wiesbaden: Springer Fachmedien, 2014.

化和媒体四个领域进行，[1]成果体现在四部著作中：《社会作为仪式化过程》《教育与仪式》《仪式中的学习变革》《仪式中的体语》。除此之外，教育历史文化人类学的教育仪式思想还体现在《人类学：一种大陆视角》《仪式与身份：学生生活中的仪式表演性》《全球化世界中的人：对时代理解的人类学反思》《小学中的仪式：表演性、模仿与跨文化》等著作和文章中。整体上，德国教育历史文化人类学在教育仪式研究方面的贡献可以归纳为三点。

第一，对教育仪式本身进行了历史反思与重新定位。

德国教育历史文化人类学赋予仪式积极意义，与长期忽略仪式积极意义的传统不同，该流派研究者认为仪式无论对个体还是对社会的形成与维持都具有重要作用。这一作用主要通过重复场景活动安排、表演、模仿等要素，以及实践知识获取、情感流动、行为塑造等过程来实现。教育历史文化人类学不仅关注入学仪式、毕业仪式、晨圈仪式等我们通常所理解的经过特殊编排的仪式，还对学校中日常的仪式化(Ritualisierungen)[2]行为进行研究。仪式具有重复、神秘的特征，能够形成身份与差异；仪式化行为具有集体实践与反思、重复和模仿等特征，在学校的日常学习中具有无所不在的规范和过渡作用。仪式化行为参与者通常都是无意识地执行仪式化行为，伍尔夫认为，这种无意识的仪式化行为也是教育仪式发挥作用的重要部分。[3]

---

[1] Althans, B., Wulf, C., Audehm, K., Kathrin, B., Constanze, G.. *Das Soziale als Rituale. Zur performativen Bedeutung vom Gemeinschaft*. Opladen: Leske Budrich, 2001: 380.

[2] Wulf, C. *Ritual and Identity: The Staging and Performing of Rituals in The Lives of Young People*. London: The Tufnell Press, 2010: 154 - 155.

[3] Koch, M. Christoph Wulf, Birgit Althans, Kathrin Audehm, Constanze Bausch, Michael Göhlich, Stephan Sting, Anja Tervooren, Monika Wagner-Willi, Jörg Zirfas: Das Soziale als Rituale. Zur Performativen Bedeutung vom Gemeinschaft. *Zeitschrift für Pädagogik*, 2004, Vol. 50(2): 295 - 298.

第二，阐述了仪式中的表演性、模仿、体语等要素在教育、文化及社会发展过程中的重要意义。

学生在跨文化学习中的重要环节是通过表演性、模仿、体语等得以实现的。在此过程中，学生对社会情境、社会事件和行为的理解与想象，对周围其他人的想象，以及对图像的感知，共同形成学生精神层面的图像世界，学生也因此获得了一种实践知识。实践知识使学生能够共同学习、共同行动、共同生活、共同存在。德国教育历史文化人类学研究团队认为，表演是仪式的可见的、展演的方面，学校中的仪式可以通过表演表现出来，而表演性与人的外表、身体的特殊形式及其对生活痕迹的展示有关，是表演的抽象化表达和内在意蕴。[1] 只有在表演性的参与下，包括仪式在内的教育实践活动才有可能具有社会化意义，通过表演性，儿童与成人的行为才有可能形成关联。教育和其他社会实践的表演性方面都与身体相关，教育历史文化人类学对身体的代表性研究也体现在“柏林仪式—体语研究”中，这项研究对体语有四个层面的认识：体语作为身体运动、体语作为表现与表达、体语作为教育形式、体语作为象征意义的载体。[2] 这项研究主要围绕以下问题展开：体语在何种背景中执行？体语的表演性对人发挥什么样的作用？体语在何种程度上具有不依赖于语言的逻辑？体语的创造性功能体现在哪些方面？[3] 在这些问题的引导下，研究团队发现了体语在教育和社会化过程中的核心作用，揭示了体语如何实现社会启蒙和社会控制，这主要通过四种社会化的领域来实现：家庭、学校、同辈群体和媒体。[4]体语会

[1] Jörissen, B., Wulf, C. *Handbuch Qualitive Forschungmethoden in der Erziehungswissenschaft*. München: Weiheim, 2010: 639 - 651.

[2][4] Wulf, C. Weigand, G. *Der Mensch in der Globalisierten Welt: Anthropologische Reflexionen zum Verständnis unserer Zeit*. Münster: Waxmann, 2011: 66.

[3] Zirfas, J., Christoph Wulf, C (Hrsg.). *Gesten: Inszenierung, Aufführung, Praxis*. München: Fink, 2010.

因历史和文化差异而不同，例如“象征性体语”就是特定文化的标志，在特定文化之外则无法理解。

教育历史文化人类学在对体语的具体研究过程中，将体语与教育仪式关联起来，研究体语在仪式空间中的使用背景，体语的表演性对仪式参与者的作用，体语在教育仪式中的创造性体现等。

第三，为更新学习理论提供了新视角。

因为表演性，仪式和体语能够在教育过程中发挥非常重要的作用，这种表演转向（die Performative Wende）对教育的理解以及对学习理论的更新，都有重要作用。表演转向对学习理论的贡献在于，关注公共机构中学习的复杂性和表演性。对此的研究主要围绕以下问题进行：学习的目标是教会学生学会学习，那么教师应该如何开发新的学习形式，使学习过程中的责任和义务能够通过这些形式落实到学生身上？学生如何在学习中进行自我组织和自我结构化？仪式包含结构化的因素，[1]学生能够在不同的学习过程中应用并形成这种因素，通过这些结构化的因素，学生能够参照其他因素并学会合作。仪式能够促使教育研究的关注点由教师的教转移到学生的具体学习行为本身。

[1] Interdisziplinären Zentrum für Historische Anthropologie, Freie Universität Berlin. Zur Dynamik und Performativität Kultureller Begegnungen. *Paragana. Internationale Zeitschrift für Historische Anthropologie*, 2010(2).

第三节

教育历史文化人类学的方法论突破

德国教育历史文化人类学的方法论突破，包括对本土教育历史人类学的承续与转变，也包括对其他文化背景中相同教育人类学研究范畴的丰富与补充。最重要的是，德国教育历史文化人类学根据自身的核心研究对象，通过选择、适切性分析等过程，将德国教育人类学和人类学原本没有予以足够重视的田野研究纳入自身方法体系，并结合具体研究问题将该方法予以推进。教育历史文化人类学丰富了看待教育中人的形象的视角，实现了德国教育人类学思维方式的整体转型，对教育人类学学科关系予以调整，从方法论意义上实现了德国教育人类学的整体突破。

一、深化教育历史人类学研究

（一）在新双重视角中研究教育中人的形象

新双重视角是指在面对教育中人的形象这一核心研究对象时，教育历史文化人类学从历史和文化两个维度出发，形成与这两个维度相应的历时和瞬时的双重视角。

教育历史文化人类学仍然坚持以教育中人的形象为核心研究对象，认为该研究对象不仅像教育历史人类学强调的那样受历史影响，而且也受文化影响。教育中人的形象必须在历史、文化的双重制约中形成,其研究也需要在具体历史和文化所表现出来的多样性和潜力之中展开。

全球化背景的影响以及全球范围内对教育知识的新要求,使历史和文化基础对教育和社会化有非常显著的意义。教育的历史与文化情境对教育中人的形象有重要影响,也因此会影响教育人类学的概念和观念。[1] 鉴于全球化背景下社会和个人发展的复杂性,以及历史和文化对人类形象的双重规定,教育人类学必须兼具历史和文化的双重属性以及由此带来的历时与瞬时的双重视角。

在德国教育人类学的发展历程中,对教育中人的形象的研究有"自然与文化""普遍性与特殊性""生物属性与精神文化特征"等视角,这些视角的内部看起来是相反相成的两个方面。教育历史文化人类学形成了新的双重视角,即兼顾历时和瞬时的视角,将瞬时与教育历史文化人类学的文化之维结合起来,将历时与瞬时维度融入对教育中人的形象研究中,从思维方式上形成整合,而不是对人类形象进行二元对立式区分。

教育历史文化人类学认为,人类形象必须在特定的历史和文化中形成,人的特征存在于其多样性和潜力之中。目前教育中人的形象是在尝试重建来自不同学科的思维方式和方法、内容和历史过程中形成的,包含哲学、民族学、生物学、心理学、美学、历史学、文学和文化科学等,强调人类形象的历史和文化特征,目的是用来批判传统的、固定的、同质的人类形象。在批判过程中,教育历史文化人类学重建人的完善过程,将此过程动态化、问题化,这也就肯定了其多元化。这样的界定

[1] Merkel, C., Wulf, C. *Globalisierung als Herausforderung der Erziehung*. Münster, NewYork, 2002.

不会将教育中人的形象固定化、普遍化，同时也不会放弃继续将教育中人的形象作为核心研究对象，而是将历史、文化、批判和自我批判等角度融入对该研究对象的研究过程中，将其视为一个启发、开放的类型。只有这样，才能在历史、文化和跨学科的互动中，保持教育中人的形象研究的开放性和有效性，教育历史文化人类学的批判和反思视角也才能够得以落实。

在这样的认识范围中，传统德国教育人类学"人类纯粹的教育本质"的界定与多元特征相结合，形成了人类本质存在于其非本质中，人类的确定性存在于其非确定性中的观点。本质和确定性包括人类自然特性，如生物、物理等方面的特性；非本质和非确定性主要指教育属性，如可塑性与自我确定的能力等。[1] 这些方面也受到了教育历史人类学的关注，但并没有形成明确的思维方式，教育历史文化人类学在这些方面的独特性体现在，通过确定新双重视角，对教育中人的形象展开具体研究。

（二）丰富传统研究对象

德国教育历史文化人类学在其研究过程中，对一些传统研究对象如身体、模仿、表演、游戏等予以重视并进行了基于新视野、新方法的研究，其中的典型代表是游戏研究。游戏在德国文化传统中具有举足轻重的地位，歌德、席勒、康德的美学思想中都对游戏予以重视。20世纪80年代，德国教育历史人类学认识到游戏是研究儿童的必要载体，并将其落实到具体的田野研究中。

1999年9月到2000年2月，伍尔夫带领教育历史文化人类学研究

[1] Wulf, C., Zirfas, J. (Hrsg.) *Handbuch Pädagogische Anthropologie*. Wiesbaden: Springer Fachmedien, 2014: 9-14.

团队对柏林一所小学的“GoGo游戏”进行了田野研究。[1] 该研究基于教育历史文化人类学视野,对游戏这一传统研究主题予以深化与丰富,主要体现为对游戏意义和研究过程的重构。

1. 关注游戏对共同体和群体的意义,而非仅关注游戏对儿童个体发展的意义

在研究中,教育历史文化人类学团队认为“GoGo游戏”是处理群体之间差异,形成同伴群体的一种仪式化方式。在“GoGo游戏”中,儿童首先获得人物卡片GoGo,随身保管,通常放在手上,防止它们丢失或者被攻击。人物卡片被植入社会交往实践领域中,它们能够像礼物那样被交换。如果在游戏中或游戏之外丢失了卡片,将会严重影响丢失者在同辈学生文化中的地位和形象。

关注游戏对共同体和群体的意义,是从功能层面对游戏的研究传统予以扩展,“GoGo游戏”的仪式化成分,在于它能够用一种特殊的方式处理差异,创造整合。在游戏清晰的规则框架中,学生群体的差异得以暂时悬置或者减少。儿童不仅用GoGo卡片的交换来维护自己的特色,也用它们来约束同伴群体的活动,他们也因此获得了关于游戏的实践知识,[2]同时感受到共同体的形成过程以及共同体之间的竞争与差异。

2. 在具体研究过程中,关注游戏的身体性、象征性等方面,将游戏研究具体化、过程化

从游戏过程来看,“GoGo游戏”的仪式化体现在游戏者的身体运动

---

[1] Koch, M. Christoph Wulf, Birgit Althans, Kathrin Audehm, Constanze Bausch, Michael Göhlich, Stephan Sting, Anja Tervooren, Monika Wagner-Willi, Jörg Zirfas: Das Soziale als Rituale. Zur Performativen Bedeutung vom Gemeinschaft. *Zeitschrift für Pädagogik*, 2004, 50(2): 295 - 298.

[2] 孙丽丽.伍尔夫教育仪式思想述评[J].首都师范大学学报(社会科学版),2015(6): 126 - 132.

形成的表演过程中，包括长时间的专注，有控制的身体运动，较少的沟通交流（只有当有人违反规则的时候才会进行较多的讨论）。[1] 儿童会通过舞蹈、分散、集中等身体表演来表现对游戏的热情，通过独特的语言交流过程表现同伴群体的沟通过程。

通过教育历史文化人类学研究，游戏这一传统研究主题在功能和具体研究过程中获得了新意，在德国教育人类学中，已经不再是从哲学、历史、美学等维度对游戏与儿童个体的人格发展和精神动力进行说明，而是具体到教育实践中，通过田野研究方法以及对田野研究材料的再分析，关注游戏在儿童群体中的身体运动、象征意义传递与形成等方面，探讨这些方面对儿童群体形成和个体塑造的作用。

二、学科关系的适切性调整

在教育历史文化人类学兴起之前，德国教育人类学与普通教育学有着密切的依存关系，可以根据普通教育学的研究状况来判断人们对教育人类学的兴趣。这一关系从教育历史人类学开始就发生了改变。教育历史人类学在延续德国教育人类学与普通教育学关系的同时，将德国教育人类学的研究重心由普通教育学转移到教育人类学本身，初步出现了将教育人类学发展成为独特研究领域的尝试。

20世纪90年代末，经过一段时间的发展，教育历史文化人类学基本改变了传统德国教育人类学与普通教育学的依存关系，将重心完全落到教育人类学研究本身，通过教育人类学独特的研究为普通教育学贡献力量。至此，德国教育人类学形成了另外一种最核心的学科关系：

[1] 孙丽丽.伍尔夫教育仪式思想述评[J].首都师范大学学报(社会科学版)，2015(6)：126－132.

教育人类学与人类学的关系。[1] 之后，德国教育人类学改变了其传统中与普通教育学唇齿相依的关系，根据普通教育学的发展状况已经不能明确教育人类学的发展状况了，若要探知此后德国教育人类学的历程，必须结合世界主流人类学思想。

教育历史文化人类学因此改变了德国教育人类学传统的研究逻辑。“二战”后，德国教育人类学的地位需要在与普通教育学的关系中确定，教育人类学研究是作为普通教育学的前提条件和基本问题，在普通教育学地位尴尬之时，德国教育人类学研究因为与哲学人类学的关系，长久以来都直面人类本质、人类存在等基本问题，从根本上肯定普通教育学独特的研究对象和研究价值。在这种情况中，教育人类学的存在是为普通教育学正名，为其存在夯实根基，教育人类学研究的必要性和紧急性就是出于这一原因。教育历史文化人类学研究改变了上述研究逻辑，普通教育学与教育人类学的关系并没有成为教育历史文化人类学考虑的重点，而全球化背景下教育的新气象，人面临的新型文化环境，教育面临的新问题和新挑战，以及这些方面对教育中人的形象带来的变化，成为教育历史文化人类学的研究重心。在研究这些问题的时候，教育历史文化人类学的思想和研究启发更多来自当代人类学的研究成果，考虑的是德国教育人类学与当代人类学的关系，包括社会文化人类学、历史人类学、哲学人类学、体质人类学等，从中借鉴、吸收有价值的研究成果，并最终转化为适合于教育中人的形象的研究范式，并着力形成教育人类学自身的独特性。

---

[1] 作者在德国访学期间，曾就此与德国教育人类学会主席伍尔夫教授进行了交流。伍尔夫教授提醒作者，如果要对德国教育人类学有完整的了解，就必须了解教育人类学与人类学的关系。伍尔夫教授没有提醒作者关注教育人类学与普通教育学发展的关系。这一事实也体现在这两个流派研究者的著作中，无论是研究主题、研究方法还是研究旨趣，20 世纪 90 年代以来的德国主流教育人类学研究已经转变了对教育人类学与普通教育学关系的认识。

整体上，德国教育历史文化人类学努力将教育人类学发展成为独特的研究领域，同时也意识到这样的任务不能够在封闭的条件下进行。自教育历史人类学开始，研究者就着重强调跨学科特征，到了教育历史文化人类学，更加强调跨文化的重要性，甚至把跨学科打造成为本学科的重要学术品性。

三、思维方式转型

教育历史文化人类学实现了德国教育人类学思维方式的整体转型，转型的核心线索在于将简化思维发展为复杂思维。简化思维在当代德国教育人类学的发展历程中具体表现为演绎式思维、二元对立式思维和孤立式思维。与简化思维相比，教育历史文化人类学的复杂思维主要具备三重特征。

首先，复杂思维表现为一种整体式的综合思维。尽管此前的德国教育人类学也具有整合的方法和研究范式，但教育历史文化人类学的整体式综合思维更加强调各要素之间的互动与融合，以及各要素与整体的互动，以规避不同范式之间的冲突与对立。互动与融合的具体方式不是从其他学科中抽取有用的研究成果，并对其进行简单机械的叠加，也不是实现不同学科的简单交叉，而是强调对教育中人的形象的社会结构、文化背景、历史演变等进行详细探究，将其放在整体的现实状况、历史空间和文化背景中进行定位、判断与分析。

其次，复杂思维表现为一种融通思维，打破教育人类学思考中的二元对立式思维。传统德国教育人类学的二元对立式思维具体表现为普遍性与特殊性的对立、动物与人的区别对立、精神与肉体的区别对立。这些对立构成了传统教育人类学思考的前提，在相当长的时间内，也为德国教育人类学思考教育中人的形象提供了载体。教育历史文化人类学尝试打破传统二元对立思维方式的局限，通过特定研究主题的找寻，在二元对立中实现了融通，例如通过确定新的双重思维方式，实现了历时与瞬时、历史研究方法与田野研究方法的融通。人类形象不再表现为内涵构成和研究中的二元对立，而是表现为思考方式和研究视角方面的多重融通。

最后，尝试改变以往教育人类学研究中的孤立式思维，将教育人类学的核心研究对象与时代背景紧密联系起来，根据时代新气象判断人类形象的具体特征及其对教育的引领作用，转变脱离时代背景，从理论中演绎人类形象的传统思维方式。

思维方式转型的背后隐含着德国教育人类学传统和教育学传统的转型。20 世纪 90 年代末，德国教育人类学由人文精神科学转为人文精神科学—社会科学。德国教育人类学一方面维持着德国教育学的教化传统对人的内在完善的强调，另一方面开始关注动态多元的社会现实对研究对象的影响，紧密地从社会科学中获得启发，来研究社会与文化的动态变化对研究对象的影响。德国教育历史文化人类学正是在这种背景中具备了跨学科研究特征，为复杂思维突破简化思维贡献了力量。

四、田野研究方法的深化与丰富

德国教育历史文化人类学是在全球化背景中形成的，在复杂的教育背景中讨论教育中人的形象的学问，既要采取历时的观点，也要采取共时的观点。教育历史文化人类学的研究方法并不是单一的，而是采用多种方法，除了对人类学经典的田野研究方法进行持续深化，比较有代表性的研究方法是田野研究和文件阐释方法的综合运用。随着德国质性研究方法的逐步深化，田野研究方法逐步细致，拥有了诸多后续的研究方法，能够对田野研究材料进行再分析、再处理，例如基于现象学的视频图像分析方法对田野研究方法的影响。

（一）田野研究的持续深化

田野研究虽然被视为现代人类学与教育人类学的经典研究方法与看家法宝之一，但在教育历史文化人类学之前，田野研究方法并不是德国人类学和教育人类学的经典方法，更不是唯一标志。例如，伍尔夫认为人类学的研究通过三种方法来进行：自然科学方法、历史研究法、哲学反思和美学研究。[1] 概括来讲，虽然德国教育人类学对田野研究的重要性有所认识，但一直没有将其视为看家法宝，它只是教育人类学可以选择的方法之一，这也构成了德国教育人类学不同于其他国家和文化背景中的教育人类学的重要表现。这种情况从20世纪90年代末期以来发生了转变，当代教育历史文化人类学努力把田野研究引入教育人类学研究中。接下来要回答的问题是：教育历史文化人类学为何要倡导田野研究？对该问题的回答主要有三方面。

其一，随着教育中人的形象研究主题和研究过程的扩展，复杂性与实践视角成为研究中的关键因素，而田野研究在揭示复杂性和实践多样性方面具有自然科学方法、哲学思考方法和现象学等方法无法比拟的优势。

其二，随着政治、经济和文化的全球化，不同国家和地区之间形成了新的文化交流与碰撞，这在欧洲教育领域中具有重要意义。田野研究在文化研究方面，尤其是异文化研究方面具有丰富的经验，能够为跨文化背景中的教育研究贡献独特的力量。

其三，在20世纪60年代以来的德国教育人类学领域中，田野研究

[1] 克里斯托夫·武尔夫.教育人类学[M].张志坤，译.北京：教育科学出版社，2009：34.

较少。实际上,“田野研究能够在教育仪式研究、教育机构和教育制度研究中形成新的认知”。[1] 教育历史文化人类学因此将田野研究应用到研究过程中,以丰富教育中人的形象的知识域。

田野研究的运用,意味着德国教育历史文化人类学在研究方法和研究视野上形成了历时性和瞬时性研究相结合的局面,既延续了教育历史人类学在长时段中研究人类形象的方法和视角,又具有田野研究方法展示多样性的特点,希望通过两种研究视角和方式的结合为德国教育人类学方法论的发展作出贡献。[2]

除了历时性和瞬时性这一双重特征的形成,从教育历史人类学到教育历史文化人类学,通过田野研究方法的引入,德国教育人类学的研究载体和分析单位也发生了重要转变,在教育历史人类学研究阶段,主要运用的是文本分析方法,例如,教育历史人类学的代表人物伍尔夫在对模仿的界定中,对本雅明的《柏林童年》一书进行分析,[3]借此呈现模仿在儿童早期生活中的多重意义。在教育历史人类学阶段,即使研究者倡导要关注具体的教育过程和教育行为,但仍旧停留在理论探讨和文本分析上,没有在具体的教育过程中探讨其形成的研究主题。20 世纪 90 年代末期,教育历史文化人类学尝试对田野材料或文本进行微观分析,在运用田野研究方法之后又采用了基于文件阐释法的视频图像分析。德国教育历史文化人类学的研究方法与研究对象之间的关系,可见图 5－2。

文件研究法是德国柏林自由大学的伯恩扎克(Ralf Bohnsack)教授根据知识社会学和平面构图分析等思想形成的一种经验研究方法,因

[1] Wulf, C. *Einführung in die Anthropology der Erziehung*. Weinheim und Basel: Belze Verlag, 2001: 192.

[2] Wulf, C. Weigand, G. *Der Mensch in der Globalisierten Welt: Anthropologische Reflexionen zum Verständnis unserer Zeit*. Münster: Waxmann, 2011: 41.

[3] 克里斯托夫・武尔夫.教育人类学[M].张志坤,译.北京:教育科学出版社,2009:93－97.

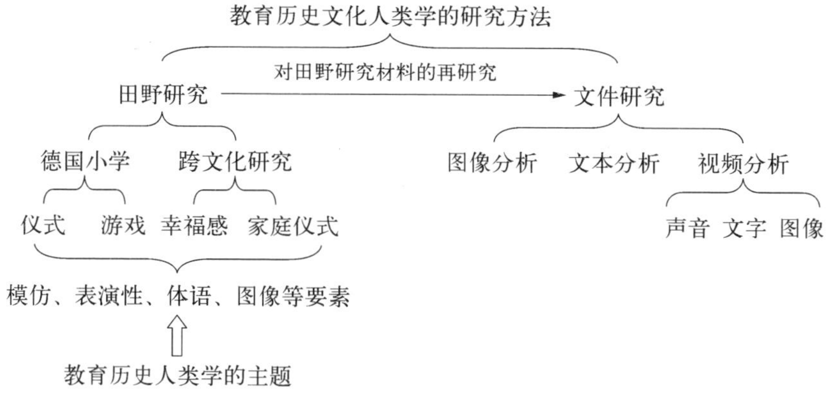

图5-2　教育历史文化人类学的研究方法

此它同样也不是德国教育历史文化人类学的首创。既然如此，那么德国教育历史文化人类学在运用田野研究和文件研究两种方法时，体现了哪些原创性和独特性？主要表现在三个方面。

第一，田野研究被视为人类学研究包括教育人类学研究的法宝。在长时间内，人们评判教育人类学研究的标准就在于研究者是否进行了一年以上的田野研究。接下来的问题是：如何对田野研究中收集的资料进行再研究？再研究并不是指通常所认为的撰写民族志以及理论建构，而是深入思考田野研究材料以何种面目出现在民族志撰写中与田野材料能够为民族志撰写提供哪些独特的启发。对这些问题的回答，需要一种对田野材料的精加工方法，德国历史文化人类学选择了文件研究法，实现了对田野研究收集材料的后续深入分析。

第二，在采用现代教育人类学经典的田野研究方法的同时，德国教育历史文化人类学仍旧保持其德国特色，主要体现在对教育仪式、游戏等主题的具体研究过程中，德国之外的教育人类学研究同样关注仪式。[1] 德

[1] 关注教育仪式和仪式中的教育，中国教育人类学也有所涉及，代表研究可参见：吴晓蓉.仪式中的教育——摩梭人成年礼的教育人类学分析[D].重庆：西南大学，2003.

国教育历史文化人类学的独特之处在于将模仿、体语、表演性、图像等要素纳入教育仪式研究中。此外，教育历史文化人类学并非仅关注某一少数民族地区或异域文化的教育仪式，而是在跨文化背景中关注非少数民族地区的教育仪式对学生在跨文化交往中的本体性意义。

第三，对田野研究材料的再研究有多种可以选择的方法，为什么要选择文件研究方法？对这个问题的回答必须结合德国教育历史文化人类学的思维方式、研究取向、分析单位等方面。对德国教育历史文化人类学的研究风格产生重要影响的是人类学研究在20世纪后期出现的一种转向，即传统人类学从对种族、部落、原始文化等“他者”社会的关注开始转向对西方社会自身的研究，研究立场由观看“他者”转变为表演者自身的立场。田野研究也相应地由观看转变为实际参与，如何以表演者的立场和心态对田野研究资料进行分析？文件研究方法对实践过程、互动过程、缄默知识等的关注，对回应世界人类学转向中的田野研究资料处理具有独特优势，因为这种优势，促使教育历史文化人类学将其纳入自己的方法论世界。

以教育历史文化人类学对教育仪式的研究为例，教育历史文化人类学研究团队吸收新时期人类学研究从观看到表演的转向，促使教育仪式、游戏等主题的具体研究引入模仿、体语、表演性等要素。例如教育仪式研究，在已有仪式研究的基础上形成了身体的、表演的、实践的仪式研究范式，促成仪式功能的重新审视以及仪式积极意义的发现。作为一种微观分析方法的文件研究方法，关注过程性、日常生活、具身认知等方面，[1]尤其适合对人类学的表演性转向形成的田野研究材料进行再研究与再分析，也符合教育历史文化人类学关注局

[1] 陈红燕. 基于文献阐释法的视频分析理论及其在学校仪式研究中的运用——以柏林一所改革教育小学的“早晨圆圈”仪式为例[J]. 教育学术月刊，2014(5)：23.

内人的研究旨趣。

（二）田野研究与文件阐释法相结合

基于文件阐释方法的视频分析是由柏林自由大学伯恩扎克基于知识社会学的相关理论而发展起来的一种微观分析方法，属于一种经验研究方法。这种方法强调研究领域中行为主体的含蓄的、行为导向的知识，这一类别的知识塑造着行为者的行为结构，应该成为经验研究和经验分析的核心研究对象。[1] 客观化的阐释学忽视了行为者的行为逻辑和行为知识，而主观化的阐释学又忽略了行为主体意向和观念之外的行为结构，伯恩扎克尝试形成一种新的阐释学，打破客观和主观之间的壁垒，而文件研究方法就是这样的阐释学新范式，认为行为主体的缄默知识（含蓄的知识）是在研究中沟通主体意向与客观因素的有效关联。

文件阐释方法包含以下三类：基于文献阐释的文本研究、图像研究以及视频研究。对视频的分析通过视频中所呈现的图像、文本与声音三个维度进行。这些研究都通过以下方法进行："形式阐释（Formulierende Interpretation）、反身性阐释（Reflektierende Interpretation）、类型及一般化（Typenbildung und Generalisierung），寻找关系主体（包括图像里呈现的对象及拍摄参与者本身）的惯习或者同一性。"[2]

文件研究方法通过视频或图像进行研究，强调两层含义：一是将图像或视频作为理解主体行为的媒介；二是关注图像如何引导并建构主体的行为。第一层含义较为普遍，第二层含义通常较少受到关注，伯恩

---

[1][2] Bohnsack, R. Dokumentarische Methode und Sozialwissenschaftliche Hermeneutik. *Zeitschrift für Erziehungswissenschaft*, 2003(6): 550. 对文章中相关术语的中文翻译，参考了陈红燕的翻译与研究，可参见：陈红燕. 基于文献阐释法的视频分析理论及其在学校仪式研究中的运用——以柏林一所改革教育小学的"早晨圆圈"仪式为例[J]. 教育学术月刊，2014(5): 23.

扎克的视频分析关注图像的第二层含义,主要有以下原因。

其一,图像蕴含着实践逻辑和缄默知识。图像和视频蕴含着缄默知识,在人认识世界方面起着更为基础的作用。因此,图像本身如何表达社会意义并建构社会活动,被视为图像和视频研究的核心。文件研究方法认为实践逻辑与缄默知识决定着主体行为,因此必须改变客观阐释学忽略主体实践逻辑和行为逻辑的研究取向,认为缄默知识、主体行为和经验等才是决定主体知识的关键因素,应该将它们纳入研究视野中。

其二,研究问题指向由"是什么"转向"如何"。具体到图像研究中,"是什么"描述图像呈现的内容,从"是什么"转向"如何",是从关注显性知识到关注缄默知识的转变。[1] "如何"则重在探讨图像内在的意义与内容,说明图像创作者想要表达的内容及其内涵,探究图像中的内容是基于怎样的行为框架或模式而进行,图像试图表达何种惯习?研究问题由"是什么"转向"如何",即通过对图像自我指涉的系统化分析,阐释特定时代和文化背景中人们的生活习惯。

(三)田野研究与现象学视角结合

到了21世纪,田野研究方法只是德国教育人类学研究方法的一部分,对民族志材料的后续分析才是重点,这是德国教育人类学的独特之处。它没有将田野研究视为教育人类学的唯一且独特的标志,而是将其视为教育人类学研究方法之一。田野研究方法在德国教育人类学中的运用与兴起并不是一开始就有的,而是经历了一番选择的过程,该方法的运用并不是作为德国教育人类学的天然标志,而是与德国教育学

---

[1] Bohnsack, R. Qualitative Methoden der Bildinterpretation. *Zeitschrift für Erziehungswissenschaft*, 2003(2): 239-256.

的整体氛围以及教育人类学的研究需要相符合。21世纪以来的德国教育学对标准化、数量等表现出了极大的热情，德国教育学的研究传统至此又经历了一番转变，以数据、实证为代表的教育学研究开始成为主流。教育研究的这一转变获益于时兴的技术化，但也有研究者注意到，技术化的时代潮流所引发的德国教育学研究转向，将部分重要的教育问题和教育因素悬置起来，追求数据和量化的教育研究方法无法关注到数据背后的教育问题与教育教学过程中经验性质的问题，例如课堂中的交往互动问题，就没有受到足够重视，而这些问题恰是探讨课堂教学的关键问题。为了弥补这一研究缺失，德国教育学研究曾经尝试了五种研究方法：

> 1. 用解释学方法研究学生学习机会的丢失、教师能力缺失、课堂交往等，用客观化的解释方法来展示教室交往中的序列。2. 用对话分析方法研究教室情境中的对话意义、对话行为以及对话结构。3. 借鉴卢曼（Niklas Luhmann）的系统理论，将教室中的交往作为展示、指向和实践的过程。4. 根据实践理论方法，关注教室布局中的非正式实践，关注该过程中的多重认知行为。5. 用田野研究方法对课堂中同辈群体交往、课堂教学的表演性行为、学校的运行过程如成绩报告等方面进行研究。[1]

整体上，前四种方法还是以语言和文本为基础的研究方法，而田野研究方法能够更加细致、全面地呈现课堂交往的全貌，尤其能够帮助研究者呈现课堂交往中的语言和非语言如身体活动之间的表达与互动过

[1] Brinkmann, M. *Vortrag im Rahmen des "Second Sino-German Didactics Dialogue"*. Carl von Ossietzky Universität Oldenburg, 2015(11): 3 - 4.

程，当然，田野研究方法的这一优势需要视频资料的辅助。

在肯定田野研究方法和视频分析方法的重要性以及相辅相成的关系属性之后，不同研究者选择了不同的研究视角，这使得田野研究方法呈现出多样化特征。在教育学领域对田野研究方法和视频分析方法的综合运用，代表性研究除了伯恩扎克从知识社会学的视角形成文件研究方法外，还有从教育现象学出发的视角，代表性研究是布因克曼(Malte Brinkmann)基于教育现象学视角的课堂研究(Pädagogisch Phänomenologische Unterrichtsforschung)。该项研究基于教育现象学视角，对课堂教学互动中的展示、指引和否定性过程进行研究，具体围绕以下三个问题展开：

第一，如何观察、描述并分析课堂情境中的教育经验？

第二，如何观察、描述并分析学习中教育行为的教育学影响？

第三，什么样的课堂情境才可以被称作教育学情境？

为了从质性—经验研究的层面应对上述经验问题，还需要考虑到以下两方面：对研究方法和研究结果进行理论化；需要把教育理论、学习理论和教养理论中的概念具体化，并且进行经验化的重建。[1]

对收集到的课堂视频进行如下两个方面的分析：

第一，将收集到的视频资料视作一个整体，分析其呈现的教学过程全貌；

第二，从整体的视频资料中抽取具体的序列，采用 Feldpartitur 程序进行"微分析"，进行定性分析和定量分析。[2]

在获取视频之后的分析过程中，采用的是现象学的方法和视角，主

---

[1] Brinkmann, M. *Vortrag im Rahmen des "Second Sino-German Didactics Dialogue"*. Carl von Ossietzky Universität Oldenburg, 2015(11).

[2] Meinberg, E. Systemtheorie-Herausforderung an die Moderne Erziehungswissenschaft? *Pädagogische Rundschau*, 1982(4): 496.

要目的是展示某种教育现象如何呈现自身的特殊性。在布因克曼的这项研究中，现象学被视为研究外在表现的理论，而不仅是对真实的再呈现。也就是说，现象学不仅表达呈现出的内容，更表达一种过程，即某种事物如何通过自我或者情境进行呈现的过程。在此基础上形成的现象学视角不仅具有解释或者重组客观事实的文化意义，而且具有方法论意义。在布因克曼的这项研究中，现象学方法具体表现为一种经验式的现象学研究（Empirical-Phenomenological Research），基于对现象学的独特理解，经验式的现象学研究所追寻的并不是教育现象或者经验本身，而是尝试进行新的理论建构。[1] 这一做法的理论来源是胡塞尔（Edmund Husserl）和伽达默尔（Hans-Georg Gadamer）的现象学和解释学对经验的关注，认为意向、视野、消极性和还原结构等作为经验的核心概念，能够为形成教育经验理论提供借鉴，教育学理论也可以因此形成独特的理论逻辑和实践逻辑。布因克曼因此认为现象学和解释学的视角能够帮助教育科学发展成为一种经验科学，[2]用以规避教育科学理论中的二元式思维和简化思维。

[1] 教育理论与教育中的经验研究是彼此相关的，在教育的质性研究中，教育理论与经验的结合形成了一种理论—经验的视角，也包含着一种理论和方法论的视角。

[2] Brinkmann, M. *Pädagogische Erfahrung: Theoretische und Empirische Perspektiven*. Wiesbaden: Springer VS, 2015.

第六章

教育中人的形象：
教育人类学的德国旨归与
中国走向

在过去半个多世纪的发展历程中，德国教育人类学经历了多重角色转变，处于多样的学科关系之中，经历了多重研究方法，但它始终保持对教育中人的形象的研究兴趣，并以此作为其核心研究对象。德国教育人类学复杂的学科图景，也正是为了适应教育中人的形象研究的需要。

如果说，德国教育人类学的独特之处在于将教育中人的形象作为核心研究对象，那么就有可能引来这样的诘问：任何一种教育人类学研究范式，无论是英美社会文化人类学主导的教育人类学，还是德国教育人类学，都不会否认将教育中的人作为核心研究对象。那么接下来的问题是：德国教育人类学对教育中人的形象的独特性研究体现在哪些方面？

德国教育人类学在研究教育中人的形象的过程中，没有采用固定的方法、视角或思维方式，例如没有将田野研究视为教育人类学研究的法宝，而是围绕教育中人的形象的基本构成及其在具体情境中的变化来选择合适的方法、视角或思维方式。这是因为教育中人的形象不是固定的，而是在不同时代和不同教育情境中会有不同的表现。德国教育人类学也因此具备独特的分析单位，它的研究对象从来都不局限于“田野地点”“少数族群”和“异域文化”，而是研究教育中人的形象的最基本因素及其在教育中的多样化表现，例如与人类密切相关的模仿、图像、想象力、仪式、时间使用等问题，德国教育人类学进而选择与这些基本因素相应的研究方法。

德国教育人类学也因此呈现出复杂而又独特的方法论特征，这也决定了德国教育人类学具备不同于其他教育人类学的“德国特质”。

第一节

教育中人的形象的构成与图景

通过系统研究20世纪60年代以来德国教育人类学的发展历程，可以发现德国教育人类学具有独特且高度一致的研究对象——教育中人的形象，这也构成了德国教育人类学发展中的核心线索。教育中人的形象有以下德文对应词：Pädagogischer Menschenbilder、[1]Menschenbilder in der Erziehung。前者直译为"教育学的人类形象"，后者直译为"教育中的人类形象"。除了这两个德文词语，在德国教育人类学中，"教育中人的形象"有时也表述为 Menschenbilder der Pädagogik，Bild von Menschen 等。

教育中人的形象是人类形象在教育领域的具体化。德国教育人类学本身具有复杂特征，无论研究问题、研究方法，还是多元的分析单位和复杂的学科关系，都因复杂和多样的教育中人的形象的研究需要而起。教育人类学也因为研究对象的独特性而超越了其他分支学科，"教育人类学应该成为教育学的解释图景，其价值超越了教育学的任何一个分支学科"。[2] 不仅如此，以教育中人的形象为基础的教育人类学，

[1] 索埃勒在其《教育人类学》一书中使用该词，可参见：Scheuerl，H. *Pädagogische Anthropologie*. Stuttgart：Kohlhammer，1982.

[2] König，E.，Ramsenthaler，H. *Diskussion Pädagogische Anthropology*. München：WilhelmVerlag，1980：76.

还被视为教育学独特的前提和基础，[1]只有具备独特的教育人类学思想，教育学才有可能形成自己的概念，并在实践中获取一席之地。

一、教育中人的形象的基本构成

在任何文化和时间背景中，如果要研究人，必须进行如下人类学思考："人能够学习并且自我教育，人能够受教育并且能够自我教育，能向他人学习并且最终进入文化和社会化的环境中。"[2]这是教育中人的形象的基本特征，是人类形象在教育领域的具体化，也是人类形象的基本构成。

德国教育人类学始终围绕教育中人的形象进行，教育与教养(Bildung und Erziehung)总是包含确定了的人类形象。没有人类学对人类的假设，教育、教养和社会化过程是无法实施的。[3] 在过去几个世纪的精神科学、自然科学和社会科学背景中，教育人类学总是在证明，人类是具有教育必要性的生物。教育人类学同时还关注另外一个重要方面，即人的"教育可能性"，[4]教育人类学正是建立在这两个基础之上并以此为研究对象。教育人类学的上述两个范畴是教育中人的形象的基本要素，也是贯穿德国教育人类学研究的主题和核心，它肯定了人具有"纯粹的教育本质"。有了这种本质，人才是可教的，且能够进行自我教育，具有了学习的本质。

---

[1] König, E., Ramsenthaler, H. *Diskussion Pädagogische Anthropology*. München: WilhelmVerlag, 1980: 76.

[2] Wulf, C., Zirfas, J. (Hrsg.) *Handbuch Pädagogische Anthropologie*. Wiesbaden: Springer Fachmedien, 2014: 29.

[3] 同上：11.

[4] 与"教育可能性"相关的术语除了 Die Erziehungsfähigkeit，还有 Bildsamkeit，一般译为可塑性，两者都肯定人具有受教育、自我教育和学习的能力，为了汉语语义的统一与明确，本书统一将表达人具有教育能力的术语译为可塑性。

（一）人的可塑性与教育本质

教育中的人具有高度可塑性，可塑性的前提是人的发展可能性，许多哲学家、人类学家和哲学人类学家都具有这一共识，将人的可能性与可塑性联系起来，统一在教育中人的形象范围内，就成为教育人类学的思考主题。可塑性与教育必要性密切相关，共同形成人类的教育本质，这也是德国教育人类学对人类形象的基本认识。

在德国教育人类学视域中，教育中人的形象首先表现为人的可塑性。人类的教育梦想、个体的完善、教育和社会化过程的实现，都以人的可塑性为基础。可塑性是“对人所接触的各种经验要素的概述，人通过感官体验接触到外部经验要素，并从中形成现实图像，由此引发基本的刺激与冲动，形成人的内心对外在世界的反应。正是由于可塑性的存在，人才能够不断完善自己”。[1]

同时，可塑性与教育必要性密切相关。在德国教育人类学传统中，正是由于可塑性与教育必要性，教育学与人类学才得以结合。这最先体现在康德关于人类形象的研究中。在人与动物的比较中，康德肯定人是地球上唯一具有理性的自由存在，因为与动物相比，人维持肉体生存的手段更高级，且人具备在社会生活中交往和生存的能力，并且不断追求“道德的素质”，这些特征在肯定人具备可塑性的同时，也肯定了教育必要性，即“人必须是被教育成善的”。[2] 康德将人类学与教育学联系起来，也为之后的德国教育人类学奠定了研究起点与基本范畴，即始终在关于人类形象的知识中讨论可塑性和教育必要性。其中人类形象来源于三个方面：身体（肉体）、文明（社会规范）、道德。值得注意的是，康德在肯定可塑性和教育必要性的同时，也肯定人的动物性，认识到人

[1] Dilthey, M. *Gesammelte Schriften*. Leipzig und Berlin: B. G. Teubner, 1934: 200.
[2] 伊曼努尔·康德.实用人类学[M].邓晓芒，译.上海：上海人民出版社，2012：205.

的理性与其肉体构成有着直接的关系，人的手、手指和指尖的形态构造为人的理性提供了基础。[1] 正因如此，莫斯(Marcel Mauss)认为“只是在康德那里，人的概念才具有了明确的形式”。[2]

博尔诺夫把承认人的可塑性视为教育人类学的前提条件，“说到人类学问题，它的第一个基本问题是人对教育的需要性问题，教育的必要性问题并不是要对先前已理解的人之本质作补充说明，而是从一开始就必须纳入对人类存在的认识之中。因此，从一开始就必须把人作为一种可以教育并且需要教育的生物来理解”。[3] 尽管不同研究者可能采取不同的方式进行教育人类学研究，或者从整体出发来研究个别现象，或者从个别现象出发来研究整体，但就整个德国教育人类学的发展来看，博尔诺夫的这种观点都具有代表性。在博尔诺夫设定的教育人类学前提条件中，人的可塑性和教育必要性构成了教育中人的形象的两个重要维度，不可偏废。

关于人的可塑性与教育必要性，朗格菲尔德有一个著名观点：“人是教育的、受教育的和需要教育的生物，这一点本身就是人类形象的最基本标志之一。”[4]根据朗格菲尔德的这一论断，博尔诺夫认为必须从“教育”出发，才能真正认识人类的本质。博尔诺夫进一步推进朗格菲尔德对人作为教育生物的观点，他追问道：“什么是可教育的动物呢？人们常常把这种说法理解为人具有一定的缺陷，也就是说，人来到世上是无能为力的，只有通过教育才具备生活能力。”[5]博尔诺夫也因此发问：“人对教育的需要性体现了人的何种特殊的优越性？”[6]优越性与教育需要相关，因为人始终需要教育，因而人的一生都始终处于更

[1] 伊曼努尔·康德.实用人类学[M].邓晓芒，译.上海：上海人民出版社，2012：203-205.
[2] 马塞尔·莫斯.社会学与人类学[M].佘碧君，译.上海：上海译文出版社，2014：392.
[3][5][6] 博尔诺夫.教育人类学[M].李其龙，译.上海：华东师范大学出版社，2001：38.
[4] Langeveld, M, J. *Studien zur Anthropologie des Kindes*. Tübingen: Niemeyer, 1968.

新的阶段。博尔诺夫认为不能把教育作为一种独立的现象，而应把它作为一种不可缺少的、对于人类形象的整个认识起决定性作用的条件，即把人理解为可教育的动物。[1] 在肯定了教育对人整个一生起决定性作用的基础上，博尔诺夫进而论述道："如果肯定了人是需要教育的，那么就不能把教育只局限于儿童阶段。人在原则上是始终需要教育的，人的整个一生始终在向更新的阶段发展，因而也一直需要学习。"[2]博尔诺夫认为教育不仅仅发生在年长者与年轻人之间，同时也可能发生在同龄人之间，甚至青少年也可能教育成年人。

20 世纪 80 年代以后，可塑性仍是德国教育人类学的重要议题。对该问题的探究集中体现为如下问题："应当如何从人类本质，即从人的存在方式来理解人，从而尽可能把教育理解为对人的全部存在的必要性之举？"[3]可塑性和教育必要性在新时期得以延续。

（二）人的未完成性与教育的必要性

1. 未完成性决定了人类发展的可能性

德国哲学人类学研究表明，人具有未完成性、开放性、内在的无限性，人既是积极主动的又处于不断形成的过程中。[4] 这些特征决定了人必须靠自己完成自己，创造性是人类的本质属性，根植于人类形象的基本特征，如兰德曼所言，"人能够从本能的统治下获得自由，能够在不断创造的过程中进行自我决定"。[5]

---

[1][3] Bollnow, O, F. *Anthropologische Pädagogik* (Aufl 3.): Bern: Haupt, 1983.
[2] 博尔诺夫. 教育人类学[M]. 李其龙，译. 上海：华东师范大学出版社，2001：38.
[4][5] 兰德曼. 哲学人类学[M]. 阎嘉，译. 贵阳：贵州人民出版社，2006：229.

2. 缺陷特征肯定了人类受教育的必要性

德国教育人类学通常将人类形象界定为有缺陷的(Mängelwesens)，[1]这并不是指人的生理缺陷，而是指人类对文化和教育的依赖，所以人只有通过教育才能成为完整的人。以缺陷特征为主的人类形象是进行教育的前提，这回应了康德的著名命题：人只有通过教育才能成为人。哲学人类学的研究延续了人类形象的缺陷特征，最具有代表性的研究来自格伦。

格伦将人界定为"有缺陷的生物"，[2]强调人类童年早期的未完成性，使人类表现出较高程度的学习需要和教育必要性。在德国历史文化人类学看来，格伦的观点肯定了人类在进化过程中的优点，因为缺陷特征肯定了教育必要性和可能性，为人类社会的保存和社会制度的创设提供了前提。缺陷特征将人类的自然特征和教育属性联系起来，尽管如此，哲学人类学的研究仍然因为其类似生物学的研究起点而受到批评，例如，在历史文化人类学研究者看来，哲学人类学因为较少关注历史和文化，因此很难形成批判性的人类学思想。[3] 尽管哲学人类学建立起人类形象与教育之间的关联，但因为对人类形象本质特征的执着，哲学人类学视野中的人类形象会相应地忽略历史和文化层面，很难形成对人类形象的完整认识。总体而言，哲学人类学从人的基因特征出发，[4]将人界定为"有缺陷的生物"，对教育人类学产生了双重意义：

其一，与动物相比，人类在出生后更需要关心和照顾，因此人从出

---

[1] Wulf, C., Zirfas, J. (Hrsg.) *Handbuch Pädagogische Anthropologie*. Wiesbaden: Springer Fachmedien, 2014: Vorwort.

[2] Wulf, C. Die Unhintergehbarkeit der Gewalt. *Paragrana: Internationale Zeitschrift für Historische Anthropologie*, 2011, 20(1): 111 - 117.

[3] Wulf, C. *Anthropology: A Continental Perspective*. Chicago: The University of Chicago Press, 2013: 55.

[4] Gehlen, A. *Der Mensch, seine Natur und seine Stellung in der Welt*. Frankfurt am Main: Klostermann, 1993.

生开始就会与父母建立紧密的代际关系，也为文化知识和文化实践的代际传承奠定了基础；

其二，作为“有缺陷的生物”，人类对教育有迫切的需要，哲学人类学也因此在教育学和人类学之间建立起紧密联系；正因为人具备缺陷特征，所以需要塑造，需要完善，这成为德国教育人类学的基本研究思路。

3. 可塑性是有限度的

20 世纪 70 年代以来的德国教育人类学，在面对可塑性和发展可能性的问题时，提出了非常重要的观点：人的可塑性是有限度的，人并不能没有限度地发展。陆特明确指出可塑性必须要依赖于人自身的价值和文化体系。[1] 在这些观点中，人类学是一种评判标准和尺度：判定可塑性是否在合适的范围中展开，判定可塑性是否得到合理发挥，判断可塑性的边界是否被超越从而被演变成“过度人化”的现象。换言之，人类学可以审视人类可塑性的过犹和不及。

（三）教育中的人处于教育关系中

受教化传统的影响，教育关系受到德国教育人类学的关注，其视野中的教育关系，既包含教育人类学视域中常见的教育与人类发展之间的关系、教育与文化之间的关系，还包含其他国家和文化背景中的教育人类学所不具备的一些教育关系，例如代际关系、可塑性和确定性之间的关系、可塑性和不可完善之间的关系等。代际关系在德国教育人类学中被视为最基本的教育关系，狄尔泰认为最初的教育关系是在家庭

---

[1] Roth, H. *Pädagogische Anthropologie II. Entwicklung und Erziehung: Grundlagen einer Entwicklungspädagogik*. Hannover: Schroedel, 1971: 19.

中确定的，表现在成年人对儿童的教育，这种关系具有深厚的教育土壤。[1] 教育关系是德国精神科学教育学的精髓，主要体现在精神科学教育学的核心——教化(Bildung)中，与教育(Erziehung)强调教育者和受教育者的关系相比，教化更强调受教育者与世界之间的关系。

尽管布雷钦卡反对精神科学教育学，但是他仍旧无法摆脱精神科学教育学的影响，其中就包括对教育关系的研究。布雷钦卡对教育关系的界定更倾向于社会关系层面，社会关系在儿童成长过程中起到了什么作用，从而使得他们最终形成显著的成人人格？为了回答这一问题，布雷钦卡采取了独特方法：观察社会关系被剥夺的儿童，或者只是很少接触社会的儿童，研究他们的人格发展经历。社会关系的关键是母子关系，与孩子有抚育关系的母亲，能够为孩子的健康发展提供关爱和帮助。[2] 布雷钦卡强调社会关系，尤其是母子关系在儿童教育和社会化过程中的重要性。

莫伦豪尔在新时期延续狄尔泰将家庭关系作为教育起点的说法，将家庭关系进一步推进，并将这种关系的缺失或忽略视为一种反教育倾向，[3]并通过重塑代际关系来建构新时期的教育人类学思想。除此之外，德国教育人类学还关注完善和不可完善之间的关系，[4]这一关系是新时期教育人类学反思和研究的核心。教育人类学对教育关系的界定，可参见图 6－1、图 6－2。

---

[1] 陈锋. 狄尔泰教育学研究[M]. 兰州：甘肃教育出版社，2007：62.

[2] 沃夫冈·布雷钦卡. 教育目的、教育手段和教育成功：教育科学体系引论[M]. 彭正梅，译. 上海：华东师范大学出版社，2008：47－48.

[3] Mollenhauer, K. *Vegessene Zusammenhänge: Über Kultur und Erziehung*. München: Juventa-Verlag, 1983.

[4] Wulf, C., Zirfas, J. (Hrsg.) *Handbuch Pädagogische Anthropologie*. Wiesbaden: Springer Fachmedien, 2014.

人、文化、教育之间的关系
整体关系
具体关系
人处在教育、文化、个体发展的共同作用之中
个体发展
人
教育
文化

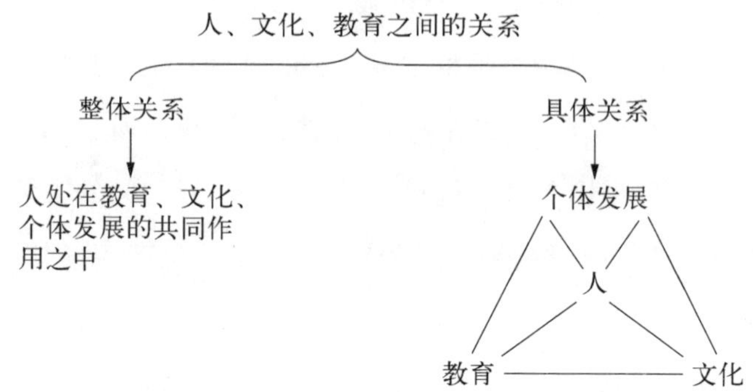

图 6-1　教育人类学研究中的教育关系

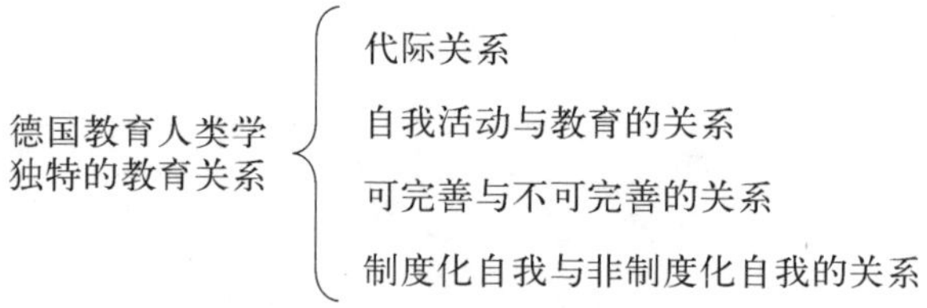

德国教育人类学独特的教育关系
代际关系
自我活动与教育的关系
可完善与不可完善的关系
制度化自我与非制度化自我的关系

图 6-2　德国教育人类学中教育关系的独特体现

二、教育中人的形象的丰富图景

在德国教育人类学中，教育中人的形象呈现出多样化特征，在不同时期，从不同研究视角出发，或者根据某一研究流派的研究旨趣，教育中人的形象都会呈现出差异。鉴于德国教育人类学与普通教育学的密切关系，在 20 世纪 80 年代以前，教育人类学对教育中人的形象的认识，受普通教育学的影响较大，在此之后，教育人类学日渐繁荣，并努力将自身打造成一个独立的学科，开始在自身学科领域中研究教育中人的形象。

（一）多层研究维度

康德认为教育中人的形象的基础在于双重性——自然属性和精神

属性，而同时处理双重属性的学科，就是教育人类学。康德也因此建立起教育学与人类学之间的关联：任何形式的教育学必须思考人类形象，同时兼顾“人是什么”以及“人应该成为什么”。

接下来，赫尔曼·诺尔提出了“教育学的人的艺术”，将教育中人的形象分为四个方面：本能和欲望、自发的意志、自由的精神和个体自我。围绕这四个方面，诺尔形成了一种重要的研究方法：教育问题必须参照人类形象，而人类形象则要实现“真实”和“观念”的综合，[1]把这两者归为“真实的人类学”和“观念的人类学”，分别通过自然科学和精神科学来开展研究。

之后，W. 福利特纳从四方面看待人类形象：生物学、历史、精神自由和个体信仰，包含从抽象到具体的转换，并根据人类形象在这四方面的具体表现拟定了相应的教育任务：

其一，人作为自然的、生物的存在，基于该层面的教育应包含身体健康、感官感受能力和行动能力的发展；

其二，人作为历史的、社会的存在，基于该层面的教育要在历史传统和社会结构中展开，个体应被纳入主流文化之中，具备主流文化所需要的知识和能力；

其三，人作为自由的存在，教育要激发人在精神层面的积极性；

其四，人作为信仰的存在，教育要培育人的信仰。[2]

从 20 世纪 80 年代开始，德国教育人类学重新繁荣起来，在这种情况下，教育历史人类学和教育历史文化人类学更新了教育人类学的研究思路，将“人及其所处的教育、文化及社会相互之间的交织关系”作为研究人

---

[1] Nohl, H. *Ludwig Pallat. Handbuch der Pädagogik*. Langensalza: Beltz, 1981: 52.
[2] Flitner, W. *Allgemeine Pädagogik*. Frankfurt am Mein, Berlin: Ullstein, 1980: 28.

类形象的基本框架。[1] 对人的文化特征的强调也体现在哲学人类学思想中，如兰德曼强调，从人类学的观点看来，人既是文化的创造者，又是文化本身塑造的产品。也就是说，人既创造文化，又被文化所创造，即兰德曼所言的，“我们既是最有创造性的，又是最有接受能力者”。[2]

整体上，德国教育人类学对教育中人的形象的研究维度见图 6－3。

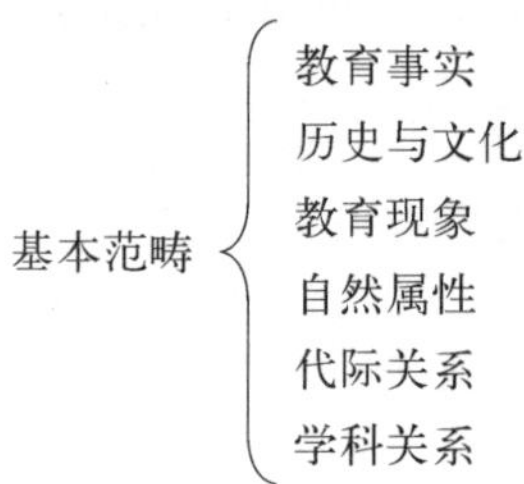

图 6－3　教育中人的形象的基本研究范畴

（二）多个研究流派

从 20 世纪 60 年代开始，德国教育学处于精神科学教育学、经验教育学和批判教育学之间的对峙和纷争中，对教育中人的形象的认识差异，是形成各流派的主要原因。

1. 教化传统中的人类形象

精神科学教育学在本质上是一个历史性的理论。[3] 根据狄尔泰的观点，人只有在历史中才能认识自己并且被认识，只有在历史中，人才能确定自己，“人是什么，只有在其发展历史中才能予以认识，不存在关于人的固定的永久不变的形象”。[4] 精神科学教育学肯定历史对人

---

[1] Wulf，C. Pädagogische Anthropologie. *Zeitschrift für Erziehungswissenschaft*，2015，18(1)：5－25.
[2] 高宣扬. 德国哲学通史(第 2 卷)[M]. 上海：同济大学出版社，2007：683.
[3] 彭正梅. 现代西方教育哲学的历史考察[M]. 上海：上海教育出版社，2010：177.
[4] Wulf，C. *Theorien und Konzepte der Erziehungswissenschaft*. München：Juventa-Verlag，1983：19－20.

类形象的规定作用。面对20世纪60年代末复兴的经验教育学，精神科学教育学结合教育中人的形象的历史规定性、价值依存性、知情意结合等特征，对经验教育学的教育人类学基础进行了系统批判。

其一，人总是在历史中生成的人，自然和事实也处于具体的历史条件中，经验式教育人类学倡导对事实进行实证、客观的研究，排斥个人主观倾向，实际上是不可能达到的。[1]

其二，经验式教育人类学试图排除价值评价，但这在教育领域是不可能的，因为教育总是要把学生引向一个更高、更完美的状态。[2]

其三，简化人类形象，把学生看作技术控制的对象，忽视了人类形象的整体性。

2. 解放中的人类形象

20世纪60年代中期，德国的反权威风气引发了批判浪潮，批判解放教育学暂时代替精神科学教育学，解放代替了教化，批判教育学与时代紧密结合，并与法兰克福学派的社会哲学有着密切关系，代表人物是布兰科茨(Herwig Blanketz)、莫伦豪尔、克拉夫基(Wolfgang Klafki)。[3]强调把人从各种限制中解放出来，达到自我决定的状态，该流派围绕教育与解放之间的关系，丰富了人类形象，主要有以下代表性观点：

观点一：针对布雷钦卡将教育学简化成科学教育学的危险，莫伦豪尔倡导“主体从限制其理性以及与理想相关的社会行动的条件中解放出来”，[4]教育要帮助人从各种限制自由的条件中解放出来。

观点二：克拉夫基认为，批判教育学的理论兴趣在于使学习者达到

---

[1] 彭正梅.现代西方教育哲学的历史考察[M].上海：上海教育出版社，2010：154-155.

[2] 同上：155-156.

[3] 沃夫冈·布雷钦卡.教育目的、教育手段和教育成功：教育科学体系引论[M].彭正梅，译.上海：华东师范大学出版社，2008：12.

[4] Mollenhauer，K. *Erziehung und Emanzipation: Polemische Skizzen*. München：Juventa-Verlag，1968：9.

成熟状态(Mündigkeit)、自我决定(Selbstbestimmung)、自由以及解放的目的。[1]

观点三：布兰科茨综合了莫伦豪尔、克拉夫基的观点，并融合了康德的观点，认为教育中人的形象的主要特征在于能够“使自己的理性”达到成熟状态，布兰科茨认为，“成年状态和解放是教育理论的核心认识对象，这就要求在理性优先的基础上，把对主体的教育兴趣与其社会功能联系起来，克服真实社会中的权力压制，以达到真正的人的生活”，[2]人类的成熟状态与理性解放是批判教育学视野中人类形象的基本特征。

20世纪80年代初期，批判教育学的代表人物认识到批判教育学的成功所造成的危害，如莫伦豪尔开始重新思考精神科学教育学的价值，重新思考儿童与成人之间存在的真实教育关系，重塑儿童自我形象，关注儿童的情感和内在力量等因素在其成长过程中的作用。精神科学教育学通过教育人类学对教育中人的形象所进行的重塑，在20世纪80年代初期开始重新获得其生命力。

整体而言，无论经历怎样的变迁，德国教育人类学始终坚持以教育中人的形象作为研究对象，探究其方法论特征。这一探究过程要求把教育人类学放在具体的时代背景中；放在与教育学、人类学、哲学、心理学、生物学等相关学科思想的交流中；放在精神科学教育学、解放教育学等主流教育学思想中；放在田野研究方法、自然科学研究方法、经验研究方法、哲学反思方法、文化科学研究方法的选择与运用中；放在二元对立思维、双重历史思维、瞬时与历时思维、经验式思维、解释学思维

[1] 彭正梅.现代西方教育哲学的历史考察[M].上海：上海教育出版社，2010：155-156.
[2] Schaller, K. *Erziehungswissenschaft der Gegenwart: Prinzipien und Perspektiven Moderner Pädagogik*. Bochum: Kamp, 1979: 41-42.

等的抉择中；放在代表人物的思想论辩中，系统梳理德国教育人类学对教育中人的形象的认识和研究过程，对德国教育人类学的方法论特征进行探究，深入揭示德国教育人类学对教育中人的形象所进行的性质判断、方法和视角选择、分析单位和思维方式适切性分析等。下面以教育中人的形象的几方面具体特征为例，来说明据此的方法选择过程以及该方法所关注的知识品性（见表 6－1）。

表 6－1　教育中人的形象的方法选择与知识品性

教育中人的形象	研究方法	知识品性
人生活在图像时代	图像、视频分析	关注实践性知识
由自然和文化属性决定	经验研究、哲学分析	自然学科与人文社会学科综合
由不可言说的力量决定	故事和图像分析	非制度化、非习俗化
可塑性由自然属性决定	生物人类学方法	自然科学知识品性
由文化多样性决定	民族学研究方法	表现文化多样性和差异的知识
处于“教育现象”中	现象学方法	直观、过程性知识
受历史变迁的影响	历史的视角	历史演变过程中的知识

第二节

围绕教育中人的形象而形成的方法论

德国教育人类学一直被赋予浓厚的哲学思辨色彩。在面对德国教育人类学这一研究对象时，研究者们面对的不单是一门学科、一种研究范式，而是具备复杂图景的学科与领域，其研究问题、研究方法、学科关系等都表现出丰富和多样的特征。当然，任何一位教育人类学研究者都不会否认其研究的丰富和多样，但其视野中的丰富和多样多是就田野研究过程而言，而非像德国教育人类学那样表现出全面而深刻的丰富和多样。为何德国教育人类学会如此丰富和多样？该问题的提出和解决都指向德国教育人类学的核心研究对象——教育中人的形象。

与我们通常所理解的教育人类学不同，德国教育人类学并没有所谓的看家法宝："如果要想成为一名合格的教育人类学研究者，就必须秉承人类学研究的三个看家法宝，一是要下田野，二是要撰写民族志，三是要进行理论建构。"[1]德国教育人类学不同于其他国家和文化背景中的教育人类学之处在于它始终以教育中人的形象为研究对象，为了适应这一研究对象的研究需要，德国教育人类学形成了独特的方法论。整体而言，教育人类学的方法论有两种路径：一是运用某种研究方法来丰富原有的研究主题，或者开辟新研究主题，这种路径的核心是采用某种固定的研究方法；另外一种路径是根据研究对象和具体研究问题来选择不同的研究方法，该路径的核心是研究对象。以英美社会文化人类学为导向的教育人类学方法论倾向于第一种路径，关注人类学经典的田野研究方法对教育学的影响，通过田野研究方法来获取实地材料。德国教育人类学方法论属于第二种路径。教育人类学的两种方法论路径可参见图 6 - 4、图 6 - 5。

无论思维方式、学科关系、研究方法、研究视角和分析单位等方面经历怎样的发展变化，德国教育人类学的核心研究对象始终都没有改

[1] 滕星，苏德. 教育人类学理论、方法与应用研究——中国教育人类学专业委员会首届年会论文集[C]. 北京：中央民族大学出版社，2015：16.

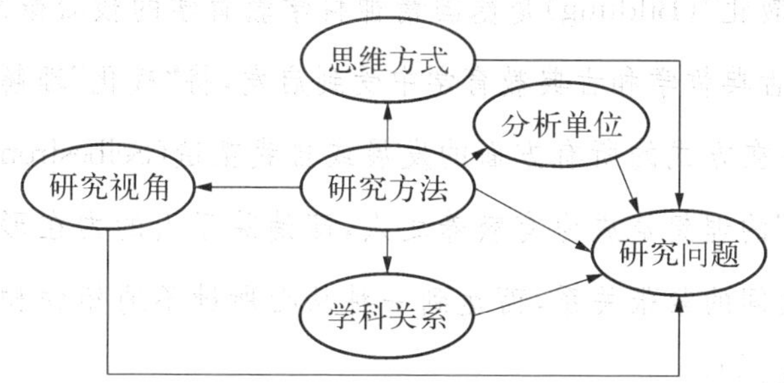

图 6－4　以研究方法为核心的教育人类学研究

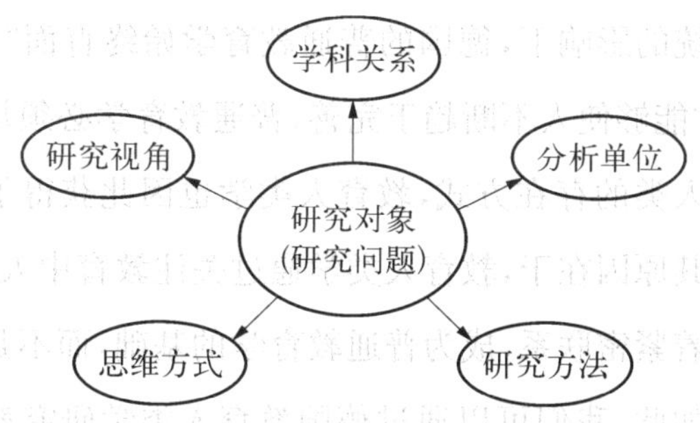

图 6－5　以研究对象为核心的教育人类学研究

变，方法论方面的复杂和多样，正是教育中人的形象的研究需要。为什么教育中人的形象能够始终成为德国教育人类学的核心研究对象？这一问题涉及三对基本关系。

关系一：教育中人的形象与德国普通教育学发展状况的关系。普通教育学的发展和推进通常都是从更新教育中人的形象开始的。教育中人的形象是普通教育学思想区别于其他学科及其分支的核心所在，也是普通教育学获得独立地位的标志。在当代德国教育人类学的发展历程中，这一对关系主要体现在 20 世纪 60—80 年代初，在经历了 80 年代的短暂调整与更新后，于 20 世纪 90 年代末重新获得关注。

当代德国教育人类学始终以教育中人的形象为核心，与德国长期占主导地位的精神科学教育学及其教化传统相关，这一传统的特征是：

> “教化”(Bildung)是德国精神科学教育学的核心概念,从精神科学、古典哲学和古典教育学中受到启发,将“教化”理解为教育的人的存在方式的所有方面的发展或自我塑造(Selbesfromung)……“教化”的理想是成为有教养之人,即消除了人的内在形势和外在世界之间的紧张关系,而达到一种从心所欲不逾矩的和谐状态和完整性。[1]

在教化传统的影响下,德国的普通教育学始终直面“人”的存在问题,思考如何才能够使人不断趋于完善,普通教育学必须从不同方面展开研究并表述人类的存在方式,教育人类学也因此获得了存在的必要性和可能性。其原因在于,教育人类学通过关注教育中人的形象,与普通教育学维持着紧密联系,成为普通教育学的基础,而不是边缘或分支学科。正因为如此,我们可以通过德国教育人类学研究教育中人的形象的方法论特征,判断普通教育学的发展状况,例如在 20 世纪 70 年代之前,精神科学教育学与教化思想占据主导,关注人类的自我塑造方式。这一时期教育人类学对教育中人的形象的认识,也多是从不同侧面探究人类存在方式与教育的关系,例如,20 世纪 60 年代最具有代表性的两位教育人类学研究者洛赫和 A. 福利特纳,肯定人类形象的完整性与整体性,将人看作开放的存在,并从不同的侧面探讨人类形象与教育之间的关系。这一时期教育人类学的主要思维方式是哲学思辨式,兼具现象学式,致力于对教育中人的形象进行普遍意义的思考。到了 20 世纪 70 年代,经验教育学为教育人类学思考教育中人的形象提供了经验式思维。80 年代初期,教化传统重新受到关注,教育中人的形象得

---

[1] 彭正梅.德国教育学概观:从启蒙运动到当代[M].北京:北京大学出版社,2011:208.

以突破经验式思维的束缚，在解释学方法论的影响下得以新塑。

关系二：教育中人的形象与新时期德国教育人类学作为一个独特领域的关系。从 20 世纪 80 年代初期至今，德国教育人类学通过对教育中人的形象进行研究为普通教育学奠定基础的同时，更强调教育人类学自身的独特性，努力形成教育人类学自身的问题域。从这一时期开始，教育中人的形象在学科发展中的地位与作用，除了维持教育人类学与普通教育学之间的关系，更在于将教育人类学塑造成为独立于普通教育学的专门学科。

关系三：人类学与教育学的关系。这对关系是贯彻德国教育人类学发展过程的关键问题。洛赫对“人类学的教育学”和“教育学的人类学”的区分，强调教育学要参考人类学，人类学同时也应该强调教育学，明确肯定教育学对人类学的“反哺”价值。一直以来，人们都在找寻人类学对教育学的贡献，但该时期的德国教育人类学认为教育学能够为人类学作出贡献。1963 年，洛赫在《教育学的人类学因素》一书中，第一次以批判的目光审视教育学中的人类学因素及其意义，确定教育人类学研究应该从整体上理解人类本质，并且把教育现象理解为人类本质中的有意义和必要的一环。[1] 洛赫从教育角度讨论人的生活，关注教育在人的整体生活中所发挥的作用，而不是仅讨论人类学方法如何为教育学研究贡献力量。在德国教育人类学中，洛赫第一次倡导教育学应该为人类学贡献力量，利特克也持有类似的观点。通过对概念史进行分析，利特克认为从舍勒以来的现代人类学概念都需要关注教育学，这一观点同样肯定人类学应该参考教育学。那么，教育学如何为人类学作出独特的贡献呢？利特克对此提出的解决办法是教育学借助教育

[1] Loch, W. *Die Anthropologische Dimension der Pädagogik*. Essen: Neue Dt. Schule Verl.-Ges., 1963: 95.

人类学,从教育中人的形象出发,采用20世纪70年代以来流行的经验研究方法,对教育中人的形象、教育条件、教育结果三方面进行研究。

一、多重角色更替

从20世纪60—70年代的教育人类学发展状况来看,有研究者在1980年将德国教育人类学界定为三种角色:教育人类学作为一门整合的学科,教育人类学作为教育基础概念建立的基础,教育人类学与伦理共同进行。[1] 也就是说,德国教育人类学并非像人们通常所认为的教育人类学那样,具有统一固定的形象——哲学人类学的代表,相反,它表现出多样的角色更替。从德国教育人类学的发展历程中可以看出,它的角色不是单一的,也并不局限于上述研究者所界定的三种角色,事实上,德国教育人类学既可以是教育学的基础,也可以指对教育学的人类学意义的探讨;既可以是教育学的分支学科,也可以作为一种观察方式、研究方式和研究领域。同样也有我们通常所理解的,作为人类学经典的研究方法在教育中的具体应用,关注人类学方法对教育学的启发。德国教育人类学的角色差异主要通过研究任务、研究方法、学科特征等方面表现出来,并在批判、反思和重建中不断更替。

(一)作为交叉学科

交叉学科的品性在当代德国教育人类学的发展历程中有两点体现。

1. 哲学与教育学在人类存在问题方面形成交叉

这方面的代表人物是博尔诺夫。博尔诺夫最感兴趣的是哲学和教

[1] König, E., Ramsenthaler, H. *Diskussion Pädagogische Anthropology*. München: WilhelmVerlag, 1980: Vorwort.

育学交叉在一起的领域，[1]在这一领域中，他特别重视人类的存在问题和生命问题。博尔诺夫写道：

> 在哲学中我最感兴趣的首先是直接与生命有关的“实践”领域：伦理学、美学、历史哲学、精神科学的方法论以及特别是称为哲学人类学的一切。在哲学方面我首先探讨过去时代中能反映现代焦点问题的思潮：生命哲学、现象学、存在哲学。在教育学中我特别感兴趣的是一般哲学基础，特别是哲学人类学问题，因此我的研究领域最好称为教育人类学领域。[2]

博尔诺夫的教育人类学，形成的最重要动力是对“人的问题”的研究兴趣，据此实现人类学与教育学的综合。而在此基础上形成的教育人类学，其核心之处在于通过教育学与哲学的交叉融合，更新对教育中人的形象的理解。

2. 教育学与人类学的交叉

这一角色在20世纪60年代和80年代的德国教育人类学发展中表现较为明显，其中有研究者强调人类学应该参考教育学，如洛赫曾经区分了“人类学的教育学”和“教育学的人类学”，后者即强调教育学对人类学的贡献，强调人类学应该参考教育学。但从整体来看，教育学与人类学的交叉主要体现为人类学对教育学的影响，并表现为人类学考察方式在教育学中的价值凸显。

[1] Bollnow, O, F., Boelhauve, U. *Existenzphilosophie und Pädagogik-Krise und neuer Anfang*. Würzburg: Königshausen & Neumann, 2014.

[2] Dino, L. *Otto Friedrich Bollnow: eine Lebensskizze*. Amriswil: Amriswiler Bücherei, 1975.

（二）作为教育学的人类学考察方式

德国教育人类学关注人类学考察方式对教育学的影响，并非仅是把田野研究方法运用到教育学中，而是以人类学的方式为教育学提供知识论和方法论基础。

1. 说明人类形象

"人类学问题虽然从心理学研究成果中吸取了有用的东西，但却是从解释人的整个形象中的儿童生活出发的"，[1]这就是人类学问题，同时"仅仅客观上可以探明的经验材料应当通过人类学问题，即联系人的本质，重新加以说明"。[2] 朗格菲尔德此处所讲的教育人类学不是人类学或者教育学的辅助科学，而是教育学中的人类学考察方式。这方面的代表性研究还有威特（Nicole Welter）的研究，他认为学校实践与教育学实践中包含着隐而不显的人类学，需要人们对此进行分析，在这些人类学知识中，普遍意义的人类学关于人类本质的知识通过教育学实践而成为特殊意义的教育人类学。[3]

在教育学与人类学的交叉过程中，朗格菲尔德也具有整合式的思维，强调教育人类学从其他学科尤其是心理学中吸取有用的成果，这种整合强调教育人类学从人类整体形象出发，用人类学的方式考察儿童真实生活和教育情境。因此，朗格菲尔德的教育人类学不是人类学或者教育学的分支学科，而是采用"人类学的考察方式"来为教育学提供知识基础，这种考察也是一种评判尺度，使教育人类学不至于陷入经验材料中而无法自拔。

---

[1] Langeveld, M, J. *Studien zur Anthropologie des Kindes* (Aufl. 3,). Tübingen: Niemeyer, 1968: IX.

[2] 同上：171.

[3] Welter, N. Anthropologie und Pädagogische Anthropologie. Differenzen und Konflikten in Herders Pädagogik. *Zeitschrift für Pädagogik. 52 Beiheft. Pädagogische Anthropologie-Mechanismus einer Praxis*. BELTZ, 2007: 45.

2. 为开发新的教育中人的形象提供可以操作的方式

博尔诺夫在这方面进行了探索，他没有把教育人类学作为教育学的分支学科或者辅助学科，也没有把教育人类学视为教育学的基础学科，而仅从一种特定的人类学视角出发来重建教育学。

博尔诺夫强调人类学的考察方式能够开拓教育学的新视野，使其更加完善。博尔诺夫甚至说："我宁可不称教育人类学，而称教育学的人类学考察方式……或者称为人类学的教育学。"[1]人类学的考察方式如何在教育学中实现，博尔诺夫提出了四种可以操作的原则：还原性原则、工具性原则、解释性原则和开放性原则。[2] 通过这四种原则，博尔诺夫把人的内在世界与外在世界联系起来，既关注人的情绪、感情和本能等方面，又关注外在的文化领域对人的规定与影响。博尔诺夫认为人的内在与外在世界并不是封闭的，而是各自开放并处于不断的互动中，人类形象也因此得以不断更新。正是在这个意义上，人类学考察方式时刻为教育中人的形象提供一种开放视域，并打通人的内在世界与外在世界的关联。

（三）作为人类形象知识的整合学问

20 世纪 60 年代以来，德国教育人类学具有明显的整合特征，主要是指对相关学科研究成果的整合。无论面对复杂的人类形象，还是面对复杂教育事实，单一的知识和方法都无法形成完整的认识，为了研究的需要，教育人类学应该具备整合视角。例如，20 世纪 60 年代末到 70 年代中期，经验式教育人类学从教育学角度对各种有关人的学科进行

[1] Bollnow, O, F. *Anthropologische Pädagogik* (Aufl 3.). Bern: Haupt, 1983: 38.
[2] Bollnow, O, F. *Methodische Prinzipien der Pädagogischen Anthropologie*. Bildung und Erziehung Böhlau Verlag, 1965(18): 163.

整合，根据这种理解，教育人类学是整合各种人类形象知识的学问，其目的在于形成对人类形象的完整认识。

（四）作为普通教育学的基础

为普通教育学夯实基础，是德国教育人类学尤为独特的角色特征，这一“基础”[1]地位的获得有两个前提假设：其一，普通教育学的所有思想和实践都指向“人”，因此也必须以人类学为前提条件；其二，为了解决普通教育学被冠以“亚学科”的名号、非科学的特征以及面临着被多个分支学科解构与分裂的危险，教育人类学从人类学的角度解释或者重构教育中人的形象，在新人类学命题的基础上实现普通教育学的独立地位。

教育人类学的基础地位在20世纪70年代发生了转变。本纳(Dietrich Benner)于1972年明确提出，德国研究者对教育人类学的兴趣正在降低，这是因为将人作为讨论基础的统一时代已经过去了，不同的教育人类学学派都有自己的研究基础和起点。[2]迈恩伯格同样认为教育人类学在20世纪70年代遭遇危机，因为该时期的教育学研究对系统的教育人类学的形成兴趣降低。[3]本纳是从人类学普遍而单一的知识入手进行批判，迈恩伯格对人类学也持有相同的认识——旨在形成系统、普遍、统一的人类形象。[4]20世纪70年代的“教育人类学危机”，除了人类学知识品性的不确定之外，还有其他三方面原因：

[1] “基础”有两种说法：基础研究(Grundlagenforschung)和基础学科(Grunddisziplinen)。教育人类学作为一种基础研究和基础学科，基本旨趣都是对教育学的人类学观点进行澄清，两者差异体现在教育人类学作为一种研究和一门学科的差异。整体上，前者包含后者。

[2] Benner, D. Pädagogische Anthropologie und Pädagogische Erfahrung. *Pädagogische Rundschau*, 1973(3): 226-254.

[3][4] Meinberg, E. Zur Entwicklung AnthropologischerKonzepte in der Pädakogik nach dem 2 Weltkrieg. *Pädagogische Rundschau*, 1978(9): 695-712.

原因一：在分析哲学的语言分析影响下，教育人类学的核心概念都是模糊不清的，如“人的生成”“教育必要性”等概念，在语言分析中都成为一些空洞的形式；

原因二：批判教育学批评教育人类学视域中的人类形象太过单一，认为教育人类学必须把研究对象的历史、文化和社会特征结合起来，[1]而过于开放的研究视野在一定程度上会瓦解教育人类学存在的必要性；

原因三：教育人类学没有固定的研究对象域、研究问题、研究方法，这实际上取消了该学科存在的必要性。

尽管如此，仍有研究者肯定教育人类学的基础地位。在本纳断定教育人类学的研究兴趣降低的四年后，就出现了与之完全相反的观点。门泽(Clemens Menze)声称教育人类学的意义显著增加。[2] 洛赫也坚信，教育人类学在找寻并且确定普通教育学的自主性方面仍旧是最关键的。[3] 迪内特也持有类似观点，认为普通教育学获得与其他人文学科同等地位的基础就在于其独特的人类学思考，若无人类学基础，普通教育学就只能屈居人后，“毫无疑问，普通教育学必须获得其人类学的基础和目标，否则，教育学就会像以前那样明显落后于其他的人文学科”。[4] 哈曼(Bruno Hamann)开发了一种历史的研究方法，强调“任何有关人的知识，指向教育学的实践和理论，因为时空的不同，在

[1] Wulf, C. [Hrsg.]. *Wörterbuch der Erziehung*. München: Piper, 1974.

[2] Wulf, C., Zirfas, J. (Hrsg.) *Theorien und Konzepte der Pädagogischen Anthropologie*. Donauwörth: Ludwig Auer, 1994: 22.

[3] Loch, W. *Die Anthropologische Dimension der Pädagogik*. Essen: Neue Dt. Schule Verl.-Ges., 1963: 95.

[4] Dienelt, K. *Die Anthropologischen Grundlagen der Pädagogik: Konstruktiv-Analytische Reflexionen zum Thema "Pädagogische Anthropologie"*. Kastellaun: Henn, 1977: 141.

数量和质量方面都是不同的”。[1] 针对此种状况，“只有关于人的非简化的理论，才能够确保具体的人类学教育学理论的实现”，[2]但这也带来了教育人类学的核心目标——形成关于人类形象的非简化理论。

从 20 世纪 80 年代开始，教育人类学在经历了一段时期的批判反思之后，教育学开始紧密地提出人类学问题，[3]德国教育人类学也出现了前所未有的发展契机。此后，德国教育人类学在两方面获得了不可替代的重要地位。

其一，关于人类形象的知识或观点，或明显或隐晦地成为教育学的基础，影响教育方式和教育目标。不理解人类形象，就不能充分理解教育理论和实践。

其二，教育人类学在德国大陆人类学和英美社会文化人类学的互动中发生了转向，在继承大陆人类学传统的同时，与英美人类学中的主流思想接轨，尤其是英美人类学关注多样性和异文化的学科秉性，以及田野研究方法的优势，在这一时期开始受到德国教育人类学的关注。

新时期教育历史文化人类学将教育人类学视为一个相对独立的领域，结合教育学的发展论证教育人类学的重要性，这在一定程度上延续了将教育人类学视为普通教育学基础的传统。在实际研究过程中，教育历史文化人类学结合核心研究主题对普通教育学进行了解释与丰富，譬如表演教育学的形成。在延续教育人类学之于普通教育学基础地位的同时，教育历史文化人类学努力将教育人类学发展为一个独立

---

[1][2] Hamann, B. *Pädagogische Anthropologie: Theorien, Modelle, Strukturen: eine Einführung*. Bad Heilbrunn, 1982: 7.

[3] Wulf, C. ,Zirfas, J. (Hrsg.) *Handbuch Pädagogische Anthropologie*. Wiesbaden: Springer Fachmedien, 2014.

于普通教育学的开放领域。

（五）教育人类学作为一个开放的领域

这一角色开始于教育历史人类学，认为没有任何一个学科可以独自解释人类形象的演变过程与内涵变化，教育人类学更像是一个开放的领域，一方面关注人类形象的变化过程及其引发的教育变革，另一方面反思教育人类学知识的合理性。伍尔夫及其团队对20世纪80年代之前的德国教育人类学成果进行阐述和讨论之后，将多元性和历史性界定为教育人类学的基本特征与基本要求。[1] 在此基础上，教育历史人类学结合新时期教育中人的形象的改变以及教育人类学知识的历史性回溯，形成了诸如想象力、图像、审美等研究主题，为德国教育人类学创造了一个具有独特贡献的研究领域。20世纪90年代，德国教育历史人类学发展成为教育历史文化人类学，同时也成为当前德国教育人类学的主流。

二、学科关系与研究对象的适切性

长期以来，德国教育人类学一直以浓厚的思辨色彩著称，甚至被等同于哲学人类学，其复杂的学科关系尚未得到关注。实际上，德国教育人类学处于不同的学科互动中，它不仅与精神科学教育学、现象学、哲学人类学等学科有着很深的渊源，同时也与心理学、生物学、物理学等其他非人文社会科学产生过有效互动，造就了德国教育人类学的与众不同，德国教育人类学的学科关系可参见图6-6。

复杂的学科关系来源于研究对象的复杂性，为了全面了解教育中

[1] Wulf, C., Zirfas, J. (Hrsg.) *Theorien und Konzepte der Pädagogischen Anthropologie*. Donauwörth: Ludwig Auer, 1994.

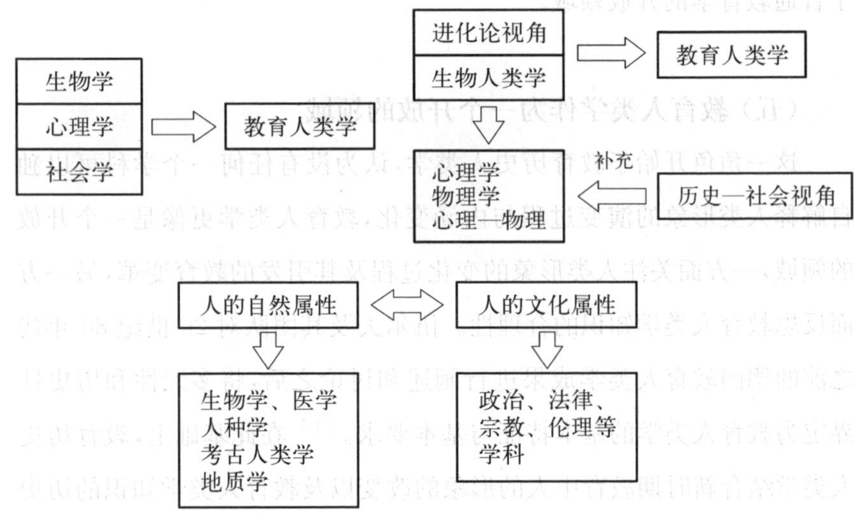

图 6-6 德国教育人类学与其他学科的关系

人的形象，就必须吸收相关学科的研究成果。例如，为了研究人的文化和精神层面，就需要结合政治、伦理、法律等学科；为了了解人的自然特征，需要借鉴生物学、医学、人种学等学科。不同学科能够提供理解人类形象的不同知识，因而都受到德国教育人类学的关注。

当教育人类学倾向于自然科学时，便会从生物学、基因学和形态学等方面研究教育中人的形象，关注人类的进化过程，将基因组合、基因突变和选择等方面与经济、社会、教育、文化和审美等因素联系起来。[1] 当教育人类学倾向于民族学或民俗学时，会重点解释人类的历史和文化差异，人类就相应地"处于高度差异的文化、审美、教育和生活世界"。[2] 当教育人类学倾向于哲学人类学时，就会从人的地位、人与"他者"、人与世界的关系来研究教育中人的形象，关注人类存在的缺陷特

[1] Winfried, M. *Das Versprechen der Schönheit*. Frankfurt am Mein: Suhrkamp, 2003.
[2] Wulf, C. *Anthropologie kultureller Vielfalt : Interkulturelle Bildung in Zeiten der Globalisierung*. Bielefeld: Transcript, 2006.

征及其教育策略。[1] 当教育人类学倾向于文化科学时，会通过对文化象征体系的解释来理解人类形象，象征符号就成为主要分析单位。当教育人类学倾向于历史科学时，就会关注人类生活世界的传统，将精神史与代际、家庭、宗教等联系起来，审美现象因此在教育中扮演着重要角色。[2]

三、多层次分析单位及其研究方法

与英美导向的教育人类学研究传统有所不同，德国教育人类学呈现出独特的大陆人类学特征。[3] 大陆人类学集中表现为几种经典人类学范式的互动交流：哲学人类学、历史人类学、进化论和生物人类学、社会文化人类学、历史文化人类学等。德国教育人类学在吸收大陆人类学研究经验和成果的同时，并没有抛弃其一直遵循的出发点和前提——教育中人的形象，[4]据此形成了不同层次的研究问题。

第一层次：教育人类学元研究，即对教育人类学的发展动力、研究对象、研究意义等进行研究，主要出现在 20 世纪 60—70 年代，此种研究主要是为普通教育学夯实基础。

第二层次：宏观层面的教育问题研究。该层次又可具体分为两种类型：一方面，说明教育中人的形象的基础性地位，通过兼具普遍性与特殊性的研究主题予以凸显；另一方面，研究社会、文化与教育的关系。

---

[1] Wulf, C., Zirfas, J. (Hrsg.) *Handbuch Pädagogische Anthropologie*. Wiesbaden: Springer Fachmedien, 2014: 495 - 502.

[2] Reinhard, W. *Lebensformen Europas: Eine Historische Kulturanthropologie* (*Aufl 2.*). München: Beck, 2006.

[3] 对“大陆人类学”的特色界定参见：Wulf, C. *Anthropology: A Continental Perspective*. Chicago: The University of Chicago Press, 2013. 在这本书中，伍尔夫将不同于英美主流人类学的人类学称为“教育人类学”，就像与分析哲学不同而得名的“大陆哲学”一样，伍尔夫用“大陆人类学”来表达独树一帜的德国人类学的历史文化人类学取向。

[4] Wulf, C. *Bilder des Menschen Imaginäre und Performative Grundlagen der Kultur*. Bielefeld. Transcript Verlag, 2014.

第三层次：微观层面的教育问题研究，主要针对学校内部具体的教育教学活动，如课堂教学时间使用情况的田野研究、教育仪式—体语研究等，自20世纪90年代后期以来受到关注。

当代德国教育人类学在多种研究方法的选择和运用中，生成了五种代表性研究方法。

第一，整合的方法（Integrale Ansatz）综合吸收不同学科（例如生物学、社会学和心理学）关于人的研究成果，来回答教育必要性问题。具体有两种整合路径：一是指对相邻学科的整合，代表人物是陆特；另外一种路径是指各种观点与视角的整合，代表人物是A. 福利特纳。卡姆帕认为，在这两种整合路径之后还应该有一个更重要的内容：教育人类学研究必须关注并且澄清“教育中的人”存在的差异，在不同学科和观点的整合中解释并赋予差异意义。[1]

第二，哲学人类学方法（Der Philosophisch-Anthropologische Ansatz）致力于从整体视角关注人的可塑性和确定性，强调对个别现象的关注必须兼顾整体视角，认为对教育人类学的思考必须以人类存在的真实性为基础。根据代表人物霍华德（Heinrich Döpp-Vorwald）的观点，运用此种方法的教育人类学不能以单一的经验科学或自然科学为基础，应该兼顾解释学等学科。[2] 另一位代表人物洛赫则认为哲学人类学方法能够为教育学提供丰富的经验。总之，两者都尝试突破单一方法论带来的简化观点，并致力于形成人类形象研究的开放视野。

第三，现象学的教育人类学方法（Ansatz zu Einer Anthropologischen Pädagogik Phänomenologisch）关注具体的教育情境与教育关系，对哲

---

[1] Wulf, C., Zirfas, J. (Hrsg.) *Theorien und Konzepte der Pädagogischen Anthropologie*. Donauwörth: Ludwig Auer, 1994: 198－199.

[2] Döpp-Vorwald, H. *Erziehungswissenschaft und Philosophie der Erziehung*. Ratingen: Henn, 1967.

学人类学方法进行补充，认为研究者要置身于其所研究的情境中。根据该方法的代表人物朗格菲尔德的观点，教育人类学问题只有在强调教育真实性和教育研究对象复杂性的时候才能够形成，应在具体情境中重新关注标准和事实这一对概念的组合，[1]以此形成教育人类学研究中伦理基础与教育情境的关联：一方面，要审思教育人类学中“作为儿童”“作为青年人”“作为成年人”等界定与特定文化中伦理基础之间的关系，另一方面要将其与教育情境中的真实状态相结合。

第四，辩证—反思方法（Dialektisch-Reflexive Ansatz）致力于在教育学层面形成一种系统的人类学理论。该方法以人的双重属性——存在与意义（Sein und Sinn）为起点，从两方面建构系统的人类学理论：其一，存在与意义需要教育者在具体教育事件中关注学生，只有这样，教育事件才有可能对学生的发展产生影响；其二，为了研究人的双重属性，完全以事实为基础的研究，受到了人类学差异视角的反思与批判。该方法也因此形成了两种研究路径：一方面尝试将抽象问题具体化，将人的双重属性放在具体的教育事件中进行研究；另一方面又尝试将具体问题抽象化，反思以事实为基础的研究。尽管认识到第一种路径的重要性，但辩证—反思方法实际上更青睐第二种路径，也因此受到了对话方法的批判。

第五，对话方法（Der Dialogische Ansatz）强调对对话的基本理解[2]是研究人类真实形象及其教育的关键。该方法在批判辩证—反思方法的基础上形成，认为辩证—反思方法一方面尝试寻找人类形象的差异，另一方面又强调人类的“本质”“标准”“确定性”等，这实际上是在试图

[1] Wulf, C., Zirfas, J. (Hrsg.) *Theorien und Konzepte der Pädagogischen Anthropologie*. Donauwörth: Ludwig Auer, 1994: 22.

[2] Ellwein, T. [Hrsg.] *Erziehungswissenschaftliches Handbuch*. Berlin: Rembrandt, 1971: 101-105, 142-147.

建构一成不变的人类形象。从对话方法看来，辩证—反思方法是徒劳无益的，因为关于人类本质和标准的陈述在实践中的成效很低，而且该方法始终陷入方法论困境，难以研究人类形象的真实性。在此基础上，必须形成一种能直面人类形象丰富性的研究方法，而对话方法即是此种尝试。

从德国教育人类学的具体分析单位与研究方法来看，它实际上没有固定的模式，而是澄清问题、解决问题的进程，并以教育中人的形象的复杂性及研究需要为基本前提。有研究者尝试打破各方法之间的界限，例如，魏因（Hermann Wein）在研究哲学人类学的过程中，尝试在哲学和经验科学之间实现一种"中间状态"，[1]这一观点被埃尔策（Hans Michael Elzer）吸收到其教育人类学研究中。[2]

四、多层次研究视角

基于不同研究视角，教育中人的形象会呈现不同的样态，例如格伦倡导对人的理解应该"回到自然"，意味着人不能脱离过去而存在。博尔诺夫解释道，强调人应该"回到自然"，不仅指回到过去、了解过去，而且意味着以过去为基础进行现实的发展，尤其强调现实中的文化因素不能被忽略。[3] 又如，从审美视角出发，教育中人的形象应该在其表达形式和组成要素中进行研究，首要的问题就是在科学与艺术中对人的表演性进行陈述，因此就要对人类形象的不同表现形式进行区分，需要明确人类形象是处于图像中、文本中、民族志的电影中，还是在电脑

[1] Wein, H. *Das Problem des Relativismus: Philosophie im Übergang zur Anthropologie*. Berlin: Walter de Gruyter & Co, 1950.

[2] Wulf, C., Zirfas, J. (Hrsg.) *Theorien und Konzepte der Pädagogischen Anthropologie*. Donauwörth: Ludwig Auer, 1994: 193 - 201.

[3] Bollnow, O, F. *Existenzphilosophie und Pädagogik: Krise und Neuer Anfang*. Würzburg: Königshausen & Neumann, 2014: 142 - 143.

图像中。[1] 从整体上来看，20 世纪 60 年代以来的德国教育人类学形成了五种研究视角以及与之相应的人类形象，如表 6-2、表 6-3 所示：

表 6-2　不同视角对研究对象的解读

研 究 视 角	对教育中人的形象的解读
整合的视角	综合研究教育必要性与可能性
哲学的视角	人的问题是一个开放的系统
现象学的视角	具体教育情境中的具体角色
暗指的视角	人处于想象和图像的模式中
多元—历史的视角	人处于双重历史性之中

表 6-3　不同分析单位对研究对象的解读

分 析 单 位	对教育中人的形象的解读
生物属性	在进化、人与动物的比较中进行研究
身体	在生死、审美、仪式等范围中进行研究
图像	在模仿、表演、想象力等范围中进行研究
关系	在代际关系、教育事实中进行研究

除了从不同研究视角和分析单位出发外，当代德国教育人类学对核心研究对象的解读也受到特定时期学科发展状况和时代新气象的影响。例如 20 世纪 60 年代，朗格菲尔德认为该时期的教育人类学忽略了人类形象的全面性，他因此提出了这样的问题——难道儿童就不是人么？难道处于异文化中的人就不是人么？[2] 希望借此扩展研究对象的范围。到了 20 世纪 70 年代，陆特认为应摆脱纯粹的哲学思辨，转而通过客观方式进行真实研究，形成了教育人类学与其他经验学科的新型关系。到 20 世纪 80 年代，人类形象与图像、想象力、回忆等新型

[1] Zirfas, J., Burghardt, D. Asthetische Anthropologie. Ein Erziehungswissenschaftlicher Problemaufriss. *Zeitschrift für Erziehungswissenschaft*, 2015(18): 27-49.

[2] Langeveld, M.J. *Studien zur Anthropologie des Kindes* (Aufl. 3). Tübingen: Niemeyer, 1968: 10.

研究主题关联起来，对人类形象进行了符合具有时代特征的研究，其代表即教育历史文化人类学。

随着德国教育人类学的逐步发展，上述视角之间并不是割裂的，而是逐渐被综合，例如新时期的教育历史人类学在应对图像转向和身体转向的研究主题时，既包含从多元的—历史的视角阐释图像的历史和文化特征，也包含用暗指的视角揭示图像对个体和社会的建构意义。

五、思维方式的演进与转型

当代德国教育人类学思维方式的演进与转型，与研究方法论的三次转型密切相关。

第一次转型，由思辨方法论转向经验方法论，主要体现在 20 世纪六七十年代，德国教育人类学经历了战后初期的恢复，在 20 世纪 60 年代开始与教育研究的真实取向关联起来，关注教育事实，经验式教育人类学是这次转型的代表。教育人类学的思维方式，也由哲学思辨转向经验研究，开始关注“教育中的人”所经历的教育现象和教育事实，还出现了对教育中人的形象进行纯粹科学化的研究和描述。

第二次转型，由经验和批判方法论转向解释学方法论，主要体现在 20 世纪 80 年代初期，倡导人文精神科学传统的复归，以此重建教育中人的形象，尤其是儿童自我形象。大致在同一时期，德国教育人类学还出现了另外一种转型，从追求固定标准的方法论转向关注历史性和变化性的方法论，代表性研究是 20 世纪 80 年代初期开始的教育历史人类学，从历史视角探究人类形象的演变过程，转变德国传统教育人类学以固定单一的人类形象作为标准与理想的做法，思考教育中人的形象在历史演变中的复杂性和多样化。

第三次转型，由关注双重历史的方法论转向关注复杂性的综合方法论，开始于20世纪90年代末并延续至今，用文化与历史的结合，拓展对人类形象复杂性的研究视角，将教育人类学的触角深入社会现实和文化背景中，此外，复杂性还体现在对教育人类学研究内容、研究方法等方面的更新，以教育历史文化人类学为代表。德国教育人类学的思维方式也由简化转向综合，传统的二元对立式思维、孤立式思维和演绎式思维等，被整体性综合思维取代。

教育人类学研究方法论的三次转型，不仅引发思维方式的相应转型，还引发了研究范式的转变，即由理论思辨转向经验研究，由经验研究和批判研究转向解释学研究，由简化研究转向整体式的综合研究。

同样发生转型的还有德国教育人类学的学科关系。为了研究教育中人的形象，德国教育人类学与其他学科建立了紧密关联。此外，因为普通教育学核心旨趣的变化，德国教育人类学也发生了相应转变，从传统的人文精神科学方法论转向人文精神—社会科学方法论，扭转了20世纪70年代以来教育人类学的研究取向。

第三节

教育中人的形象与中国教育人类学思考

一、回到并确立教育人类学的“原点”

张诗亚教授用“特立独行”来界定教育人类学的学科发展路径：

“特”,指学科要有特点,能创立学科内在的特色;“立”,指确立学科的概念术语,明确概念与概念之间的关系、学科范畴、原理、方法等;“独”,指学科要从政治影响下独立出来,从科学主义中独立出来;“行”,指教育人类学的研究不能脱离实际,要认真做田野工作,从外引到内化,才能完善教育人类学的学科发展。[1]

德国教育人类学可以对中国教育人类学的“特立独行”之路予以补充,体现在始终以教育中人的形象为核心研究对象,以此来树立教育人类学独特的学术品性,确立概念术语及其关系、学科范畴、原理、方法等。在教育人类学研究中,中国研究者通过田野工作以及从外引到内化的研究路径,已经取得了非常丰富的研究成果。德国教育人类学的发展历程还揭示出另外一条研究路径,即内化与外引的结合,表现在根据时代新气象判断教育中人的形象的新质与研究方法。在通过田野工作呈现真实、丰富的教育现象的同时,对田野研究资料进行再研究、再分析,通过图像分析和视频分析等,揭示田野研究资料的深意,以此丰富、完善教育中人的形象。

教育中人的形象引发的原点式思考,启发中国教育人类学研究应回到教育学研究的核心——“教育中的人”。通过教育中人的形象的基础与引领作用,形成教育人类学自身的独特性。

20 世纪 60—70 年代,德国教育人类学的发展状况与普通教育学的地位密切相关,因为普通教育学的所有思考都指向“人”,而专门以“人”为研究对象的教育人类学,就成为普通教育学的基础。某种教育学思想是否具备独特的教育人类学观点,决定该教育学思想是否具备与其

[1] 滕星,苏德.教育人类学理论、方法与应用研究——中国教育人类学专业委员会首届年会论文集[C].北京:中央民族大学出版社,2015:5.

他人文学科平等对话的机会。20 世纪六七十年代的德国，普通教育学面临着认同危机，教育学若想摆脱自身的认同危机，获取与其他人文学科平等对话的机会，取决于教育学能否对教育中人的形象给予独特的解释，该时期的部分研究者将教育人类学看作对教育中人的普遍化认识，认为人类学的主要目的在于探究人类形象的普遍特征，从而质疑教育人类学的价值。而教育人类学的这种尴尬地位，是该时期普通教育学出现认同危机的重要原因。从德国教育人类学与普通教育学的关系中可以看出，教育学希望通过教育人类学摆脱自身的认同危机，原因在于任何有价值、有意义的教育学思想必须研究“与人类本性有关的问题，必须与人类生活、人类生存状况联系起来，与人类生存方式的发展变迁息息相通”。[1] 为此，“教育科学需要以时代性的内容、民族性的形式和个体性的风格去求索人类性的问题，只有这样才能产生共通性，才有能力在人类共同面临的永恒问题上与其他学科进行理论对话，与普通大众进行心灵对话，成为人类共享的教育学”。[2] 这段话描绘出教育人类学作为教育学基础的可能性和实施路径，教育学若要获得独立性，就必须直面人类本性和人类生活，德国教育人类学正是从这个意义上，为教育学贡献关于人类本性和人类生活的知识，从而使教育人类学成为德国教育学的基础。

二、围绕教育中人的形象形成独特的方法论意义

在中国教育人类学研究中，教育人类学通常被视为人类学在教育领域的具体运用，其全部理论和方法都源于人类学，教育学只是提供试验田，在教育人类学中处于隐身地位，教育人类学的知识论和方法论基

[1][2] 李政涛. 教育科学的世界[M]. 上海：华东师范大学出版社，2010：333.

础几乎全部来自人类学。与此不同,德国教育人类学围绕三大原点,在重塑学科关系的基础上,从知识论和方法论层面,形成了具有自身独特性的基本发展路径。当代德国教育人类学与人类学、教育学、现象学、解释学、图像学,甚至是生物学、基因发生学等学科,都进行过有效互动。一方面,吸收相关学科的理论基础、研究方法和研究视角,为教育中人的形象提供切实可行的研究路径;另一方面,通过教育人类学的基础、评价和实践品性,为其他学科贡献独属于教育人类学的知识论和方法论。德国教育人类学也因此出现了多副面孔,它既是一门学科、一种学问、一种视角、一种立场,也是一条探讨教育中人的形象的道路。

(一) 对教育中人的形象予以多样化规定

多样化规定体现在纵向的时代差异和横向的多范畴规定中。在当代德国教育人类学中,教育中人的形象在不同时代有不同的表现,德国教育人类学作为一门时代之学,主要体现在关注研究对象在不同时代的特征和表现。此外,教育中人的形象可以表现为文化、历史、传统、社会等维度,[1]"教育中的人"也具备生物属性和教育属性。[2]

(二) 根据研究问题和研究任务确定研究方法

为了研究教育中人的形象,德国教育人类学经历了哲学式、经验式、解释学、整合式等研究范式或方法的更替。例如 20 世纪 80 年代开

[1] 兰德曼. 哲学人类学[M]. 阎嘉,译. 贵阳: 贵州人民出版社,2006: 7-8.

[2] 其中一个重要的研究领域是对人身体的关注,此处的"身体"不仅是社会学和文化学意义上的身体,也包含生物学意义上的身体。参见柏林自由大学教育学与人类学研究中心 2014 年 10 月的主题讨论,代表性文章: Martelli, M. *Das Wissen des Alchemistischen Körpers in den Werken von Zosimos aus Panopolis*. Knoblauch, H. *Der Kommunikative Körper. Wissenssoziologische Überlegungen zum Verhältnis von Körper und Wissen. Körperlichkeit und der "material turn" in den Geistes- und Kulturwissenschaften*.

始的教育历史人类学，尝试通过身体、情感等主题揭示教育中人的形象的具体而细致的表现，形成了表演性的教育学理论，既丰富了教育人类学的知识和研究视角，也进一步回应了德国教育人类学在普遍性和多样性方面的矛盾。具体而言，表演性具有超越文化的普遍特征，但同时，表演性的具体内涵在不同文化背景和不同个体身上是有差异的，如其形成过程中的身体和言语关系、社会结构介入身体行为的过程。[1]由于教育中人的形象在该时期的变化所生发出的新型主题，无论是对教育人类学还是教育学理论都予以丰富与拓展，在确定了新型研究主题后，接下来的任务就是寻找合适的研究方法，对这些主题予以研究。现象学方法、哲学方法、视频图像分析方法等，都曾经被应用到教育中人的形象的研究中，而不是仅把田野研究视为教育人类学的唯一方法。

三、形成"洞察生命"的研究主题与思维方式

中国教育人类学研究者已经关注到教育人类学"洞察生命"的使命与责任：

> 教育人类学观察教育的基本出发点，也在于洞察生命成长的真正需求，了解教育的真正问题，从中获得构建有本土特色的教育学资源。这是教育人类学解决学科发展问题的路径，也是目的。[2]

这一责任和使命的实现，需要实现教育人类学视域中普遍人性与

[1] Wulf, C. *Anthropology: A Continental Perspective*. Chicago：The University of Chicago Press, 2013：201.

[2] 吴晓蓉.我国教育人类学学科发展问题审视[J].教育研究，2012(5)：15－16.

教育过程中具体教育行为的有效关联，实现主体自身与教育资源的有效关联，并以此来实现人的完善。[1] 德国教育人类学“洞察生命”的研究主题来自三个方面，可为中国教育人类学提供启发。

其一，围绕人类教育本质的研究主题，关注可塑性、确定性等方面，从生物人类学、哲学人类学中获得启发，致力于对人类形象的教育本质进行整体性研究。

其二，形成关联人类存在普遍性与特殊性的研究主题，这是德国教育人类学的一大特色，关注身体、生、死、美等研究主题，因为这些主题既是人之为人的基础与必要条件，又因为社会历史文化和个体差异使得人类形象呈现出多样性。以“洞察生命”为旨趣的教育人类学，应该将“教育中的人”置于具有普遍性和多样性的整体中。

其三，围绕时代特征，形成关联时代特征与人类本质的教育人类学主题，例如对全球化时代中人类形象及其教育问题的关注，通过图像、暴力、表演等主题展开研究。

四、转变教育人类学相对边缘和冷清的地位

在中国教育人类学研究中，教育人类学一般被视为交叉学科，处于相对边缘和冷清的地位。但德国独特的人类学传统、哲学传统和教化传统介入下的德国教育人类学，向我们敞开了教育人类学转变边缘地位、走向基础学问的大门。

独特学统引导的本体性问题和原点式思考，启发德国教育人类学不断回到教育中人的形象，不仅揭示这一核心研究对象在具体教育情境中的复杂与多样性，而且尝试以此来推进整个教育学对这一问题的

[1] 这一观点的形成及其内涵可参见：吴晓蓉. 共生理论观照下的教育范式[J]. 教育研究，2011，(1)：50－54.

新认识，形成与其他人文学科平等对话的能力，形成教育人类学自身的独特性。具有此种秉性的教育人类学，就不是处于相对边缘和冷清地位的学科，而是与人类的生存与发展和教育学独立性密切相关的基础学问。至于如何实现这种学科秉性，当代德国教育人类学为我们提供了相关启示。例如，不断回到教育中人的形象，审视人类形象是否在真实的教育关系中与世界进行了切实有效的互动；审视人类形象与教育之间是否处于不断的互动过程中；不断展开人类与世界之间的教化性互动等。

五、把实践作为教育人类学理论创制的基本动力

在中国教育人类学研究中，教育人类学的实践主要表现为田野工作者“离我远去”的实践，较多关注田野中呈现的多样性，较少从本体层面与“人类形象—时代新象—积极转化”的层面进行思考与研究。德国教育人类学为我们探讨教育人类学的实践境遇提供了独特的启发：建立人类形象与世界的教化性互动关系，不断基于时代特征审视人类形象及其教育，思考人类命运的积极转化，并以此为教育人类学理论创制的基本动力，20 世纪 80 年代以来德国教育人类学的图像转向与身体转向，即是此类理论创制的典型代表。在此意义上，教育人类学就不仅是哲学思辨，也不仅是田野研究，而且是基于时代特征探讨人类与教育的实践性学问。

Afterword

后记

行文至此，本书对20世纪60年代以来德国教育人类学的发展历程及其方法论探究告一段落。在写作过程中，我深感德国教育人类学作为一种时代学问、具体学问、选择的学问、基础学问所具备的独特意义与价值。

“时代学问”表达德国教育人类学与具体时代背景和历史境况的依存关系，它不是超时代的，而是在每个时代都呈现出与该时代的社会境况和教育学特征相符合的特质。具体而言，德国教育人类学的发展历程，是对教育中人的形象的时代形象及其演变予以辨识和研究的过程。德国教育人类学对教育中人的形象的认识，都与时代特征密切相关，“教育中的人”所处的状态、其外在表现、与周围世界的关系等方面，都受时代特征影响，而不可能超越时代。以教育中人的形象为核心研究对象的德国教育人类学，若想对“教育中的人”有准确的认识，必然成为一种时代学问。

“具体学问”与“时代学问”相应，表达同一时代的德国教育人类学会对教育中人的形象形成不同的认识，在研究问题、研究方法、思维方式、分析单位等方面，因对研究对象的认识差异、研究空间和研究者的学术旨趣差异而呈现出多样性。

“选择的学问”贯穿上述两种属性，是德国教育人类学的核心属性。因为德国教育人类学在时代变迁和同一时代内部都呈现出丰富性和多样性，决定了对此的研究不能囿于某一种研究方法、某一种思维方式和某一学科属性或多学科关注，而是要根据研究对象——教育中人的形象的变化来对上述范畴进行选择，选择过程的核心是对研究对象与研究方法、思维方式和学科属性之间的适切性进行分析。

上述三个方面的特征，决定了德国教育人类学在发展历程中呈现多样性。此外，德国教育人类学还有另外一个重要特征，即作为“基础学问”，指德国教育人类学通过教育中人的形象，成为普通教育学和教育人类学自身的基础性和前提性思考。尽管这一基础地位在20世纪80年代开始出现了短暂的调整，但20世纪60年代以来的德国教育人类学没有改变其“基础学问”的特质。

本书对德国教育人类学发展历程的探究不是割裂式的研究，而是关系式、过程式、互动式的研究，尝试在教育中人的形象与教育人类学研究方法、思维方式、分析单位等的适切性分析中进行研究，在每个时期教育人类学的新气象与传统的对话中进行研究。本书寄希望于运用这一关系式研究，揭示德国教育人类学发展历程的精髓与深意，探讨其对中国教育人类学的可能影响路径——教育人类学自身意义的价值不仅体现在通过田野研究和理论构建揭示教育多样性，还在于教育人类学自身的独特性以及教育学的独特性，提醒研究者不断回到一个核心主题——教育中人的形象，也提醒自己不断思考德国教育人类学如何通过教育中人的形象这一核心研究对象，回应教育人类学的原点式思考，回应德国教育学的教化传统与现代教育学的关系，回应人的内在完善与外在规定的关系，回应教育人类学与教育学互动交流的过程。

本书是在我博士论文的基础上完成的，感谢导师李政涛教授的支持、信任与鼓励，这也成为我多年来前行的动力。2009 年 9 月，我从山东来到上海，开始了在华东师范大学的三年硕士、四年博士生活。感谢恩师李政涛教授，没有李老师的培养与教诲，我不可能顺利完成学业，我每前行一步，都有李老师的支持和鼓励。当我的毕业论文评审结果出来时，正是李老师的生日，他把论文评审结果发到师门微信群，并说"这是给我最好的生日礼物"，看到这句话，我不禁潸然。想到恩师悉心培养我多年，我无以回报，只有继续坚定研究热情，更加努力。

本书的完成，离不开我在德国一年的留学生活。2014 年 9 月 15 日，我到达柏林，开始了在柏林自由大学一年的留学生活，感谢伍尔夫教授，初次见面便慷慨赠书，这又成为我顺利完成毕业论文的关键。幸运的是，我与伍尔夫教授的师生缘并没有因为我离开柏林而终止，他始终关心我的学习、工作和研究情况。也要感谢柏林自由大学初等教育中心主任拉姆塞格(Jörg Ramseger)教授，因为他的细心安排，我才有可能进入德国中小学参观学习。在德期间，挚友陈红燕博士、王秀秀博士的陪伴让我的生活美好而难忘。

在我研究德国教育人类学的过程中，滕星老师和海路老师从不吝啬他们的支持，他们对中国教育人类学发展的使命与责任担当，对后辈的提携与鼓励，肯定我略显"稚嫩"的研究，激励我不断努力。同样给予我支持的还有首都师范大学的王红梅老师，她的专业精神与专业能力让我钦佩不已。

感谢华东师范大学比较教育研究所彭正梅老师，得知我要研究德国教育人类学，彭老师给予了很大支持，慷慨提供给我德语材料，并提醒我结合普通教育学来进行德国教育人类学研究。感谢江南大学的田良臣老师、沈贵鹏老师、杨启光老师以及各位同事的支持与宽容，使我的研究热情得以延续到工作岗位。感谢我的各位同门，尤其是李云星、唐开福和李存金三位师兄，在我遇到困难需要帮助时，他们总是能够给予无私的支持。

在成书过程中，上海教育出版社编辑董洪展现了耐心细致的专业精神与专业态度，感谢他为本书付出的辛苦努力！

孙丽丽

2019 年 12 月于江南大学

图书在版编目（CIP）数据

如何探究教育中人的形象：当代德国教育人类学的发展历程 / 孙丽丽著.
— 上海：上海教育出版社，2018.12
（教育人类学丛书 / 李政涛主编）
ISBN 978-7-5444-8883-9

Ⅰ.①如… Ⅱ.①孙… Ⅲ.①教育人类学－研究－德国
Ⅳ.①G40-056

中国版本图书馆CIP数据核字(2018)第290752号

江苏省教育科学规划重点资助课题“基于图像民族志的学校教育仪式研究”(B-a/2018/01/05)成果

责任编辑　董　洪
书籍设计　陆　弦

Ruhe Tanjiu Jiaoyuzhong Ren De Xingxiang
如何探究教育中人的形象
Dangdai Deguo Jiaoyu Renleixue De Fazhan Licheng
——当代德国教育人类学的发展历程
孙丽丽　著

出版发行　上海教育出版社有限公司
官　　网　www.seph.com.cn
地　　址　上海市永福路123号
邮　　编　200031
印　　刷　上海展强印刷有限公司
开　　本　965×635　1/16　印张 20
字　　数　240 千字
版　　次　2018年12月第1版
印　　次　2020年12月第1次印刷
书　　号　ISBN 978-7-5444-8883-9/G·7361
定　　价　58.00 元

如发现质量问题，读者可向本社调换　电话：021-64377165